环境资源审判改革与实践

——2020 年山东省法学会经济法学研究会年会(东平)论文集

唐倩　张海鹏　主编

山东大学出版社
SHANDONG UNIVERSITY PRESS
·济南·

图书在版编目(CIP)数据

环境资源审判改革与实践:2020年山东省法学会经济法学研究会年会(东平)论文集/唐倩,张海鹏主编.—济南:山东大学出版社,2021.11
ISBN 978-7-5607-7236-3

Ⅰ.①环… Ⅱ.①唐…②张… Ⅲ.①环境保护法-审判-司法制度-体制改革-中国-文集 Ⅳ.①D922.684-53

中国版本图书馆CIP数据核字(2021)第233009号

责任编辑	肖淑辉
封面设计	王秋忆
出版发行	山东大学出版社
社　　址	山东省济南市山大南路20号
邮政编码	250100
发行热线	(0531)88363008
经　　销	新华书店
印　　刷	山东润声印务有限公司
规　　格	720毫米×1000毫米 1/16 17.25印张 4彩插 300千字
版　　次	2021年11月第1版
印　　次	2021年11月第1次印刷
定　　价	68.00元

版权所有 侵权必究

东平县人民法院环境资源法庭

东平县人民法院环境资源黄河巡回法庭

东平县人民法院生态环境司法修复基地

东平县人民法院黄河生态环境司法修复基地

2020 年参会人员进行现场调研

2020 年山东省法学会经济法学研究会年会

参会人员合影

序

党的十八大以来，以习近平同志为核心的党中央对生态文明建设高度重视，习近平总书记在不同场合也多次强调，生态文明建设是关系中华民族永续发展的千年大计。2018年5月召开的全国生态环境保护大会正式提出和确立了习近平生态文明思想，为新时代生态文明建设提供了根本遵循和行动指南。

在习近平生态文明思想的指导下，山东法院认真践行“绿水青山就是金山银山”理念，依法审理各类环境资源案件，充分发挥环境资源审判职能，大力推进环境资源审判体制机制改革，不断提升公正司法水平，为山东生态文明建设、服务保障经济高质量发展作出了积极贡献。审理了一批具有全国性影响的案件，济南中院审结山东省生态环境厅提起的章丘“10·21”重大非法倾倒危险废物事件引发的生态损害赔偿案等多个案件，入选最高人民法院工作报告和典型案例；泰安中院审理的山东省环保厅诉某企业的生态环境损害赔偿案，荣获第三届全国法院环资优秀裁判文书一等奖。制定了《关于加强生态环境损害赔偿案件审理工作的意见》等8份规范性文件，为全国法院环境公益诉讼、生态环境损害诉讼的开展贡献了山东智慧；建立了覆盖全省的环境资源审判机制，在长岛、昆嵛山、微山湖、东平湖等自然保护区、生态功能区设立巡回法庭102处，建立环境司法修复基地56处，初步形成具有鲜明特色的山东环境资源审判模式。

理论是实践的先导，实践不断推动理论创新。近年来，山东各级人民法院加强与驻鲁高校的沟通联系和协作配合，既把法院丰富的实践资源引入高校，又利用高校富集优质理论资源、站在学术前沿的优势，合力破解了许多环境资源司法实践和理论研究中的疑难问题，提高了研究法律、适用法律的水平，在打造环境资源审判理论与实践研究高地上迈出重要的一步。山东省法学会经济法学研究会紧贴时代脉搏，顺势而为，与山东政法学院、泰安市中院、东平县法院共同承办环境资源审判改革研讨会，汇集了一批丰硕的环境资源审判改革理论研究成果，形成了《环境资源审判改革与实践——2020年山东省法学会经济法学研究会年会（东平）论文集》，是环境资源审判理论与实践相互促进的重要体现。这些论文有实践、有理论，有问题、有措施，有高度、有深度，可谓是“百家争鸣，百花齐放”，必将为下一步环境资源保护起到有力的推动作用。

“漫漫征途，唯有奋斗。”环境资源保护没有完成时，实践探索与理论创新也永无止境。我们欣慰地看到，更多关心、热爱环境资源保护的专家学者和实务界人士加入环境资源审判研究团队中，为环境资源审判工作注入了生机和活力。相信不久的将来，通过大家的共同努力，环境资源审判这项贴近民生的审判定会护航美丽中国建设，让天更蓝、山更绿、水更清、空气更清新！

是为序。

山东省高级人民法院环境资源审判庭庭长

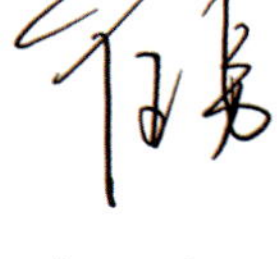

2021年5月于济南

目　录

深入践行“两山”理念　助力生态文明建设

——东平法院着力打造生态环境司法“东平模式”

□东平县人民法院课题组*

近年来，东平法院作为全省环境资源审判改革试点法院，在县委坚强领导、县人大有力监督下，坚持以习近平新时代中国特色社会主义思想为指导，深入学习贯彻习近平生态文明思想，充分发挥司法在资源和环境保护中的作用，努力建立更加专业的审判运行机制，积极推行全覆盖生态司法修复模式，推动构建生态环境多元共建共治共享体系，形成了“专业审理＋注重修复＋多元共治”的环境资源司法保护“东平模式”，为东平湖生态环境综合整治以及黄河流域生态保护和高质量发展作出了有益的司法实践探索。2018年以来，法院共受理各类环境资源案件251件，审结232件，其中审结刑事案件46件，民事案件184件，行政案件2件。最高人民法院、司法部、水利部以及山东省高院、山东黄河河务局等相关领导在视察调研时，均给予充分肯定和高度评价，最高人民法院也在全国予以推广。

一、“专业审判＋专家辅助”，建立专业的审判运行机制

适应人民法院内设机构改革要求，因地制宜设置环境资源审判组织。依托位于东平湖畔的银山人民法庭设立环境资源法庭，实行案件归口审理模式，并在全县重点生态区域设立巡回法庭或工作站，构建形成了专业法庭、巡回法庭、工作站相结合模式，最大限度地发挥专业化审判机构的优势和作用。出台了《环境资源审判工作内部联席会议制度》，健全刑事、

* 课题组成员：张海鹏，山东省东平县人民法院党组书记、院长；李炎，山东省东平县人民法院党组成员、副院长；侯传蒙，山东省东平县人民法院审判管理办公室主任；刘运，山东省东平县人民法院银山人民法庭副庭长；张文慧，山东省东平县人民法院审判管理办公室科员。

民事、行政等协调配合机制，打破业务壁垒对裁判视野的限制，培养环境资源专业化审判队伍，握紧拳头，汇聚审判力量，增强专业化水平。建立专家辅助机制，持续探索专家咨询、参审、调解等工作，特聘环保、矿产、林业等领域的专家为顾问，提供专业技术咨询10余次；发挥人民陪审员优势，选任生态领域陪审员，探索“3＋4”大生态陪审模式，参审案件6件；推行专家参与调解，调解成功率达80％以上。深化公益诉讼实践，支持检察机关提起环境公益诉讼，完善公益诉讼司法程序。2018年以来，审结检察机关等提起的环境公益诉讼案件6件，其中刑事附带民事公益诉讼5件，行政公益诉讼1件。

二、“案件审理＋生态修复”，推行全覆盖生态司法修复模式

牢树“谁破坏，谁修复”的司法理念，创新完善山水林田湖草全覆盖的“多层修复、立体保护”生态司法模式，在腊山国家森林公园、黄河岸边等建立了多个环境司法修复基地，实现环资审判法律效果和生态效果的有机统一。拓展修复范围，将生态修复理念融入诉前、诉中、诉后，将修复范围从森林延伸到水流、矿山、耕地等领域，形成“多层修复、立体保护”的修复性生态司法机制。丰富修复形式，探索补种复绿、增殖放流、引流冲污等多种修复形式，将修复手段从原态修复向代偿修复、异地修复等多种形式拓展，有效弥补因违法犯罪行为给生态环境造成的损害。跟踪修复效果，建立修复过程中的监督保障、检查验收、评估回访、风险防范等配套机制，加强对环境侵害人履行生态修复义务的监督或回访。提升修复成效，将被告人积极履行生态修复义务作为对其定罪量刑的重要参考依据，通过引导、监督被告人对破坏的生态环境进行修复，实现了惩处犯罪和环境修复并重。2020年以来，共对非法捕捞水产品、非法采矿、破坏耕地等6件案件适用司法修复，修复被破坏区域面积20余亩，未履行修复义务的也缴纳了修复费用。

三、“机制建设＋协调联动”，推动构建生态环境多元共建共治共享体系

不断加强与检察、公安、环境资源行政执法部门的沟通协调，牵头出台了《关于建立环境资源保护多元治理机制的意见》，通过开展执法协作、

重大案件协商、召开联席会议等形式，构建信息共享、制度共建、资源共用、纠纷共调、生态共护的环境资源执法司法联动协作机制，“司法＋行政”工作模式初步形成，有力推动了生态环境治理体系和治理能力现代化。紧紧围绕黄河流域生态保护和高质量发展，在县政法委领导下，我院还联合县检察院、公安局、司法局、黄河河务局、生态环境局等部门出台了《关于建立黄河流域执法与司法联动机制联席会议制度的意见》，并在黄河岸边设立了环境资源黄河巡回法庭和黄河生态环境司法修复基地，集惩治、教育、修复为一体，坚持打击环境资源犯罪、惩戒环境资源破坏与生态环境修复相结合，实现“把案件庭审组织到黄河，把生态修复落实到黄河，把司法宣传实施到黄河”，积极为推进黄河流域生态保护和高质量发展贡献司法力量。在对黄河岸边防洪天然屏障山体实施非法采矿犯罪案件中，依法判处 9 名被告人四至五年不等有期徒刑，并判处罚金，没收违法所得 2800 万余元，破坏沿黄山体的违法行为得到有效遏制，收到良好的效果。

四、“司法实践＋理论支撑”，注入环资审判改革新活力

我院在做好审判实践的同时，注重与理论的紧密结合，与山东政法学院合作开展了环资审判改革课题研究，有效解决了审判实践中遇到的法律层面的部分问题和困惑，为改革的推进提供了有力的理论支撑。特别是 2020 年 11 月 7～8 日，由我院与山东政法学院经济贸易法学院联合承办的山东省法学会经济法学研究会 2020 年度学术年会暨环境资源审判改革研讨会圆满召开，来自省法学会、省高院、省检察院、省生态环境厅等部门的领导以及中国人民大学、山东政法学院、山东财经大学、山东师范大学等高校和部分中基层法院、检察院、律师事务所的 80 余名专家学者、法官、检察官、律师等参加了此次会议，紧密结合我院改革探索，就环资审判改革中的热点、难点和重点问题进行深入探讨，有力推动了环资审判改革的新发展。下一步，将就黄河流域生态保护和高质量发展开展专题调研，全力推动东平县环境司法迈上新台阶，为争创黄河流域生态保护和高质量发展示范区提供强有力的司法服务和保障。

民营企业与民营企业家权利保护的价值论与方法论

□蒋爱荣*

摘要： 经济社会发展的动力源于市场主体的活力和社会创造力，这很大程度上取决于营商环境。营商环境是发展的体制性、制度性安排，其优劣直接影响市场主体的兴衰、生产要素的聚散、发展动力的强弱。优化营商环境，从根本上说就是解放和发展生产力。我国经济社会发展正日益深度步入市场化、法治化、国际化的新时代。市场化意味着破除不合理体制机制障碍，更大地激发市场主体活力和社会创造力；法治化意味着营造公开透明、公平公正的法治环境，给市场主体以稳定的预期；国际化则意味着持续扩大开放。在新时代，国家正在深度重塑政府和市场的关系，进一步形成行政执法和公正司法的新理念、新规则、新风尚，为民营企业可持续发展和民营企业家健康成长创造愈加公正而完善的制度环境和发展空间。同时，也逻辑地要求广大民营企业家高扬企业家精神，肩负起自身能够也应当承担的社会责任与职业使命。当下，中国民营企业与民营企业家正处于权利保护新的增长期。

关键词： 民营企业；民营企业家权利；市场化；法治化；国际化

近期以来，特别是受全球新冠肺炎疫情的深度影响，从中央到地方、从官方到民间已经形成了依法保护民营企业与民营企业家合法权利和正当利益的广泛共识，大力营造有利于民营经济可持续健康发展的营商环境业已成为全社会的新风尚。随之而来的是从中央到地方发布的一系列旨在保障民营企业与民营企业家权利的高规格规范性文件。有的省市甚至召开了政法机关服务民营企业发展的专题推进大会。这对于落实中央关于促进民

---

* 蒋爱荣，山东法官培训学院副教授，诉讼法教研中心主任。

营企业健康发展的决策部署，依法公正有效促进民营经济健康、稳定、可持续发展，强化民营企业家权利保护，深入营造良好的市场化、法治化、国际化营商环境，均显得意义重大、价值非凡。

本文所定义的“民营企业家”，系基于中国改革开放背景下的制度环境与文化语境而提出的。我们认为，身处当代中国的“民营企业家”，泛指那些基于正式制度供给或默认条件下，敢于冒险创新创业，自愿承担经营责任，有担当精神且专门或专业从事非公有制企业经营与管理的组织领导人员。我们同时认为，敢于冒险、勇于创新、追求成功、敢于担当，是优秀民营企业家的基本人格特征，而一般企业家精神和信念，则是支撑民营企业生存和发展的文化根基。

改革开放以来，我国诞生了许多优秀的民营企业家。他们是我国市场经济发展中应当倍加珍惜的稀缺资源。诚然，他们的成长发展既取决于其自身所具有的企业家精神品格，也取决于良好的社会环境、信用环境与法律环境。

回顾我国改革开放 40 余年来波澜壮阔的经济改革浪潮和非公经济蓬勃发展的实践，各行各业都涌现出一批著名的民营企业家。他们为国家和民族创造了规模巨大的就业、税赋等社会价值和人民福祉。正如恩格斯在《自然辩证法导言》中所说的那样：“这是一个需要巨人并且产生了巨人的时代。”[①] 当代中国特定的时代时势、宽松的制度环境、艰苦的奋斗付出，加之“虎豹之变”的不同发展路径选择，在大浪淘沙的发展逻辑和优胜劣汰的客观规律支配下，造就了民营企业界层出不穷的杰出与优秀人物。

本文拟对新形势下执法司法界如何有效依法保护民营企业与民营企业家合法权利和正当利益做初步探讨，以期能对执法司法界新时代理论创新、制度创新和规则创新有所裨益。

一、全面保护民营企业与民营企业家合法权利和正当利益的价值论

1. 依法保护民营企业和民营企业家合法权益的经济社会价值

众所周知，在当代中国，非国有经济已事实上成为我国国民经济发展的主力军，是中国特色社会主义市场经济中不可或缺的重要组成部分。随

① 《马克思恩格斯选集》第 3 卷，人民出版社 2012 年版，第 843 页。

着其体量的日益壮大和质量不断提升，非国有经济在我国经济社会生活的地位日益显现，其效用不可替代。

改革开放以来，“民营经济具有‘五六七八九’的特征，即贡献了50%以上的税收，60%以上的国内生产总值，70%以上的技术创新成果，80%以上的城镇劳动就业，90%以上的企业数量。在世界500强企业中，我国民营企业由2010年的1家增加到2018年的28家。我国民营经济已经成为推动我国发展不可或缺的力量，成为创业就业的主要领域、技术创新的重要主体、国家税收的重要来源，为我国社会主义市场经济发展、政府职能转变、农村富余劳动力转移、国际市场开拓等发挥了重要作用”①。可以毫不夸张地说，“如果没有民营企业的发展，就没有整个经济的稳定发展；如果没有高质量的民营企业体系，就没有现代产业体系，支持民营企业发展就是支持整个国民经济的发展”②。

长期以来，广大优秀民营企业家身上体现着厚重的以爱国主义为核心的民族精神和以改革创新为核心的时代精神。他们之于中国奇迹功不可没，在激烈的市场博弈中叱咤风云，坚忍不拔。他们中的诸多优秀代表已经或正在世界范围为国家和民族赢得尊严和口碑。当前，我国经济仍处于“三期叠加”阶段，充分发挥民营企业与民营企业家的独特作用更显得意义重大。

然而，在经济社会生活中还存在着一个不可否认的客观事实。中国的民营企业和民营企业家在面对某些公权力和显性隐性法律风险时，在面对具体司法个案时，又显得是那么的柔软和孱弱。近几年，在顶层大力推动下，司法机关通过再审程序已经纠正或正在纠正的影响重大的冤案错案便足以证明这一判断。

众所周知，市场配置资源实质是企业配置资源，企业配置资源归根结底是企业家配置资源。民营企业在发展进程中，客观上面临诸多的机遇与挑战。出于发展目的和利益最大化的考量，企业家在遵从既有规则发展事业的同时，又在与各类公权力宏观管理的良性互动中，不断推动新规则的形成，从而造就良法善治的经济社会治理新生态。良性互动和良法善治成为建设好的市场经济的制度基础。因而，享有国家治理权力的主体或各层

① 《习近平在民营企业座谈会上的讲话》，《人民日报》2018年11月1日。

② 刘鹤：《关于当前经济金融热点问题》，《红旗文摘》2018年第82期。

次的公权执掌者，能否通过持久而稳健的法治建设给予民营企业家以更多的理解和体悟、更有力的尊重和保护，这在实际上检验的是整个国家机器的社会良知水平和总体治理能力。

正是基于这样的事实前提和发展逻辑，中共中央、国务院密集发布了《关于营造企业家健康成长环境弘扬优秀企业家精神更好发挥企业家作用的意见》等规范文件和《优化营商环境条例》等全国性行政法规。山东省委省政府发布了《关于弘扬企业家精神支持企业家干事创业的若干措施(试行)》，中共济南市委政法委还专门发布了《关于依法保障和服务民营企业健康发展的实施意见》。这些全国性和地方性的刚性规范分别就建设市场化、法治化、国际化、稳定、公平、透明、可预期的良好营商环境和尊重企业家、激励企业家、保护企业家、服务企业家、关爱企业家、培养企业家等重大问题作出了明确而具体的规定。由此不难看出，当下的中国民营企业家正在获得权利保护成长机遇。

需要强调的是，随着经济社会“暴利时代”的结束和“躺着赚钱”机会的逝去，中国社会事实上已经进入非暴利时代。[①] 当前社会总体就业压力日益趋紧。比如，长期以来，我国将城镇失业率的警戒线确定为7%，且我国城镇登记失业率自2002年至今18年间基本上都稳定在4.1%上下，最高也未超过4.3%。但依据国家统计局对外公布的最新数据显示，2019年7月，中国城镇调查失业率已攀升至5.3%，且相较前七个月的平均失业率水平也上升了0.2个百分点。[②]

加之，在我国体制内国有企业就业承载能力和税赋贡献规模大致既定的前提下，规模庞大的各级党政机关和国有事业单位主要是税赋的消费角色；我们正面临经济形势稳中有变，经济增长速度下行，中美贸易带来诸多不确定性，股市整体收益下降，稳就业、保民生的刚性约束进一步加大。在此大环境之下，为处理好改革发展稳定关系大局，努力稳定住社会就业和税赋贡献规模的刚性需求，全社会就必须有效地依法保护民营企业与民营企业家的合法权利和正当利益，以此来团结起一切可以团结的力量，调动起一切社会积极因素，与国家和人民同舟共济、攻坚克难，积聚力量共同筑牢亿万民众的社会生活安全之网。

---

① 参见储著胜：《中国社会告别暴利时代》，《证券时报》2019年10月16日。

② 参见周小铃：《两个失业率：一个宏观经济指标的变迁史》，《南方周末》2019年9月26日。

综上，依法保护民营企业家的合法权益，大力促进民营企业发展以带动社会就业、扩大税基、增加税赋贡献，就绝不仅仅是出于经济社会价值的考虑。

在此经济社会发展状况之下，各级各地政法机关应当依法肩负起执行规则（有的还部分负有制定规则、解释规则的责任）、建立秩序等法定职责；应当充分履行谦抑执法、审慎执法、善意执法、文明执法之责，努力营造宽松、自由和规范的营商环境。正是从这个意义上讲，无论出于现实的功利考虑，还是放眼长远利益考量，各级各地政法机关能否真正做到有效依法保护民营企业与民营企业家合法权利和正当利益，施行务实的良政善行、良法善治，就显得价值非凡。

2. 全面保护民营企业和民营企业家合法权益的宪法政治价值

深入观察我国改革开放40余年的发展主线和生动实践可知，中国共产党始终坚持“毫不动摇地巩固和发展公有制经济”，“毫不动摇鼓励、支持、引导非公有制经济发展，保证各种所有制经济依法平等使用生产要素、公平参与市场竞争、同等受到法律保护”。“支持民营企业发展，是党中央的一贯方针，这一点丝毫不会动摇。”① 可见，“两个毫不动摇”构成新时代坚持和发展中国特色社会主义的基本方略和大政方针。

大政方针决定着发展方向，根本制度引领国家行动。中国特色社会主义制度的“特”就在两个最为核心的基本点：一是政治上坚持中国共产党的领导；二是经济上坚持实行以公有制为主体、多种经济成分并存的基本经济制度。民营企业和民营企业家是推动经济高质量发展、建设现代化经济体系的重要主体。

从政治高度和宪法意义上讲，要推进各级政法机关有效服务、依法保护民营企业家合法权利和正当利益的工作，关键在于各级各地政法机关能否真正建立起、保障好让民营企业家在组织和发展民营经济的进程中，真正获得免予恐惧的权利的制度环境。也就是要建立起、执行好对民营企业家财产权和人身权有效保护的法律执行机制，真正使得良政良法能够在事实上达致善为善治的应然之境界。

第二次世界大战以来的人类法治理论和法治实践表明，人类所描述和践行的“法治”实质上分为形式法治与实质法治两大类别。实质法治强调

① 《习近平在民营企业座谈会上的讲话》，《人民日报》2018年11月1日。

和追求的是既立有良法，又厉行善治（即缺少良法抑或有良法而得不到全面而有效的实施，充其量只能称为形式法治）。实质法治是人类迄今为止较好的治国理政方式，同时也是造就最具有公平价值和效率价值的一般社会环境和特别的营商环境。

当代之中国在强调总体推进国家治理体系和治理能力现代化的进程中，鉴于各地经济社会发展水平和市场化、法治化发展水平的不平衡性，事实上也存在着中国地方法治竞争的问题。地方法治竞争是中国法治发展的一个重要现象，也是解释我国各地市场经济发展何以不平衡和各地法治发展水平又何以有高下的重要范式。事实上，它已经成为判断和考核区域性核心竞争力的基本要素。[①] 这也可以得到西方制度经济学理论的印证，即不同的制度设计和制度安排产生了不同的制度成本，影响着资源配置的效率，人们通常会选择那些在竞争中占优势的制度。制度优势会转化为资源优势，从而促使制度的改进，以低成本在制度选择中赢取竞争。良法善治是促进和保障社会发展核心竞争力的重要标志，属于上层建筑，能够有效促进生产力的发展和生产方式的变革。因此，实质法治能够成为“生产本身的最有力的杠杆”。[②]

市场的奇妙之处就在于，没有人可以真正决定应该做什么。市场的本质就是竞争。美国的经验已经说明政府过多的产业政策其实是不利的，而且用不用产业政策、用多少产业政策、给市场多大的自由度，政府是很难划定其边界的。故而，亚当·斯密曾说过，提高效率的办法就是竞争。[③] 政府能够做且应当做的则是依据法治原则为市场建构机会平等和规则平等的法治环境。从某种意义讲，实质法治之于民生发展具有因果关系的逻辑关系。由此造就了我国珠三角地区和长三角地区的普遍民生水平较之于全国其他广袤地区长期高企的局面，毕竟民生问题是衡量社会公平正义的基本标尺。

我国的珠三角、长三角地区的经济社会持续繁荣发展绝非偶然。作为我国改革开放窗口的深圳之所以能长久地显现出活力和创新力，事实上也

---

① 参见魏建国：《当代中国地方法治竞争的兴起：原因、意义及完善趋向》，《北方法学》2019 年第 1 期。

② 参见杨凯：《让公共法律服务成为核心竞争力重要标志》，《人民法院报》2019 年 3 月 31 日。

③ 参见吴思：《政府的边界在哪里——专访 2011 年诺贝尔经济学奖获得者托马斯·萨金特》，《中国经济报告》2017 年第 10 期。

正是基于其所具有的相对高水平的市场化和法治化发展环境，以此而使其成为国内最具持久吸引国内外人才和资金等要素的竞争力、集聚力和成长力之地。纵观我国珠三角地区和长三角地区等市场经济发展先进地区所走过的路，其验证了市场经济本质上就是法治经济，离开了法治就没有市场经济的论断。只有通过法治才能有效且有机地把“看不见的手”与“看得见的手”各自的效用规范好、发挥好。

二、保障民营企业与民营企业家权利必须厉行良法善治和贤良宽容之道

新中国走过了70多年极不平凡的发展历程，我们从经验和教训中得出了这样的结论：法治兴，则国家兴；法治衰，则国家衰；奉法者强则国强，奉法者弱则国弱。其基本机理是：法治是维护社会公平正义的制度基础、规范体系和体制机制，具体体现和反映在立法是分配社会公平正义的，执法是落实社会公平正义的，守法是实现社会公平正义的，司法是校正社会公平正义的等几个重要方面。

特就民营企业与民营企业家的合法权利和正当利益保护而言，其具体指向是：

第一，依法平等保护民营企业的市场主体地位。在实践中，各级政法机关应当全面细致地执行法定规则，完善平等保护机制，严格落实对各类企业一视同仁、平等保护等行政管理规范和司法政策，坚决杜绝部门文件和执法司法活动中有悖于平等保护原则的各种陈规和习惯做法。切实加强民营企业产权保护，维护契约自由，鼓励诚实守信；坚持“法不禁止即自由”的法治原则，支持和保护民营企业有平等机会进入法律、法规未明文禁止准入的行业和领域。

第二，严格规范涉民营企业的执法司法行为。在实践中，各级政法机关必须准确把握政策和法律界限，严格规范执法司法行为；严格区分经济纠纷和刑事犯罪的界限、正当融资和非法集资的界限。办理民营企业经济犯罪案件时，要依法慎用拘留、逮捕和查封、冻结、扣押等刑事强制措施。办理民营企业民商事案件时，在现实条件允许的情况下，可以为企业预留往来账户，不得查封、扣押、冻结与案件无关的财产，不得超范围查封、扣押、冻结企业银行账户或财产；对企业正在使用的主要生产设备，

一般不得采取扣押、拍卖和变卖等执行措施。在办理涉及民营企业的各类案件时，严格遵守法律、法规和工作纪律，严禁占用企业资金、场地、交通通信工具；严禁巧立名目收费，增加民营企业负担。

第三，依法据实妥善处理涉民企案件的历史遗留问题。在实践中，各级政法机关应当及时甄别并依法纠正侵害民营企业经营者合法权益的错案、冤案；切实完善涉民企经营者冤错案件的甄别纠正常态化工作机制。此前，最高人民法院再审的物美集团原掌门人张某忠案①和社会高度关注的顾某军案②，即释放出了依法治国、加强产权和企业家权益保护的强烈信号。此举为营造新时代更加公平正义的法治环境和营商环境提供了强有力的司法镜鉴。

概言之，凡属于民营企业家合法正当经营的行为，各级政法机关都应当依据法定职责坚决依法予以保护；凡属于违法侵害民营企业家合法权益的行为，各级政法机关都应当依据法定职责坚决依法予以制裁。唯公正高效、廉洁清明的执法司法生态，才是创造民营经济良好发展环境的基本前提和现实保证。

三、保障民营企业与民营企业家人身和财产安全的基本路径选择

民营企业和民营企业家权利保护的重点是依法保护其人身和财产安全，而化解民营企业和民营企业家经营过程中可能遭遇的显性和隐性的法律风险是关键。

第一，依法保护民营企业家的人身和财产安全是执法司法机关的法定职责。安全保障是稳定经济发展预期、保障社会安宁和谐的基本需求。在我国，公有制经济财产权不可侵犯，非公有制经济财产权同样也不可侵犯。因此，依法保障民营企业与民营企业家合法人身权利和财产权益、依法支持和保障企业合法经营活动，是新时代各级各地政法机关的法律义务和政治责任。

当下，从执法司法政策取向出发需要强调指出：对侵害企业家人身、财产安全的违法行为和违法案件，政法机关应当实行严格督办制度；对恶

---

① 参见赵晓娟、高健：《张文忠无罪归来》，《北京日报》2018 年 6 月 1 日。

② 参见罗沙、毛一竹：《信仰法治 期待真相》，新华社，2018 年 6 月 14 日。

意阻工、强迫交易、寻衅滋事、暴力讨债、敲诈勒索等过激或黑恶违法行为，政法机关要建立“零延迟”机制，及时到位、措施果断、依法处置；对一些民营企业和民营企业家既往历史上发生过的不规范行为，政法机关要以发展的眼光和法治的思维理性而稳健地加以处置，能宽则宽，能免则免，能缓则缓；对现实中民营企业和民营企业家涉嫌违法犯罪的，司法机关要严格规范涉民企案件执法司法标准，严格准确区分罪与非罪的界限，严格执行羁押必要性审查制度，严格执行罪刑法定、疑罪从无原则，切实全面维护民营企业和民营企业家的合法权益，坚决避免“运动式”“扩大化”的执法司法行为，坚决防范“民”“刑”混淆的冤假错案。

第二，依法保护民营企业家权利考验着司法者的职业良知和司法智慧。“万物得其本者生，百事得其道者成。”忠于宪法法律，忠于事实真相，公义廉明，恪守良知，这是司法者独特的思维方式和稳健的职业风范。司法公信力来源于司法者对任何法律事项的审查、判定，都要经得起法律的考验和历史的检验，归根结底是要经得起职业良知的拷问。司法者的良知和正义感先验而生动地寓于司法者心中。历史上法律或有不善，而司法者的正义感当永存。司法良心是司法者意识到内心法庭的客观存在，且在紧要关头时，它乃是非曲直的最后仲裁者。

司法实践一再表明，在我国，基于当事人认知水平所限，民企和民营企业家涉嫌犯罪往往具有相当的政策制度弹性和司法选择空间。这将极大地考验着个案司法者的职业良知和司法智慧。尊重个案事实，审慎适用法律，坚守司法良知，谦抑适度司法，是依法保护民营企业家的人身和财产安全的基本保证。人们期待，司法者通过个案审理成为实质法治的布道者和公平正义社会核心价值的践行者。

第三，认真对待民营企业家入罪所生连带结果的规律性。实践表明，民营企业人士涉嫌犯罪的基本范畴，往往大多为非暴力性质的一般经济类犯罪，但他们一旦入罪，必将连带产生其独特的恶果（规律性），即一位民营企业家的倒掉，往往就意味着一个经营多年的民营企业的彻底垮掉，同时也意味着大量员工因失业而失去生活经济来源。这与公有制企业形成显著的差异性。因此，对涉案民营企业人士的人身所实施的强制措施抑或刑事处罚当慎之又慎。能宽则宽，能免则免，能缓则缓就具有了特殊的现实意义。故而，对于此类案件的执法与司法，极大地考验着个案行政执法者和司法者的执法司法水平。司法良知和谦抑审慎的作风，坚守程序正义和实体正义，无疑是执法司法者彰显执法司法价值的本源。

第四，合法诚信经营、法德兼守，是民营企业家铸业兴企和维护自身职业安全之根本。立足现实，放眼未来，建设富强民主文明和谐美丽的社会主义现代化强国，离不开千千万万优秀企业的积极贡献，而支撑包括民营企业在内的企业可持续健康发展，则离不开被社会所普遍认同的商业伦理文明和优秀企业家精神。

当代中国所弘扬的企业家精神的大略指向是：一是爱国敬业遵纪守法艰苦奋斗的精神。爱国敬业是我国企业家群体的基本特质，遵纪守法是企业家安身立命之本，艰苦奋斗是企业家不断取得成功的法宝。二是创新发展专注品质追求卓越的精神。创新精神是企业家精神的根本特征，体现为提供高品质产品服务，从而不断追求卓越。三是履行责任敢于担当服务社会的精神。企业家不仅是经济活动的重要主体，而且在社会发展中也具有重要的示范引领作用。①

在传统中国社会，法律和道德两者之间始终具有互为表里的内在关系。当代中国，依法治国和以德治国相结合构成中国法治最鲜明的特色。虽然市场化、法治化、国际化是大势所趋。然而，德法兼守，仍不失为企业家铸业兴企之灵魂所在。格局决定结局。打铁尚需自身硬。“君子检身，常若有过。”观察大千世界人生沉浮轨迹可知：人生安危系于能否守住法律底线和职业操守，这也是保证所有社会从业者职业安全的根本所在。延而伸之，习近平总书记也强调指出：“非公有制经济要健康发展，前提是非公有制经济人士要健康成长。”② 其实，天下诸事，皆因选择，亦皆由选择。

对于任何一位民营企业家来说，之所以能获得尊重、享受尊严，本质上是自己所给予的。即民营企业家应当在发展事业的同时，始终保持自敬自律，坚守法律底线，信守商业操守，珍视社会形象，担当社会责任，弘扬企业家精神。无论何时何地，守法经营、诚信经营，公平竞争，努力全面履行安全责任、质量责任、劳动者权益和消费者权益保护等方面的法定义务是任何企业家的兴业本分之所在，这无疑也是任何企业与任何企业家安身立命之本和长远发展之道。

---

① 参见林泽炎：《新时代企业家的使命与担当》，《学习时报》2018 年 4 月 30 日。

② 《习近平在民营企业座谈会上的讲话》，《人民日报》2018 年 11 月 1 日。

第五，尊重和保护民营企业家需要法治精神和健康文化的社会化。我国经济社会和法治事业发展的经验表明，陈旧而顽固的等级观念、官本位文化和庸俗关系论习俗，极其不利于良好法治环境的营造和生成。“浙江现象”中开明宽容的政府角色和浓厚的工商主义色彩的区域文化传统，就是极好的正面镜鉴。其基本要略在于：浙江社会文化中的等级观念、官本位文化和庸俗的社会关系习俗较为淡漠，而政府又能不失时机地为区域市场体系的率先发育和完善提供适宜的体制机制、政策环境，形成政府与市场主体之间默契的良性互动关系和以开明、放任为特色的有效政府行为模式，从而形成了市场化的先发优势，进而推进政府和各级官员市场经济认知信念的自我强化，有意识地收敛对民企发展的行政干预。正是这种普遍性社会文化土壤和行政干预最小化的开明政府，为区域市场经济的发轫，提供了特定制度和意识形态条件下最为有利的发育环境，推动浙江快速形成了市场化改革的体制机制优势和独特的民营经济发展大格局。①

诚然，任何一项先进制度的生成和发展必须有与其内在逻辑相适应相匹配的文化基础和人文环境，如果文化基础和人文环境建立不起来，再先进的制度也会因为缺乏茁壮生发的土壤而失去其应有的生命力。唯大力发展法治文化，改造地方性庸俗文化，公平公正的市场化、法治化、国际化机制才能真正生成。

因此，在大力推进政法机关依法保护民营企业和民营企业家合法权益的同时，我们还应当大力推进政府的“放管服”改革，转“无限政府”为“有限政府”，并通过法治文化的传播和人文环境的优化，渐次改造某些根深蒂固的地方性陈旧观念和庸俗文化。这些历史性任务，是绕不开躲不过的。唯此，所谓的核心竞争力和可预期的发展活力才能形成，治理体系和治理能力现代化才会成为可能。

综上，我国经济社会发展正深度步入市场化、法治化、国际化新时代。市场化意味着破除不合理体制机制障碍，更大地激发市场主体活力和社会创造力。法治化意味着营造公开透明、公平公正的法治环境，给市场主体以稳定的预期。国际化则意味着持续扩大开放。在这个新时代里，国家层面正在深度重塑政府和市场的关系，正在进一步要求形成行政执法和

---

① 参见何显明：《区域市场化进程中的“有效政府”及其演进逻辑》，《浙江社会科学》2018年第3期。

公正司法的新理念、新规则、新风尚，正在进一步为民营企业可持续发展和民营企业家健康成长创造愈加公正而完善的制度环境和发展空间；同时，新时代也需要广大民营企业家高扬企业家精神，肩负起自身能够也应当承担的社会责任与职业使命，为经济社会高质量发展提供更加强大的经济支撑、技术支撑与人才支撑。李克强总理指出："经济社会发展的动力，源于市场主体的活力和社会创造力，这很大程度上取决于营商环境。营商环境是发展的体制性、制度性安排，其优劣直接影响市场主体的兴衰、生产要素的聚散、发展动力的强弱。通过深化'放管服'改革来优化营商环境，从根本上说就是解放和发展生产力。"①

当下的中国法治建设和社会普遍的营商环境正处于新的成长期，我国民营企业和民营企业家也正处于权利保护新的增长期。民营企业发展和民营企业家成长所需的良好的政治环境、社会环境、信用环境与法律环境正在中华大地日渐生成。值此难得的历史发展机遇期，愿广大的民营企业和民营企业家能不负时代所望。

---

① 李克强：《在全国深化"放管服"改革 优化营商环境电视电话会议上的讲话》，《人民日报》2019年7月29日。

2018年我国环境行政公益诉讼案例的实证研究*

□王惠　于家富**

摘要： 当前在众多呼吁检察机关扩大公益诉讼领域的主张之外，有必要对这一制度的现有实施状况予以总结和反思。通过考察威科先行上公开的2018年检察机关围绕环保机关职能履行提起的行政公益诉讼可以发现，检察机关出现了起诉案件类型固化、诉前程序和起诉程序衔接不畅、对“尽职履责”的认定标准模糊等问题。因此建议在扩大检察机关行政公益诉讼领域之前，进一步完善扩展环保示范案件的领域及类别、明确起诉标准以及起诉期限、保障检察机关调查权限，并且应当谨遵“谁污染谁治理”的原则，谨慎使用修复环境、代为处理等诉求。

关键词： 检察机关；环境污染；行政公益诉讼

近年来，我国检察机关提起行政公益诉讼正在如火如荼地展开。根据最高检统计，2018年1～11月，全国检察机关共立案公益诉讼案件89523件，提出检察建议78448件、提起诉讼2560件。在这一亮眼数据背后，以生态环境和资源保护领域公益诉讼案件为例，行政公益诉讼存在何种隐忧呢？在众多呼吁检察机关扩大公益诉讼领域的主张之外，有必要对这一制度的现有实施状况予以总结和反思。通过考察威科先行上公开的2018年检察

---

* 本文系2018年山东省社会科学规划项目“家事案件的柔性审理制度研究”（项目编号：18CQXJ34）、2018年山东省本科高校教学改革研究项目“山东省监察法治人才培养研究”（项目编号：M2018X278）、2019山东政法学院教学研究与教学改革一般项目“法学学术型研究生科研创新能力提升的路径研究”（项目编号：2019JYB012）、2018年山东政法学院思想政治教育理论与实践研究重点项目“习近平全面从严依规治党思想研究”的阶段性成果。

** 王惠，湖南长沙人，山东政法学院经贸法学院副教授，法学博士。于家富，辽宁海城人，山东政法学院法学院副教授，法学博士。

机关围绕环保机关职能履行提起的行政公益诉讼可以发现，案件同质化趋势明显；检察机关举证范围不清晰，导致被告行政机关对是否尽职履责争议较大；行政监管职能重叠时，被诉行政机关具有任意性；要求被告行政机关代替污染者修复环境的案件比例增加。

一、检察机关提起环境公益诉讼的样本选取及分析

环境保护领域是检察机关公益诉讼的重点领域之一，由于环保局是承担环保监管职能的重要行政机关，因此，可从环保局被起诉的视角分析其相关案例，了解环境公益诉讼开展的状况。以威科先行判例库为搜索来源，以“行政公益诉讼”和“环保局”为关键词，选择 2018 年度、行政诉讼类别，得到 61 个搜索结果。除去其中重复、内容不符、被告不符、时间不符等案例，最终得到有效案例 27 件。通过对个案进行类型化分析，发现存在以下一些特点。

1. 案件污染类别集中在固体废物污染与危险废物污染领域

如图 1 所示，在地方政府和环保局多项监管职能中，存在怠于履职情形的案件有半数以上涉及固体废物（尤其是垃圾填埋场）违法堆放，其次是危险废物违法倾倒。而生活中常见的大气污染类别的案件数量极少，在统计数据中没有反映。

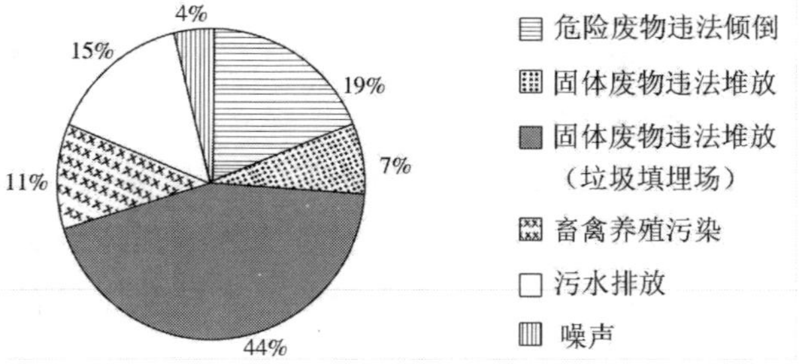

图 1　公益诉讼案件所涉污染类别占比

2. 环保职能重叠时地方政府和环保局均可为被告

根据我国环境保护法，各级人民政府对本行政区域的环境质量负责；县级以上人民政府生态环境主管部门对本行政区域的环境保护工作实施统一监督管理。实际中，会存在职能交叉的情况。例如，在环保局具体履行监管职责时，如果涉及关闭污染企业等处罚措施，需要上报地方政府批准，如果得不到批准或者批准程序迟延，是应当起诉环保部门，还是地方政府呢？此时行政公益诉讼被诉主体就会产生模糊的问题。如图2所示，统计的案例也印证了这一点：当因垃圾填埋场违法建设导致环境污染时，12件案例检察机关起诉了地方政府，13件案例起诉了当地环保局。

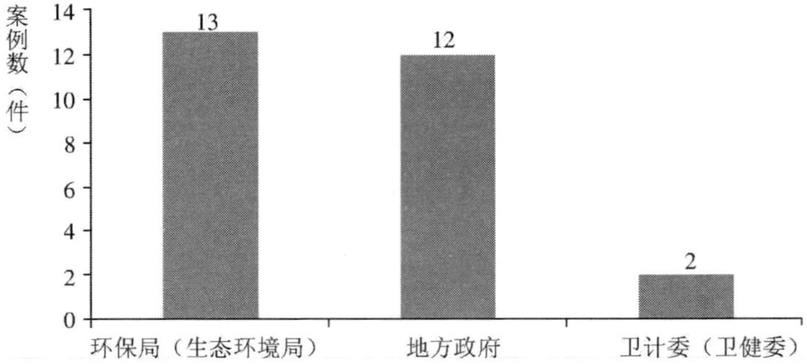

图2 环境行政公益诉讼被告情况

3. 检察机关履职诉求范围扩大

如图3所示，检察机关在督促履职的过程中，在诉前的检察建议和起诉的诉求中，不再仅限于泛泛要求行政机关继续履职或者要求法院确认违法，而是进一步要求涉事污染企业停业、环保局代替污染企业治理污染物(代为处置)，甚至还有10件案例要求环保局修复生态环境。那么，环保局代替污染企业处置污染物的前提是否存在？治理和修复资金从何而来？财政资金为污染企业垫付的界限在哪里？修复的标准是否明确？这些都需要深入思考，也引发了检察机关要求履职的边界问题。如图4所示，这些案例除了1件败诉以外，绝大多数得到了法院的支持。当然，在2018年度的案例中，已经出现了法院认为检察机关起诉不符合公益诉讼目的和要求检察机关败诉的案例。

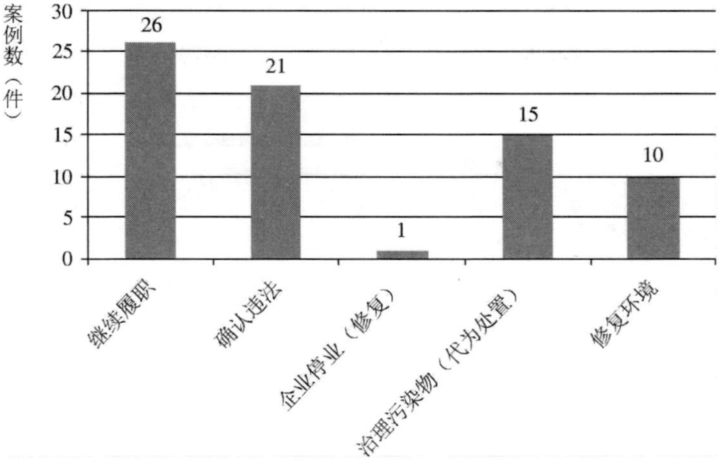

图3 检察机关诉求情况

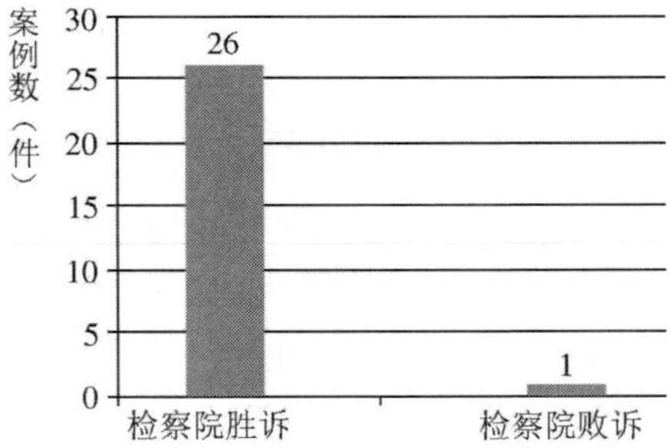

图4 检察机关胜败诉情况

4. 检察机关的举证情况

从图5可见，检察机关综合运用了多种调查方式来收集证据，其中使用频率最高的有现场勘验、询问证人和利害关系人以及委托鉴定检测公司出具检测、鉴定报告等方式。尤其是当污染案件被移交公安机关之后，犯罪嫌疑人供述以及公安机关的调查也为行政公益诉讼的举证提供了便利。从这些手段来看，检察机关对于行政行为的违法性、行为的危害后果、公益受损的调查能力相较于社会组织、个人而言，具备了明显的优势。但是，由于环境要素的迁移性，选择容易固定证据的领域进行起诉、尽量选择低成本的方式进行举证就成为检察机关起诉案件的大方向。

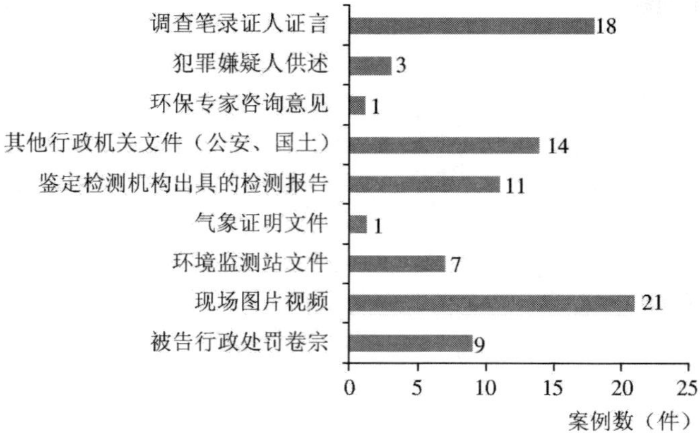

图5　检察机关举证情况

5. 被诉行政机关的答辩情况

如图6所示，被诉的行政机关在答辩中，有18件案例对是否尽职履责有异议，是比例最高的；有8件案例对检察机关提出的需要行政机关代为治理污染、修复生态等职责内容存在异议。综合案例争议焦点，环保局等行政机关对案件移交公安机关之后的职责内容并不明晰，当职能存在交叉时对检察机关以环保局为被告也多有不服，还会遇到对污水处理厂、垃圾填埋场等公共单位无法关闭、财政治污资金不到位、气象因素不利于治理等现实难题。

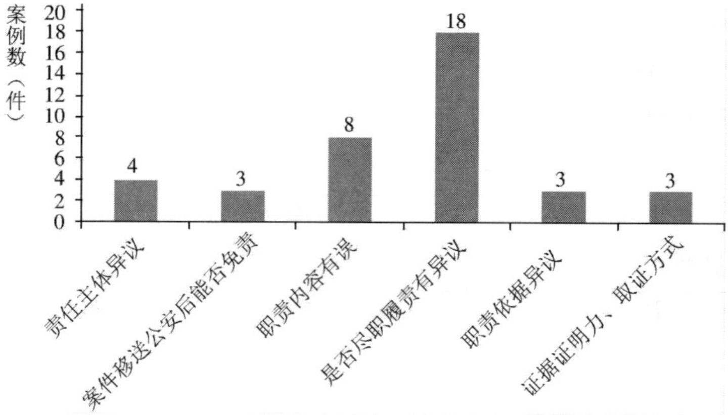

图6　被诉行政机关答辩情况

二、对环境行政公益诉讼实践的反思

1. 起诉案件类型固化趋势明显

根据2018年度起诉的案例数据，检察机关的重点关注领域锁定在固体废物和危险废物上，各地以基层镇政府为被告的案例全部涉及农村垃圾填埋问题，部分农村污染案例涉及个人的畜禽养殖污染。涉及城市污水排放的案例仅有两件，而且是医疗废水排放。日常生活中和媒体关注的重大大气污染、水污染、土壤污染事件几乎没有涉及。一方面，在10件案例中，检察机关举证时列举了省检察院同意提起诉讼的批复，也就是具体就哪些案件起诉并非完全由基层检察院决定，其起诉与否的标准并不明确。另一方面，也与基层检察院搜集环境污染证据和固定证据的难度有关。大气、水污染的流动性极强，仅凭现场勘验的照片或者视频难以证明；而专业鉴定检测机构的费用较高，检察机关不得不予以考量。但这也部分印证了之前一些学者所担忧的，即检察机关提起行政公益诉讼会存在避重就轻的发展趋势。

2. 检察机关起诉程序存在模糊之处

首先，检察机关提起行政公益诉讼存在诉前程序，当检察机关已经履行诉前程序，行政机关仍不依法履行职责或者纠正违法行为时，检察院可以提起行政诉讼。[①] 其中有7件案例是检察机关在列举证据时，举证了人民检察院作为公益诉讼起诉人主体资格合法，同时提及检察院提起诉讼经由省级人民检察院对提起行政公益诉讼案件的批复。[②] 那么，随着环境行政公益诉讼的铺开，“可以起诉”以及省级人民检察院是否批复同意诉讼的标准是什么，仍需进一步明确。

其次，检察机关提起行政公益诉讼的起诉期限应当如何设置较为合理，仍不明确。从数据看，从检察机关发现被告有“违法行使职权或者不作为，致使国家利益或者社会公共利益受到侵害”开始，到发出检察建议并等待两个月的整改时间，再到提起诉讼，少则四月有余，多则一年以

---

① 参见最高人民法院、最高人民检察院《关于检察公益诉讼案件适用法律若干问题的解释》（2018年2月23日最高人民法院审判委员会第1734次会议、2018年2月11日最高人民检察院第十二届检察委员会第73次会议通过，自2018年3月2日起施行）

② 例如，山东省人民检察院关于《关于提请批准利津县人民检察院拟对利津县环境保护局提起行政公益诉讼案件的请示》的批复（鲁检发民字〔2018〕4号）。

上。由于存在整改时间，那么相较于普通行政诉讼起诉期限，公益诉讼应适当延长。

最后，从已有的行政公益诉讼案件来看，庭审案件中检察机关败诉极少（2018年仅有1件），并且法院在其中扮演了一个相对消极的角色，更多是简单地附和检察机关的诉讼请求，在司法个案中缺乏精细化的司法论证。这也在某种程度上说明，行政公益诉讼尽管是以司法外核形式开展，但“法化”程度并不够高，更多体现了一种检察系统主导的国家权力内部的制约拘束功能。

3. 检察院与行政机关的争议焦点锁定在“尽职履责”认定问题

从以上数据统计中可以得到，检察院和行政机关最大的分歧在于如何认定是否尽职履责。从案例中分析可知，检察机关能不能监督，监督到什么程度为止，有三个层次的判断标准：一是违法行为有没有被制止，山东高密案件中，南洋食品公司只要未停止晾晒鸡粪、污染环境的行为，就仍需监督（〔2018〕鲁0785行初28号）；二是公共利益有没有得到保护，例如涉案危险废物污染事件发生后，行政机关虽然及时委托检测公司对污水池内含油废水进行检测、委托编制环境应急处置方案、移送公安机关侦查、督促相关开发区管委会按处置方案落实处置措施，但只要危险废物还在损害公共利益，检察机关就依然要监督起诉（〔2018〕鲁0523行初31号）；三是在公共利益没有得到有效保护的前提下，行政机关有没有全面履行监管职责，有没有穷尽法律赋予的监管手段。

但是，检察机关对尽职履责的判断标准也有值得警惕的地方。一是应当关注治理污染过程中存在的气候、气象以及自然规律因素对履职可能造成的不利影响。例如检察院举证时，有1件案例举证了历史气象记录，说明近期气象适宜进行污染处理。而绝大多数案例中，尤其是涉及危险废物处理时，在低温土壤结块时进行被污染土壤挖掘运输处理造成再污染的概率低，而检察机关对此关注较少。二是需要警惕让环保主管部门代替污染企业修复环境的诉求扩大化。例如在多个危险废物违法倾倒的案例中，检察院认为，根据《中华人民共和国环境保护法》第十条“县级以上地方人民政府环境保护主管部门，对本行政区域环境保护工作实施统一监督管理”和《中华人民共和国固体废物污染环境防治法》第十条第二款“县级以上地方人民政府环境保护行政主管部门对本行政区域内固体废物污染环境的防治工作实施统一监督管理”的规定，环保局作为地方环境保护主管部门，具有对本行政区域环境保护及固体废物污染环境防治工作实施统一监督管理及依法处置的职责，负有代为处置危险废物、修复环境的义务。那么推而广之，环保主管部门实际上对水、大气、土壤等都实施统一监督管理，能否都要求其对污染进行代为治理和修复呢？这无疑与谁污染谁治理的原则相悖。由此，需要注意的是检察机关建议应当不可直接为行政机关设定实体性的行政法权利义务。三是即使需要修复，修复完成的标准是什么？案例中既有按照国家环境标准进行衡量的①，也有按照处理方式和群众满意度进行衡量的②。

4. 检察机关和行政机关举证责任分配重心不同

行政公益诉讼中的举证责任关系到作为公益诉讼人的检察机关和作为被告的行政机关各自承担举证责任范围的问题，是制度建设的重点。行政诉讼法没有对行政公益诉讼举证责任作出特别规定，一般情况下行政诉讼法主要适用举证责任倒置的规则，即由被诉行政机关对行政行为的合法性提供证据证明。那是否意味着行政公益诉讼也适用举证责任倒置呢？

一种观点认为，应当遵循“谁主张，谁举证”的规则。因为行政机关先行作出行政行为，检察机关必须有足够证据才能对其提出挑战，否则，不利于行政秩序的稳定。检察机关举证还有利于防止检察机关滥用行政公益诉讼权。③ 此外，较之其他主体，检察机关在进行勘验、获取证人证言以及其他相关部门的物证或书证的能力较强，由检察机关在原则上承担举证责任是合理的。还有一种观点认为被告行政机关在答辩过程中，因检察机关具有更强的举证能力，而在实质上加重了被告的举证负担。从数据信息来看，多数案件是由检察机关实际承担了较重的举证责任。在检察建议发出前和发出后两个环节上，检察院一般将取证的重点放在前者身上。④相较于检察机关，行政机关的举证意愿和能力较弱，而且多在解释自己未

---

① 受被告九集镇人民政府委托，湖北科远环境检测有限公司对九集镇县沟村垃圾堆放场进行检测，并于 2018 年 10 月 30 日出具检测报告，结论为九集镇县沟村垃圾堆放场地表水满足《地表水环境质量标准》（GB3838-2002）表 1 第Ⅲ类筛选值，渗滤液中的各项检测指标均满足《生活垃圾填埋场污染控制标准》（GB16889-2008）表 2 筛选值。因被告已对九集镇县沟村涉案垃圾堆放场进行了全面有效治理，已符合环评标准，被损害的生态环境得到修复。（〔2018〕鄂 0624 行初 33 号）

② 按方案对堆放的垃圾采取了转运和填埋措施，对涉案地块进行了补植复绿工作。（〔2018〕黔 0328 行初 1 号）

③ 参见傅国云：《行政公益诉讼制度的构建》，《中国检察官》2016 年第 5 期。

④ 检察机关还需要承担证明行政机关的违法行为或不作为导致公益受到损害，以及已经履行诉前程序行政机关仍不依法履行职责或者纠正违法行为的责任。

履责的客观原因。因此，行政机关举证较难得到法院采信。在多个案例中仍然需要对其行为的合法性承担举证责任，检察机关则需要对符合起诉条件承担证明责任。

三、对检察机关深入推进环境行政公益诉讼的建议

1. 扩展示范案件的领域及类别

除了固体废弃物、危险废弃物等行政公益诉讼的重点领域，应当进一步拓展示范案例的领域，将大气污染、水污染、土壤污染等案例酌情增加，这些新领域的案情带来的示范效应往往超过案件本身。例如，如何固定大气、水污染对环境和公共利益造成损害的证据；污染后果与行政机关不作为或者违法作为之间的关系。尤其是2019年《土壤污染防治法》生效之后，更需要响应新法的变化，增加一批土壤污染行政公益诉讼的案例。

2. 明确起诉标准以及起诉期限

随着行政公益诉讼的进一步推开，对于向行政机关发出检察建议后，什么情况下应当提起行政公益诉讼，标准应明确，逐步改变目前诉讼都需要提请省级人民检察院批示的局面。

检察机关提起公益诉讼的案件线索限定在“履行职责中发现”，那么，检察机关提起行政公益诉讼的起算点可从发现或者应当发现行政机关未依法履行法定职责行为侵害了国家利益或者社会公共利益或者严重危及国家利益和社会公共利益之日起计算。

最高人民法院《关于执行〈中华人民共和国行政诉讼法若干问题的解释〉》第四十一条规定：“行政机关作出具体行政行为时，未告知公民、法人或者其他组织诉权或者起诉期限的，起诉期限从公民、法人或者其他组织知道或者应当知道诉权或者起诉期限之日起计算，但从知道或者应当知道具体行政行为内容之日起最长不得超过两年。”鉴于此，检察机关提起行政公益诉讼的起诉期限确定为两年比较妥当。

3. 谨慎使用修复环境、代为处理等诉求

污染查处只是第一步。比查处污染更棘手的，是污染的修复。整体要求是需要让污染主体承担修复责任，落实“谁污染，谁治理”。

在目前检察机关的诉求中，已经出现了较大比例的代为处置污染物以

及修复被污染环境的要求。代为处置和修复环境至少需要满足两个条件：一是需要足够的治污资金支撑；二是需要治理技术支撑，否则容易造成严重的二次污染。但是，环保行政部门的治污资金来自地方财政资金拨付，环保行政部门本身也缺乏专业的治理污染技术。环保行政部门即使被诉，也难以凭借一己之力完成修复任务。

4. 保障检察机关的调查权限

检察机关在举证过程中，难点在损害鉴定方面，污染环境的损害后果往往需要通过专业司法鉴定来确定。但从全国情况看，司法鉴定机构少、费用高、周期长已成为制约检察机关办理公益诉讼案件的瓶颈。

对此，一是要针对司法实践中存在的司法鉴定委托难等问题，适当吸纳相关行政执法机关的鉴定检测机构，加快准入一批诉讼急需、社会关注的生态环境损害司法鉴定机构。二是探索完善鉴定收费管理和经费保障机制。会同司法部、生态环境部、国家发改委等部门指导地方完善司法鉴定收费政策。与有关部门协商，探索将鉴定评估费用列入财政保障。三是依法合理使用专家意见等证据。检察机关在办案过程中，涉及案件专门性问题难以鉴定等情况，可以结合案件其他证据，并参考行政执法机关意见、专家意见等予以认定。

党的十八大以来，我国生态环境保护工作进展成效明显，其中一个重要原因就是小环保变成了大环保，检察机关通过公益诉讼积极参与后，促进了环保部门治理污染的积极性和治理效果。但是诉前建议程序如何与诉讼模式之间进行合理衔接，检察机关需要依据何种标准来判断行政机关事后合理履行了法定职责，尤其是环境资源保护等监管职责的履行判断是一个长期持续且复杂的过程，如何从检察机关的外部视角来实现对行政机关法定职责的持续性监督，检察建议的诉前程序怎样及时转入诉讼程序的标准设计等诸多程序议题，还需要在今后司法实践中不断探索与完善。

环境司法领域恢复原状适用的现实困境与制度重构

——以中国裁判文书网216份判决书为研究对象*

□李宁**

摘要： 自2010年7月1日《侵权责任法》实施至今，通过研读这9年时间里的216份环境污染责任纠纷案件判决书发现，恢复原状在环境司法领域基本成为摆设。这一问题的根本原因在于我国现行法采用了狭义的恢复原状概念并在损害赔偿方法上采用了形为自由裁量主义、实为金钱赔偿主义的立法例。对此，恢复原状应当正本清源，其功能在于填补受害人的完整利益，恢复原状费用则作为恢复原状的一种特殊形式，不属于旨在填补受害人价值利益的赔偿损失。在此理论基础上，恢复原状适用于私益救济与公益救济将有广阔空间但有所不同，即"原物"修复之不能是公益诉讼中恢复原状费用适用的前提条件；民事权益客体特定化是恢复原状适用于私益领域的前提条件。

关键词： 恢复原状；赔偿损失；修复

2017年3月15日，第十二届全国人大第五次会议审议通过了《民法总则》，这标志着我国民法典编纂工作迈出关键一步。《民法总则》作为未来民法典的核心，协调并落实其立法目的、原则与基本理念，将是民法典各分编编纂工作的重要任务。承担保护环境、修复生态功能的《侵权责任法》《环境保护法》等，如何落实《民法总则》第九条规定的绿色原则，以完善生态环境损害赔偿制度，进而切实保障被侵权人权益与修复生态环

* 本文系2018年度国家法治与法学理论研究项目"生态环境损害赔偿制度与环境公益诉讼衔接问题研究"(项目编号:18SFB3052)的阶段性成果。本文已发表于《法律适用》2020年第2期,略有改动。

** 李宁，法学博士，山东法官培训学院副教授，山东省高级人民法院研究室法官助理，《山东法官培训学院学报》编辑部主任。

境，试图“重建赔偿权利人受侵害权利法益之原貌”[①] 的恢复原状将承担重要使命。

一、问题的提出

2015 年 1 月 1 日开始实施的《环境保护法》第六十四条以引致条款的形式将《侵权责任法》适用于破坏生态领域。1 月 6 日，最高人民法院发布的《关于审理环境民事公益诉讼案件适用法律若干问题的解释》（法释〔2015〕1 号，以下简称《环境民事公益诉讼司法解释》）明确规定恢复原状适用于环境污染与生态破坏领域的同时，还规定其适用于旨在救济社会公共利益的环境民事公益诉讼领域，进而实现了恢复原状在私益诉讼与公益诉讼二元格局中的同时适用。6 月 1 日，最高人民法院发布《关于审理环境侵权责任纠纷案件适用法律若干问题的解释》（法释〔2015〕12 号，以下简称《环境侵权司法解释》），重申人民法院审理因污染环境、破坏生态造成损害的民事案件可以判定污染者承担恢复原状等民事责任。自此，以救济私益为目的的传统侵权责任承担方式承担起了救济社会公共利益的使命。但是，自《环境侵权司法解释》出台以来，理论界关于传统私法领域中旨在填补损害的恢复原状能否救济社会公共利益存在争议[②]，亦有学者曾比较研究域内外恢复原状制度，并对我国该制度“正本清源”[③]，但是针对恢复原状制度的司法适用现状还缺乏梳理。“法律的生命力在于实施，法律的权威也在于实施。”[④] 如何结合司法实践之现状，针对司法现状中暴露出的问题，以通过厘定恢复原状之概念以及界定恢复原状费用与赔偿损失之关系，来落实《最高人民法院关于全面加强环境资源审判工作为推进

---

① 曾世雄：《损害赔偿法原理》，中国政法大学出版社 2001 年版，第 148 页。

② 关于恢复原状能否救济社会公共利益的问题，民法学者基本上持肯定态度，如王利明教授（王利明：《侵权责任法研究》上卷，中国人民大学出版社 2016 年版，第 654 页）、张新宝教授（张新宝、庄超：《扩张与强化：环境侵权责任的综合适用》，《中国社会科学》2014 年第 3 期）等；反之，环境法学者往往主张恢复原状不同于生态环境修复，不能完全救济社会公共利益，如吕忠梅教授（吕忠梅：《“生态环境损害赔偿”的法律辨析》，《法学论坛》2017 年第 3 期）等。

③ 周友军：《我国侵权责任形式的反思》，《法学杂志》2009 年第 3 期；程啸、王丹：《损害赔偿方法》，《法学研究》2013 年第 3 期；李兴宇：《论我国环境民事公益诉讼中的“赔偿损失”》，《政治与法律》2016 年第 10 期；等等。

④ 《中国共产党第十八届中央委员会第四次全体会议公报》，中国共产党新闻网，2014 年 10 月 23 日，http：//cpc. people. com. cn/n/2014/1023/c64094－25896724. html。

生态文明建设提供有力司法保障的意见》(法发〔2014〕11号)就环境资源审判工作所提出的“全面赔偿”之要求,进而实现恢复原状在民法与环境法上的概念与范畴统一,是一项重要课题。本文拟就《侵权责任法》实施的九年时间里,以中国裁判文书网上以《侵权责任法》第十五条为裁判依据的所有环境污染责任纠纷案件[①]为对象展开研究,总结实践中恢复原状制度的适用情况,发现问题,并结合现行法律规定,通过法解释学的方法实现恢复原状制度在民法与环境法中的统一适用。

二、实践现状:成为“摆设品”的恢复原状

长期以来,我国在环境保护方面实行国家环境管理这一单轨运行机制,通过各级政府环境保护机关以国家名义全面行使对环境保护的执行、监督、管理职能,并对全社会环境保护进行预测和决策。实践证明,这种体制难以给予生态环境以切实、有效地保护。国外成功经验表明,遏制环境损害主要通过环境行政执法与环境司法,这两种机制的有效运转和协调运行是保护环境的重要手段和必备条件。2010年开始实施的《侵权责任法》专章规定了“环境污染责任”,回应了环境时代的“绿化”需求。随后,在生态文明建设的顶层设计之下,一系列生态环境政策以及法律、司法解释相继发布,这为环境司法的开展提供了制度依据。这些政策法律均强调了“修复”的重要性,但是均未界定“修复”之概念,也未厘定“修复”与恢复原状之关系,反而是通过扩张解释的方法将恢复原状适用于环境法领域。

自2010年7月1日《侵权责任法》实施至2019年6月30日的九年时间里,以《侵权责任法》第十五条为裁判依据的环境污染责任纠纷案件,在中国裁判文书网上共收集有一审判决书216份,将多人因同一污染行为造成的损害而予以分别起诉的类案以及适格原告针对无意思联络数个污染

① 需要说明的是,中国裁判文书网上以“环境污染责任纠纷”为案由的案件,包括环境侵权责任纠纷案件、环境公益诉讼案件及生态环境损害赔偿诉讼案件。如重庆市人民政府、重庆两江志愿服务发展中心与首旭环保公司藏金阁公司环境污染责任纠纷实质上是将重庆市人民政府提起的生态环境损害赔偿诉讼一案与重庆两江志愿服务发展中心提起的环境公益诉讼一案予以合并审理。[重庆市人民政府、重庆两江志愿服务发展中心与首旭环保公司藏金阁公司环境污染责任纠纷案(〔2017〕渝01民初773号)]生态环境损害赔偿案件比较少。

者的污染行为予以分别起诉的情形均作为同一案件处理后①，共计 78 份一审判决书，其中环境侵权责任纠纷案件 65 个，环境公益诉讼案件 13 个。经研读 78 份一审判决书，发现司法实践对于恢复原状的理解与适用呈现以下特点。

1. 难见踪影：恢复原状基本未见适用

最高人民法院指出《环境民事公益诉讼司法解释》是依据《侵权责任法》等规定，结合审判实践予以制定的，其第二十条明确规定恢复原状适用于已经损害社会公共利益或者具有损害社会公共利益重大风险的污染环境与破坏生态领域的同时，还界定了恢复之标准，即“将生态环境修复到损害发生之前的状态和功能”。这为恢复原状适用于环境公益诉讼领域提供了法律依据及适用标准。在 13 个环境公益诉讼案件中，原告明确主张被告承担恢复原状责任的案件共 2 个，其中仅 1 个案件中的原告明确要求被告承担恢复原状责任。法院鉴于被告已明确表示没有能力将环境恢复原状亦不能提出修复方案，为确保生态环境修复的实现，依据《环境民事公益诉讼司法解释》第二十条直接判决被告承担生态环境修复费用来替代理应承担的恢复原状责任。② 该案件中的原告实质上将无法实施恢复原状作为被告承担生态环境修复的前置条件，笔者认为这是非常重要的，因为修复生态环境具有很强的时效性要求。另外一个案件中，原告诉请被告要么承担恢复原状，要么承担恢复原状费用，即未将无法恢复原状作为被告承担恢复原状费用的前置条件，法院最终判决被告承担生态环境修复费用。③可以看出，在环境公益诉讼领域，恢复原状的适用存在两方面问题：一方面，恢复原状很少被适用；另一方面，少有适用恢复原状制度的案例中，未重视修复生态环境的时效性强之需求。

2009 年，《侵权责任法》“环境污染责任”一章首次全面确立了我国环境侵权责任制度，环境侵权责任成为整个私法领域内对加害人要求最为苛

---

① “多人因同一污染行为造成的损害而予以分别起诉的类案”共 6 类，共计 141 个案件；“适格原告针对无意思联络数个污染者的污染行为予以分别起诉的情形”共 1 类，共计 3 个案件。

② 参见江苏省徐州市人民检察院与被告徐州市鸿顺造纸有限公司环境污染公益诉讼案（〔2015〕徐环公民初字第 6 号）。

③ 参见中国生物多样性保护与绿色发展基金会与卜宪果、卜宪全等环境污染责任纠纷案（〔2015〕徐环公民初字第 4 号）。

刻的一类责任制度。[①] 因污染环境或者破坏生态以及造成损害的污染者，将承担停止侵害、排除妨碍、消除危险、恢复原状或者赔偿损失，甚至赔礼道歉等责任。在65个环境侵权责任纠纷案件中，原告主张要求被告承担恢复原状责任的案件共计两个。其中一个案件中法院认为原告的损害系由多方原因造成，让一个加害人承担恢复原状责任有违公平原则而未支持原告恢复原状的诉求[②]；在另一个案件中，法院基于被告已将污水排入市政排污管网，未对原告砖厂再次造成污染，且原有污染经雨水冲刷已经被自然净化的原因而未支持原告恢复原状的诉求[③]。由此可以看出，在环境侵权责任纠纷领域，恢复原状的适用也至少存在两方面问题：一方面，很少有原告主动要求被告承担恢复原状责任；另一方面，恢复原状也很少为法院所支持。

2. 混淆使用：赔偿损失涵盖恢复原状费用

与环境司法中难“觅”恢复原状之踪影形成鲜明对比的是赔偿损失被广泛性适用。在13个环境公益诉讼案件中，有12个案件中的原告诉请被告承担赔偿损失责任，且均被法院支持；在65个环境侵权责任纠纷案件中，有38个案件中的原告诉请被告承担赔偿损失责任，除个别败诉案件外均被法院支持。

环境公益诉讼司法实践还表明赔偿损失涵盖了生态环境修复费用。如某案件中，法院依据《侵权责任法》第十五条第一款第六项判决被告赔偿包括公共环境受损的修复费用及环境损害至恢复原状期间的环境服务功能损失等在内的损失，而未见第五项“恢复原状”。[④] 尽管该裁判文书同时以《环境民事公益诉讼司法解释》第十八条为裁判依据，但是第十八条中同样包含赔偿损失，这意味着该案将“修复费用”纳入赔偿损失的范畴。另一环境公益诉讼案件中，法官“笼统”地依据《侵权责任法》第十五条判决被告赔偿其对环境污染造成的损害用于对生态环境恢复和治理。[⑤]

---

① 参见王丽萍、李宁：《无意思联络环境污染者对外责任研究——以〈侵权责任法〉第67条为展开》，《政法论丛》2017年第1期。

② 参见辛随超与平顶山天安煤业股份有限责任公司十三矿环境污染责任纠纷案（〔2014〕襄民初字第316号）。

③ 参见刘甚炜与福泉市第四中学水污染责任纠纷案（〔2014〕福民初字第168号）。

④ 参见荆州市沙市区人民检察院与被告刘良福水污染责任纠纷环境公益诉讼案（〔2016〕鄂1002民初1947号）。

⑤ 参见连云港市赣榆区环境保护协会与王升杰环境污染责任纠纷案（〔2014〕连环公民初字第00002号）。

环境侵权责任纠纷案件中，同样存在赔偿损失涵盖恢复原状费用的情况，如一则案件中，被告因道路施工扬尘导致原告租赁经营茶园的茶叶附着粉尘，原告主张其清洗茶叶附着粉尘共花费 50400 元。但是，法院“笼统”地依据《环境侵权司法解释》第十三条判决被告“赔偿”原告茶叶清洗费 11200 元。[①] 此茶叶清洗费用，显然应该属于恢复原状的花费，而非赔偿损失的范畴。

环境司法实践表明，赔偿损失而非恢复原状是污染者承担责任的主要方式，但这种责任承担方式使得环境司法这一保护生态环境的屏障难以发挥修复生态环境的目的。

三、理论困境：我国传统民法思维下的恢复原状

有学者将上述环境司法现状归咎于实践中恢复原状之“原状”与“恢复标准”的认定困难以及统一适用标准的缺失[②]，但笔者认为这是问题之表层原因，其深层原因在于理论层面：一是我国传统民法坚持采用狭义上的恢复原状，基于此理论，《民法通则》《侵权责任法》《民法总则》关于责任承担方式的规定使得恢复原状制度本身适用于私法领域已受到较多限制；二是《环境民事公益诉讼司法解释》通过扩张解释恢复原状的方式，实现了恢复原状的在环境公益诉讼领域的适用，但是受制于我国传统民法的功能定位，将保护和救济私人权利作为内在法律逻辑的《侵权责任法》之恢复原状适用于环境法领域用于救济社会公共利益还难有作为。

1. 现行法关于恢复原状的规定：狭义上的恢复原状

通说认为，恢复原状有广义与狭义之分。广义上的恢复原状是指恢复权利至被侵犯前的原有状态，既包括财产权益的恢复原状，又包括针对人身权益的恢复原状。[③] 狭义上的恢复原状仅指财产的修复。[④]

所谓恢复原状，是指恢复到假设损害没有发生时被侵权人应处的状

① 参见上饶碧源茶业开发有限公司与上饶市公路管理局上饶分局大气污染责任纠纷案（〔2015〕饶民一初字第 55 号）。

② 参见王立新、黄剑、廖宏娟：《环境资源案件中恢复原状的责任方式》，《人民司法》2015 年第 9 期。

③ 参见欧洲侵权法小组编著：《欧洲侵权法原则：文本与评注》，于敏、谢鸿飞译，法律出版社 2009 年版，第 219 页。

④ 参见王利明：《侵权责任法》上卷，中国人民大学出版社 2016 年版，第 652 页。

态。但正如人不能两次踏进同一条河流中一样，完全恢复到损害发生之前的状态显然是不可能的。对此，大陆法系判例与学说对“原状”予以扩张解释，逐渐发展出“同类、等值”意义上的恢复原状概念。① 以德国为例，德国联邦最高院判例认可的恢复原状之形态包括返还原物、对原物修复、重新购买同种类且价值相等的物等。对人格权益的损害同样可以适用恢复原状，以我国台湾地区为例，其将恢复原状定义为：“除因回复原状而应给付金钱者。例如，侵占受寄之金钱而应返还金钱者外，一般均解为事实上之修复。故身体、健康之损害应治愈之，物之灭失应回复或以同种类、品质、数量之他物代替之，物之毁损应修缮之，以维护被害人权益状态之完整。”② 但是大陆地区民法将原本属于大陆法系恢复原状的内容——“返还财产”“修理、重作、更换”剥离出来，作为独立的责任承担方式，并可以合并适用。这意味着《民法通则》第一百三十四条第一款中的恢复原状的含义已相当狭窄，“只能简单地理解为对受损物品的修复”③。尽管《侵权责任法》第十五条第一款未将“修理、重作、更换”作为一种独立的侵权责任承担方式，从而一定程度上扩张了侵权领域恢复原状的含义。但是，《民法总则》第一百七十九条第一款再次规定了“修理、重作、更换”。

基于此，加之上述制约恢复原状制度适用的表层原因，以及我国传统民法思维模式下恢复“原状”必须具备经济性之制约，也就不难理解为何环境侵权责任纠纷案件中难觅恢复原状适用之踪迹。④

2. 恢复原状费用被纳入赔偿损失

恢复原状与金钱赔偿是大陆法系损害赔偿方法的基本架构。在大陆法系中，金钱赔偿是指侵权人向被侵权人支付货币以弥补被侵权人的财产损失。有学者主张我国立法上的赔偿损失等同于大陆法系的金钱赔偿，《民法通则》第一百一十七条第一款中的“折价赔偿”就是金钱赔偿。⑤ 但是

① 参见程啸、王丹：《损害赔偿方法》，《法学研究》2013年第3期。

② 邱聪智：《新订民法债编通则》上册，中国政法大学出版社2003年版，第359页。

③ 程啸、王丹：《损害赔偿方法》，《法学研究》2013年第3期。

④ 所谓恢复“原状”必须具备经济性实质恢复“原状”所花费的成本不能过巨，或者不存在其他重大困难致使不能恢复的情形。否则，不论是单独行使还是合并行使，恢复原状的选择不具可行性。(参见全国人大常委会法制工作委员会民法室编著：《中华人民共和国侵权责任法条文说明、立法理由及相关规定》，北京大学出版社2010年版，第55页)

⑤ 参见朱岩：《什么是“恢复原状”？——兼评中国大陆侵权责任承担方式》，(台北)《月旦民商法杂志》2009年第12月，总第26期。

主流学说认为，赔偿损失不同于金钱赔偿，我国民法上的赔偿损失不仅包括赔偿被侵权人价值利益的损失，还包括用于支付被侵权人恢复原状的费用。[①] 将恢复原状费用纳入赔偿损失范畴的根本原因在于我国民法没有区分受害人价值利益的损害与完整利益的损害，而是将任何以支付金钱来填补受害人损害的方式纳入赔偿损失的范畴。

各国损害赔偿法在适用恢复原状与金钱赔偿上形成了恢复原状优先主义、金钱赔偿优先主义与自由裁量主义的三种立法例。所谓自由裁量主义，是指损害赔偿方法上采用平行规范结构，即不同于以恢复原状作为首选方法的恢复原状优先主义与优先对受害人所受损害进行赔偿的金钱赔偿优先主义，而是由法官根据具体案件情形进行决定。[②] 我国《民法通则》第一百三十四条第二款、《侵权责任法》第十五条第二款、《民法总则》第一百七十九条第二款均规定恢复原状与赔偿损失可以分别适用或者合并适用，法官据此可以根据个案具体情况适用相应的赔偿方式，也即意味着在恢复原状与赔偿损失的适用关系上，我国立法似乎采用了自由裁量主义。因恢复原状优先主义与金钱赔偿优先主义损害赔偿方式均存在一定弊端，所以自由裁量主义更具优势。但是，我国现行立法因未能把握大陆法系恢复原状之实质内涵而致使其适用范围过于狭窄，以及对赔偿损失与恢复原状费用的混淆适用，实质上我国法律在损害赔偿方法上实为金钱赔偿主义。

这也就不难理解为何在司法实践中，原告往往仅主张赔偿损失，法院往往也仅判决被告承担赔偿损失的责任。但是，与追求补偿完整利益的恢复原状相比，赔偿损失所试图填补的受害人价值利益大多数时候等同于完整利益，但是也存在受害人的某些利益难以用价值衡量的情形。如环境侵权纠纷领域，尤其是环境公益诉讼领域，完整利益往往远超价值利益，因而赔偿损失难以落实“全面赔偿”之要求。还需要提及的是，金钱赔偿主义“简便易行且具有很强操作性”的优势在环境司法领域（尤其是环境公益诉讼领域）可能会成为最致命的劣势：其一，环境司法旨在保护生态环

---

① 参见李承亮：《损害赔偿与民事责任》，《法学研究》2009 年第 3 期；王丹：《损害赔偿方法》，《法学研究》2013 年第 3 期。

② 在损害赔偿方法上，德国、奥地利、我国台湾等采取了恢复原状优先主义的立法模式；法国、日本、韩国采取了金钱赔偿优先主义的立法模式；瑞士、俄罗斯采取了自由裁量主义的立法模式。（参见程啸、王丹：《损害赔偿方法》，《法学研究》2013 年第 3 期）

境，而关键在于遏制生态环境损害的进一步扩大并恢复生态环境于“原状”，这具有很强的时效性，而裁判污染者承担赔偿损失在一定程度上延缓甚至放弃了对生态环境的保护[①]；其二，原告与污染者更可能就赔偿损失达成和解，但是这可能会引发和解达成的赔偿数额不足以修复生态环境。以“康菲溢油案”为例，2011年6月，蓬莱19-3油田相继发生的两起溢油事故对渤海海洋生态环境造成严重污染损害。2012年4月，国家海洋局北海分局与康菲公司、中海油共同签订了海洋生态损害赔偿补偿协议。但是赔偿协议达成三年后，2015年6月，中国生物多样性保护与绿色发展基金会向青岛海事法院提起公益诉讼，请求法院判令康菲石油与中海油两家公司恢复渤海湾生态环境至事故发生前的状态。其中，协议所达成的赔偿款不足以修复生态环境成为社会组织提起环境公益诉讼的主要因素。

四、理论改造：作为填补完全利益的恢复原状

在立法层面上，传统民法领域上的恢复原状与赔偿损失已扩张适用于环境法领域，那么如何厘定恢复原状之内涵以及界定恢复原状费用与赔偿损失的关系，以达到恢复原状与赔偿损失在民法与环境法领域的统一适用将尤为重要。

域外私法理论表明，恢复原状与金钱赔偿的规范目的不同，前者通过恢复受害人的“实际生活状态”以达到填补受害人完整利益的目的，后者则通过填补受害人的“总财产差额”力图保护受害人的价值利益。很多情形下，“实际生活状态”并不仅仅包含“总财产差额”，也即完整利益不仅包括物质利益，往往还包括难以用价值市场价格衡量的精神利益，甚至是一些主观利益，因而完整利益往往是大于价值利益的。这意味着恢复原状更有利于保护受害人，尤其是金钱赔偿无法填补受害人全部利益的领域，如人身权侵权领域、环境污染与生态破坏领域等。对于人身权侵权领域，根据《侵权责任法》第十五条第一款的规定，“赔礼道歉”“消除影响、恢

---

① 环境司法实践表明，环境公益诉讼案件与以政府为原告提起的生态环境损害赔偿案件中往往裁决污染者承担巨额赔偿金，而不是裁决污染者积极实施生态环境修复。基于现有制度的缺失，这些巨额赔偿金有一大部分处于闲置状态，这也就意味着被污染的环境或者被破坏的生态未得到及时修复，即环境司法的根本目的未实现。

复名誉”与“赔偿损失”的“合并适用”在一定程度上可以完全填补受害人的物质利益与精神利益。但在环境污染与生态破坏领域，基于我国传统民法理论，《侵权责任法》第十五条第一款规定的责任承担方式无论合并适用与否，都难以完全填补受害人的损害。所以，有必要借鉴域外私法理论，对恢复原状正本清源。

1. 正本清源：还原恢复原状之本意

德国在损害赔偿方面采用了广义的恢复原状理论。《德国民法典》第二百四十九条第一款确立了恢复原状的两个含义：一是作为损害赔偿原则的恢复原状，即大陆法系私法确立的完全赔偿原则；二是作为具体责任方式的恢复原状。作为损害赔偿责任方式的恢复原状与作为损害赔偿承担方式的恢复原状并不相同，因为当部分或者全部权益无法恢复原状时，尚需赔偿“恢复原状为必要的金额”，以达到“恢复原状”。第二款所规定的“恢复原状为必要的金额”虽然表现为金钱的外观，但是不同于《德国民法典》第二百五十一条的金钱赔偿，是一种特殊形式的恢复原状。[①] 也就是说，德国在损害赔偿上采用完全赔偿规则，并在恢复原状与金钱赔偿两种责任方式的选择上，采取以恢复原状为原则、金钱赔偿为例外的立法模式，以恢复完整利益为首要目的。[②]

传统大陆法系意义上的恢复原状，因试图“重建赔偿权利人受侵害权利法益之原貌，如同损害事故未曾发生者然”，而最符合损害赔偿之目的，其适用于环境污染与生态破坏领域，尤能体现其价值。环境污染与生态破坏必然造成生态环境的损害，也可能侵害人之生命健康权或者财产权，将恢复原状适用于此领域，将能充分彰显恢复原状填补完整利益的功能。恢复原状的适用确保了对受害人完整利益的填补，进而实现了受害人权利的继续功能。[③] 这意味着原物的状态、功能与使用价值得以维系。

2. 概念区分：恢复原状费用不同于赔偿损失

我国传统民法不区分完整利益与价值利益，将所有可以用金钱来赔偿受害人损失的责任承担方式纳入赔偿损失的范畴，也即是说，赔偿损失涵盖了恢复原状费用。这显然是不妥当的，因为赔偿损失与恢复原状费用的

---

① 参见李承亮：《损害赔偿与民事责任》，《法学研究》2009 年第 3 期。

② 参见李兴宇：《论我国环境民事公益诉讼中的“赔偿损失”》，《政治与法律》2016 年第 10 期。

③ 参见王泽鉴：《回复原状与金钱赔偿——损害赔偿方法的基本架构》，《月旦法学杂志》2005 年第 12 期。

规范目的不同，前者无法填补受害人除财产减损外的精神利益或者主观利益。另外，将恢复原状费用纳入赔偿损失范畴一定程度上限制了当事人的意思自治。这是因为受损害之后，受害人可以择一请求加害人恢复原状或者请求加害人承担恢复原状费用，并在能够证明价值利益受损害之时，还享有金钱赔偿请求权。混淆恢复原状费用与赔偿损失，可能会剥夺当事人就三种请求权的选择权，并可能无法实现损害的完全补偿。

因此，恢复原状费用与赔偿损失因规范目的不同而有着本质区别，应对二者予以区分，将恢复原状费用从赔偿损失中独立出来作为恢复原状的一种特殊形式。

3. 适用调试：恢复原状适用于环境司法领域的可行性论证

现行立法通过引致条款以及扩张解释的方式实现了传统民法上恢复原状在环境法领域的适用，但是恢复原状的适用一直遭受可行性质疑。这是因为不同于传统侵权法旨在保护人身权益与财产权益，环境法所保护的是环境要素与生物要素以及二要素构成的生态系统[①]，三者可以统称为“生态环境”。生态环境既具有经济价值属性，又具有生态属性，其生态属性体现为社会公众所享有的环境权益。传统民法体系所保护的权益并不直接包含有环境权益。

环境要素的双重属性为恢复原状适用于环境法领域以救济环境权益提供了可行性路径：通过对环境要素经济价值的保护，间接实现对环境权益的保护。这一可行性的前提在于生态环境受损能否纳入民法上物之完整性受损的范畴，以及生态环境的生态属性能否间接地予以价值衡量。不同于民法上物之完整性受损，生态环境受损除其物理性质、化学性质等发生不利变化外，还包括生物学性质的变化，这些变化体现为环境要素与生物要素的不利变化以及生态系统功能的退化。那么，生物学性质的变化能否可以视为物之损毁、灭失呢？传统的民法理论认为对物之侵害体现为对所有权赖以存在的物之本体的任何干涉，根据物之受害程度不同又具体分为毁损与灭失，实质上传统民法主要着眼于物之物理性质的变化。但是物之范围的不断扩大对传统民法理论的狭隘性带来了冲击，上文已述，司法实践中德国法院通过扩大解释“物之完整性”，以达到保护物之完整性的目的。

① 中共中央办公厅、国务院办公厅印发的《生态环境损害赔偿制度改革方案》规定：“本方案所称生态环境损害，是指因污染环境、破坏生态造成大气、地表水、地下水、土壤、森林等环境要素和植物、动物、微生物等生物要素的不利改变，以及上述要素构成的生态系统功能退化。”

如德国联邦最高法院认为，如果鱼食用了混合有抗生素的饲料，导致其生理条件改变，仅凭这一点就足以要求行为人承担侵害所有权的责任，而不管鱼的健康状况如何。[①] 我国也有类似案例，如最高人民检察院指导案例第28号“江苏省常州市人民检察院诉许建惠、许玉仙民事公益诉讼案”中，法院认为：“恢复原状”应当是在有恢复原状的可能和必要的前提下，要求损害者承担治理污染和修复生态的责任。理论层面上，民法学界很多学者也认为，恢复原状既包含对受害人财产和权益损害的原状恢复，也包括对环境再生的含义，可以适用于生态环境损害领域。[②] 民法学者的这一观点在《民法总则》制定过程中体现得尤为明显，最终也为立法采纳，《民法总则》删除了在二审稿中出现过的“修复生态环境”责任方式。根据《民法总则》第一百七十九条的立法本意以及第九条关于“绿色原则”的规定，民事责任中的“恢复原状”可以适用于污染环境、破坏生态以及荒废地域的复原。[③]

另外，生态环境的生态属性能否间接地予以价值衡量呢？生态经济学为此提供了新的理论阐释，生态资本的理念已被广泛接受。[④] 实际上，生态功能的影响已被价值化，并逐渐成为物之所有权的重要组成部分，如商品房买卖中，生态环境因素很多时候成为“卖点”。

五、制度重构：恢复原状的类型化适用

恢复原状的正本清源为其在民法与环境法上的统一与广泛适用奠定了基础。但是与传统私法救济不同，环境法之救济客体具有公共利益属性，公共利益的优益性决定了恢复原状制度适用于环境法领域而不同于救济私益。所以，恢复原状在私益领域与公益领域的适用条件有所不同。但是，正本清源后的恢复原状将能起到保护环境、修复生态的目的。

---

① 参见［德］克里斯蒂安·冯·巴尔：《欧洲比较侵权行为法》（下），焦美华译，法律出版社2004年版，第38～40页。

② 参见王利明：《侵权责任法研究》上卷，中国人民大学出版社2016年版，第654页；张新宝、庄超：《扩张与强化：环境侵权责任的综合适用》，《中国社会科学》2014年第3期；等等。

③ 参见陈甦：《民法总则评注》下册，法律出版社2017年版，第1275～1279页。

④ 参见李晨光：《生态环境损害救济模式探析——游走在公法与私法之间》，《南京大学法律评论》2017年第1期。

1. “原物”修复之不能：公益诉讼中恢复原状费用适用的前提条件

《环境民事公益诉讼司法解释》开拓了环境民事公益诉讼领域生态环境修复制度司法化的路径，初步架构了生态环境修复制度框架。生态环境修复作为恢复原状在环境法领域的立法创设，不同于传统私法上的恢复原状，其指出对被污染的环境与被破坏的生态进行恢复的同时，强调生态与环境的进一步改良，甚至全面改善，以促进生态环境与人类社会的和谐发展。“从社会发展的过程来看，生态恢复是生态修复的必经阶段，也是生态修复的重要发展过程。生态修复是生态恢复所要达到的最终结果，也是生态恢复实现其社会价值的实际出路。就此而言，生态恢复则已经成为生态修复的一个重要的步骤，生态修复的概念中理应包含生态恢复的含义。”[①]《环境民事公益诉讼司法解释》第二十条明确规定了环境公益诉讼领域恢复原状的适用方式及规则，但是因未完全考量环境公益因素，其制度设计还有待于完善。

《环境民事公益诉讼司法解释》第二十条第一款确立了替代性修复的适用规则，即将“无法完全修复”作为替代性修复适用的前提条件。但是司法解释未就“无法完全修复”的含义予以明确，“无法完全修复”可以做以下两种解释：一是因生态环境客观上已无被完全修复的可能而无法被修复，即客观不能；二是因修复生态环境所花费用过高而不能可以说是不予修复，即主观不能。司法解释也未就替代性修复予以解释，替代性修复可以解释为第三人替代当事人实施修复，还可以解读为原物损毁而对他物修复以替代原物。司法实践中，基于恢复原状经济性的考量，法院往往允许当事人对他物实施替代性修复，如最高人民检察院指导案例第28号“江苏省常州市人民检察院诉许建惠、许玉仙民事公益诉讼案”中，法院主张：无法完全恢复或恢复成本远远大于其收益的，可以准许采用替代性修复方式，也可以要求被告承担生态环境修复费用。笔者主张应将“无法完全修复”限制为客观上不能修复，也即限制适用对他物实施的替代性修复，这是因为针对他物实施替代性修复意味着污染或者破坏可能会持续甚至扩散。恢复原状具备经济性是其适用的条件之一，但是诸多国家立法或司法中对生态损害的恢复责任上实行法律保留，确立了恢复原状经济合理

① 吴鹏：《以自然应对自然：应对气候变化视野下的生态修复法律制度研究》，中国政法大学出版社2014年版，第39页。

性的例外规则。[①] 所以，生态环境修复不应考虑恢复原状之经济合理性适用要件。替代性修复实质上未完全达到修复目的，以耕地重金属污染案为例，如果加害人迫于修复花费较大而放弃修复被污染的耕地，改而选择荒地等实施替代性修复，这种看似合理的修复方式就耕地的可持续发展而言是不可行的。因为土地尤其是耕地属于稀缺资源，在土地相对有限的前提下，如果都允许替代性修复，那么在能够开垦为耕地的土地被开垦完后，就需要再次面对曾经被重金属污染过的耕地，那时修复费用可能会更高，此期间内生态环境也丧失了服务功能。所以，应当限制因主观不能而实施的替代性修复方式，原则上应将“无法完全修复”解读为被污染的环境或被破坏的生态客观上无法被完全修复。对此，第一款可限定为：原告请求恢复原状的，人民法院可以依法判决被告将生态环境修复到损害发生之前的状态和功能。因生态环境客观已无完全修复之可能的，可以准许部分采用或者采用替代性修复方式。

《环境民事公益诉讼司法解释》第二十条第二款确立了加害人承担恢复原状的形式：法院既可以判决加害人修复生态环境，也可以直接判决加害人承担生态环境修复费用。同恢复原状与恢复原状费用之间的关系一样，生态环境修复与生态环境修复费用属于择一竞合关系，第二款确立的规则似乎是可行的。但司法实践现状暴露出直接让加害人承担生态环境修复费用存在不足：环境民事公益诉讼中被告承担的生态环境修复费用往往闲置于专用账户之中，违背了设置专用账户的初衷。另外，因缺乏具体标准，生态环境修复实施人往往因利益驱使等因素而短时间内“完成修复”，实际上远未达到修复目标。以修复污染土壤为例，世界银行高级环境专家谢剑表示，污染严重的“毒地”修复往往需要5至10年，甚至更长，但我国现实却是很快完工。[②] 所以，应对第二款作限制解释，将其可限定为：人民法院应当判决被告修复生态环境，仅当被告不具备修复能力或者生态环境无法被修复时，可以判决被告承担生态环境修复费用。被告承担生态环境修复费用后，该费用应在修复方案制定并通过后的合理期限内用于生态环境修复或者用于替代性修复。

---

① 参见胡卫：《环境污染侵权与恢复原状的调适》，《理论界》2014年第12期。

② 参见赵普：《毒地修复：艰难的蜕变》，《华夏时报》2013年6月8日。

2. 民事权益客体特定化：恢复原状适用于私益领域的前提条件

生态环境不同于恢复原状之传统适用领域的客体，也是环境侵权纠纷领域较少适用恢复原状的因素之一。那么，恢复原状在环境侵权纠纷领域有无适用的空间呢?

在《侵权责任法》实施之前，我国相关环境立法已对恢复原状作了规定，如《固体废物污染环境防治法》第八十五条规定：“造成固体废物污染环境的，应当排除危害，依法赔偿损失，并采取措施恢复环境原状。”此处的恢复原状实际上是针对环境的恢复原状，尽管此处的“恢复环境原状”更多的是一种行政责任，但是也说明了恢复原状可以适用于环境的恢复。

从侵权行为理论出发，受害人索赔须就自己民事权益的具体损失举证，也正如《民事诉讼法》第一百一十九条所规定的，“具体的诉讼请求”是起诉的必备要件之一。这要求被损害的民事权益为受害人所有，且至少到受害人主张损害赔偿时民事权益的具体损害是可以确定的，也即侵权行为所侵害的对象为受害人所有且特定。那么，当特定的环境作为民事权益的客体为受害人所有，如果不恢复该特定环境，受害人的民事权益将无法保护或者权益的功能无法继续之时，就应当允许受害人提出恢复原状的请求。这在土地污染、水污染领域是至关重要的，因为土地污染、水污染所侵害的客体不仅仅是有限的，更重要的是其关系到承包人耕作或养殖能否继续，而这上面承载着农民的基本生存权。①

从实质上看，环境侵权纠纷案件旨在救济受害人而远未达到保护环境、修复生态的目的，从理论层面讲，环境侵权的二元性②决定了环境公益诉讼应有广阔的适用空间。

3. 恢复标准不同：“原状”之类型化

需要说明的是，无论是用于私益救济的恢复原状，还是用于公益救济的包含恢复原状的生态环境修复，适用过程中都面临恢复至何种状态即可视为“原状”，即恢复原状标准的问题。

相对于传统侵权案件而言，环境污染与生态破坏往往具有不可逆转性，甚至还会造成其他环境污染或生态破坏，如果将恢复过程所导致的环

---

① 参见郑尚元：《土地上生存权之解读——农村土地承包经营权之权利性质分析》，《清华法学》2012年第3期。

② 参见吕忠梅：《论环境侵权的二元性》，《人民法院报》2014年10月29日。

境影响考虑在内，被污染的环境与被破坏的生态是难以恢复原状的。[①] 传统民法上的恢复原状不能僵化地适用于环境法领域，恢复原状的标准需要改造。

对于公益领域恢复原状标准问题，根据《环境民事公益诉讼司法解释》第二十条第一款的规定，只要生态环境恢复至损害发生之前的状态和功能，即应当视为恢复至原状。该规定实质上还依赖于如何界定“损害之前的状态与功能”，现实则是生态环境的状态与功能在损害发生之前往往是无人知晓的。对此，2004 年《欧盟关于预防和救济环境损害责任的指令》值得借鉴，其提出，生态损害救济的目标是通过恢复受损的自然资源和服务，使其达到基线水平——最低水平的自然功能状态。笔者主张对于被污染的环境与被破坏的生态，当事人能够举证损害之前的状态与功能的，或者有相关记录的，则加害人需要恢复生态环境之损害发生之前的状态与功能；当事人不能举证，也无记录的，则加害人只需恢复生态环境达到最低水平的自然功能状态即可。

对于私益领域恢复原状标准问题，环境侵权导致的损害，应当以清除受害人标的物环境要素中的污染物为目标，但显然这是难以做到的，笔者认为恢复环境要素至符合人体健康与生态安全的污染物控制标准即可视为恢复至原状。如我国《土壤环境质量标准》《地表水环境质量标准》《地下水质量标准》《海水水质标准》《生活饮用水卫生标准》等对相关环境因素所容许的重金属指标进行严格控制。以重金属污染耕地为例，通过采取相应手段之后，只要是耕地中的重金属达到控制标准，就可以视为恢复原状。

最后，还需要强调的是，域外司法实践表明：“在环境诉讼中，法院已经表明自己愿意承担更广泛的、本应由其他决策机关和管制机关承担的权利。”法院一改传统诉讼中的被动风格，表现出“司法能动主义”。[②] 对此，我国法官也可以发挥类似作用，当原告不主张恢复原状之时，基于环境公共利益的考量，可以主动告知原告享有请求加害人承担恢复原状的权利。

---

① 参见常纪文、陈明钊：《环境法总论》，中国时代经济出版社 2003 年版，第 325 页。

② 陈亮：《环境公益诉讼研究》，法律出版社 2015 年版，第 24～25 页。

海洋生态环境资源保护公益诉讼研究

——以山东省检察机关海洋生态资源保护司法实践为分析样本

□王燕　谭乐鹏*

我国是海洋大国，海洋是我国经济社会持续发展的重要支撑，海洋生态文明是社会主义生态文明的重要组成部分。随着我国经济社会的不断发展，海洋资源开发力度进一步加大，海洋生态文明建设的重要性、艰巨性、复杂性、紧迫性更加凸显。检察机关作为公共利益的代表，肩负着重要责任，是保护国家利益和社会公共利益的一支重要力量。自 2015 年7 月以来，山东省检察机关开展公益诉讼已有五年的时间，积累了丰富的司法实践经验。其开展海洋生态环境领域公益诉讼专项监督活动也已有两年多的时间，办理了一批有影响有震动的案件，取得了良好成效。山东省招远市违建码头整治行政公益诉讼案和山东省青岛市崂山区居民小区生活污水直排入海行政公益诉讼系列案被最高人民检察院评为“守护海洋”检察公益诉讼专项监督活动典型案例。笔者以山东省检察机关开展海洋生态环境保护领域公益诉讼实践为样本，对检察机关开展公益诉讼的情况、特点、问题进行分析，对立法完善提出意见和建议，以期推动社会各界对海洋生态环境领域公益诉讼的认识，促进相关制度机制的完善。

一、检察机关开展海洋生态环境领域公益诉讼的实践分析

2017 年民事诉讼法和行政诉讼法修改，以立法的形式正式确立了检察机关提起公益诉讼制度。山东省检察机关部署安排了一系列公益诉讼专项监督活动。2018 年 4～12 月，山东省检察院下发《山东省检察机关于开展

* 王燕，山东省人民检察院第八检察部四级高级检察官。谭乐鹏，山东省人民检察院第八检察部三级检察官助理。

海洋生态环境保护领域公益诉讼专项活动实施方案》。2019 年，根据最高人民检察院的部署要求，为助力“海洋强省”建设，省检决定开展“守护海洋”检察公益诉讼专项监督活动，重点监督入海排污口设置不规范、陆源污染防治力度不够、海上污染防控措施执行不到位、海洋监管制度落实不到位等问题。截至 2020 年，共发现线索 112 件，立案 110 件，办理诉前程序案件 80 件，提起公益诉讼案件 35 件，其中行政公益诉讼 15 件，刑事附带民事公益诉讼 20 件（见图 1、图 2）。清理近岸固体废物、垃圾和海洋油污数 12015 吨，封堵排污口 13 个，督促收缴行政罚款 7355 万元，追缴海洋渔业资源修复费 946 万元，增殖放流 1086 万尾。

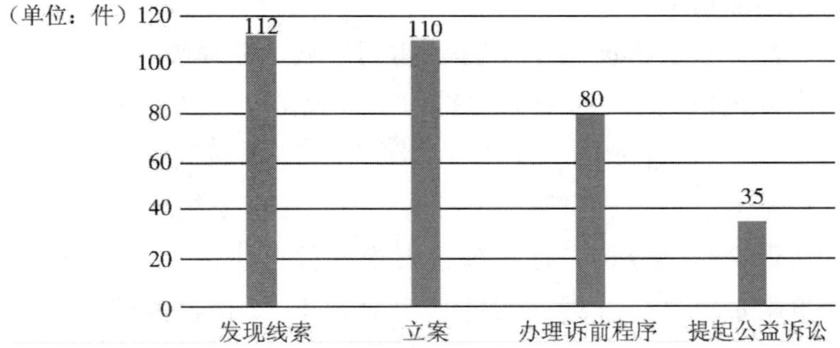

图 1　山东省海洋生态环境领域案件进展情况

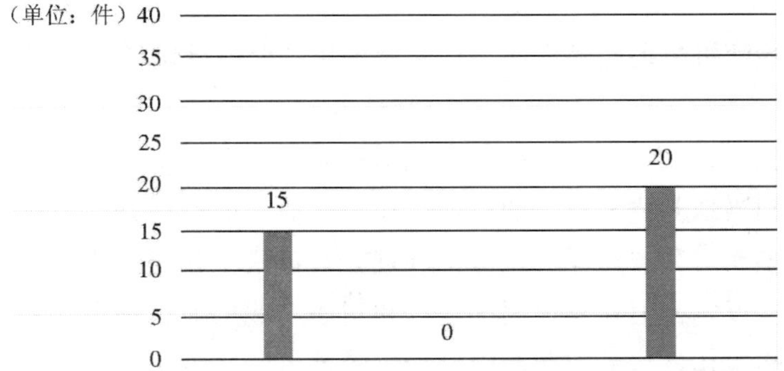

图 2　山东省海洋生态环境领域公益诉讼案件情况

通过分析山东省检察机关办理海洋生态保护领域公益诉讼案件的调查取证、提出检察建议、提起诉讼、执行监督等情况，笔者发现海洋生态环境领域案件呈现以下特点：

（1）从案件类型分析，行政公益诉讼、民事公益诉讼、刑事附带民事公益诉讼分别立案80件、7件、23件；从诉前程序案件办理看，83.75%的案件已解决，海洋生态环境保护相关部门积极履行职责，自行纠错，及时采取监管措施，有效解决了海洋生态环境保护的突出问题；从提起诉讼的数量来看，占比分别为行政公益诉讼42.9%、民事公益诉讼案件为0件、刑事附带民事公益诉讼57.1%。

(2) 从监督对象分析，立案行政公益诉讼案件80件，涉及海洋渔业部门33件，城市综合执法部门21件，环保部门14件，水利部门3件，街道办及乡（镇）政府6件；刑事附带民事公益诉讼23件，主要集中在非法捕捞导致海洋生态、生物多样性遭受破坏。

(3) 从违法情形分析，立案案件中，非法捕捞36件，水体污染29件，非法采砂9件，非法建筑29件，非法占用海域、处理废弃物等7件。主要体现在入海排污口底数不清、入海排污口审批把关不严及事中事后监管不力；城镇农村污水直排入海和近岸固体废物污染未得到有效处理；海水养殖污染管控不力以及大规模违规填海破坏海洋生态系统等。

(4) 从诉讼结果分析，行政公益诉讼案件已生效判决15件，均执行到位；刑事附带民事公益诉讼案件已生效判决16件，执行到位9件，其中1件非法捕捞案因气候原因拟于明年进行增殖放流外，6件案件因被告服刑且无赔偿能力未执行到位。

二、检察机关提起海洋生态环境保护领域公益诉讼存在的问题

我省检察机关开展海洋生态环境保护领域公益诉讼工作，取得了良好成效，受到当地党委、政府的肯定，和人民群众的广泛好评。中央和省级多家媒体多次对我省海洋生态保护领域公益诉讼工作成效进行报道，引发积极的社会反响。但在具体制度运行和司法实践层面，仍存在一些制约公益诉讼检察工作发展的问题和因素，比较突出的是该领域的案件调查取证难、受理难、履职标准评判难、执行难等问题。

1. 调查取证难

一是缺乏法律层面的刚性保障。2018年，最高人民法院、最高人民检察院联合出台《关于检察公益诉讼案件适用法律若干问题的解释》，其第六条规定了人民检察院在公益诉讼中享有调查收集证据材料的权利，但仍然仅仅属于司法解释的范畴，而且仅仅规定，行政机关和其他有关单位和

个人应当配合检察机关对有关情况进行调查核实，没有明确对方不配合情况下的相关司法强制措施。实践中，检察机关因案件审查需要，到行政机关调取行政执法卷宗，遭到种种理由的拒绝、推诿或者搪塞，导致不能了解行政机关的前期履职情况，从而阻碍案件进展；还存在被调查单位或者个人以暴力、威胁或者其他方法干扰、阻碍检察人员调查等情况。由于案件尚未进入诉讼程序，检察机关难以直接适用《行政诉讼法》第五十九条的规定解决此类问题。二是海洋生态环境保护领域专业性强，鉴定难、鉴定贵问题突出。由于该领域涉及多领域多学科知识交叉，尤其是水体污染、非法捕捞、盗采海砂等违法行为隐蔽性强、复杂程度高，且大多发生在远离陆地海域，检察机关缺乏专业设备和技术人员，若没有相关单位和人员配合难以获取证据。加之海洋生态环境修复难度高，往往需要专业的鉴定机构评估治理费用，但我国具有海洋生态环境损害评估专业能力的机构较少，而且分布不均，鉴定成本较高。2019 年 7 月 31 日，司法部印发《检察公益诉讼中不预先收取鉴定费用的环境损害司法鉴定机构名单》（司办函〔2019〕993 号），推荐首批 58 家不预先收取鉴定费用的环境损害司法鉴定机构，山东仅一所，短时间内难以解决问题。如我省威海市院办理的一起非法捕捞案，鉴定机构评估修复费用为 615800 元，威海市院支付鉴定评估费用人民币 50000 元。鉴定机构少、鉴定周期长、鉴定难、鉴定贵进一步影响了海洋环境公益诉讼工作的顺利进行。

2. 案件受理难

关于涉及海洋生态保护领域公益受损案件，检察机关能够提起民事公益诉讼的问题，检法认识不同。

检察机关认为经过公告程序后，根据《环境保护法》第二条、《民事诉讼法》第五十五条第二款、最高人民法院和最高人民检察院《关于检察公益诉讼案件适用法律若干问题的解释》第十三条的规定，海洋生态环境属于法律明确规定的生态环境和资源保护范围，检察机关依法可以提起民事公益诉讼。但部分海事法院均以《海洋环境保护法》第八十九条为由，认为涉及海事损害赔偿案件只有国家渔业行政主管部门享有诉权，排除了检察机关和社会组织的诉权。① 例如，我省威海市院发现胡某华、徐某等

---

① 青岛海事法院〔2018〕鲁 72 民初 741 号民事裁定书、山东高院〔2018〕鲁民终 1334 号民事裁定书。

非法捕捞水产品43960千克，严重破坏海洋自然资源和生态环境，威海市院经依法公告后，没有法律规定的机关或者社会组织提出诉讼，为确保案件效果，多次和青岛海事法院就该案进行沟通协调，青岛海事法院仍然持上述观点，认为检察机关无权提起民事公益诉讼。不过，对于检察机关是否有权提起海洋生态环境保护领域民事公益诉讼，各省份操作不一。如广东省广州市检察院诉李某来污染海洋环境民事公益诉讼案，广州海事法院经审理认为广州市检察院依法有权提起诉讼，并判决支持检察机关的诉讼请求；浙江省舟山市检察院就收购、运输、出售海龟破坏海洋野生动物保护资源案件，依法向宁波海事法院提起民事公益诉讼，法院亦依法受理。

同时，法院认为社会组织亦没有提起涉海洋生态环境保护民事公益诉讼的诉权。如自然之友研究所以荣成伟伯渔业有限公司、王某波、何某青等人破坏环境为由，提起环境公益诉讼。一审、二审法院均认为，尽管《环境保护法》第五十八条规定社会组织对破坏生态损害社会公共利益的行为可以提起公益诉讼，但该条是对普通生态破坏提起民事公益诉讼的一般规定，而《海洋环境保护法》第八十九条第二款是对海洋渔业水域生态破坏损害赔偿方面的特别规定，依照《立法法》第九十二条确立的优先适用特别规定的原则，本案应适用《海洋环境保护法》第八十九条第二款的规定。自然之友研究所作为社会组织，不具有原告主体资格。中国生物多样性保护与绿色发展基金会诉平潭县流水镇人民政府、平潭县龙翔房地产开发有限公司海洋自然资源与生态环境损害赔偿纠纷案中，一审法院厦门海事法院认为海洋自然资源与生态环境损害索赔的权利系依法行使海洋环境监督管理权的机关享有，以基金会并非适格原告的理由驳回了起诉。①

3. 行政机关履行职责的标准评判难

当前，我国的行政诉讼尚未明确关于“行政机关履职标准”等具体规定，公益诉讼全面推开以来的实践中，也未规范表述“履职标准”含义。关于检察机关行政公益诉讼启动程序的条件，修改后的《行政诉讼法》第二十五条第四款仅仅简单表述为“违法行使职权或者不作为，致使国家利益或者社会公共利益受到侵害的”，经检察机关发出检察建议督促其履职后，“行政机关不依法履行职责的，人民检察院依法向人民法院提起诉讼”。行政机关、检察机关和法院等不同主体对此理解和把握有明显差异，

---

① 参见厦门海事法院〔2018〕闽72民初152号、福建省高级人民法院〔2018〕闽民终385号。

对于法律条文的适用、解读不同，实践中难免产生因随意运用导致难以形成稳定的法律适用模式、法律适用难度加大等问题，与法律的稳定性和可预测性相违背。生态环境保护尤其是海洋环境保护专业性强、技术难度高，行政机关履职情况复杂多样，检察机关对其是否依法全面履职作出评判时容易与相关海洋环境监管部门的理解产生冲突，往往形成行政机关、检察机关、法院三家认识发生偏差的情况，导致检察机关起诉标准难确定、监督行政机关问题整改难评判等问题。

4. 法院判决执行难

检察机关的提起公益诉讼，诉讼请求被法院支持并不意味着国家利益或者社会公共利益得到依法保护。检察机关还需要继续关注和监督执行是否到位的问题。关于诉讼监督，《检察机关民事公益诉讼案件办案指南(试行)》规定检察机关应当依据《中华人民共和国民事诉讼法》的规定依法履行对民事公益诉讼审判、执行活动的监督职责。行政公益诉讼亦有类似规定。但由于海洋生态环境公益诉讼案件一般有修复受损海洋生态环境诉求，执行过程往往呈现治理周期长、专业技术强等特点，需要具有监管职责的行政机关与具备相应资质的专业机构共同推进。从山东检察机关近年来办理的涉海洋环境公益诉讼案件来看，刑事附带民事公益诉讼案件 20 件，占比 52.7%，违法行为人通常因刑事处罚处于被羁押状态，除赔偿损失外，其余如排除妨害、消除危险、恢复原状等工作往往需要由环境主管部门、海洋渔业部门等共同出具方案。在较长的修复周期中，为了维护公益利益，相关行政机关应当于何时履行、怎样履行、履行到何种程度才能达到标准难以判断。

三、完善海洋生态环境领域公益诉讼的对策和建议

1. 从法律层面进一步明确检察机关在海洋生态环境领域民事公益诉讼的起诉权

首先，实践证明保护海洋生态环境必须但不能仅仅依靠海洋环境监督管理部门。2018 年 9 月至 10 月，全国人大常委会执法检查组分为四个小组，分别赴天津、河北、辽宁、浙江、福建、山东、广东和海南八个省(市) 开展《海洋环境保护法》执法检查工作，同时委托上海、江苏和广西 3 个省（区、市）人大常委会对本行政区域内《海洋环境保护法》的贯

彻实施情况进行检查。[①] 检查结果显示，“我国近岸局部海域污染较为严重，海洋生态环境形势依然严峻。全国约十分之一的海湾受到严重污染，大陆自然岸线保有率不足40%，约42%的海岸带区域资源环境超载，部分地区红树林、珊瑚礁、滨海湿地等生态系统破坏退化问题较为严重，赤潮、绿潮等生态灾害多发频发，溢油、危化品泄漏等环境风险持续加大”[②]。其中一个重要原因是“海洋执法监管能力整体不强。海洋生态环境监管负荷重、难度大、专业性强、硬件要求高，现有监管队伍难以有效支撑日益增加的精细化、专业化管理需求，部门间、地方间资源配置不均衡问题较为突出，越到基层监管能力越薄弱”[③]。此种形势下，部分法院援引《海洋环境保护法》第八十九条第二款排除检察机关和社会组织关于海洋生态环境领域民事公益诉讼的起诉权不利于保护海洋生态环境。

其次，检察机关提起海洋生态环境保护领域公益诉讼有实践经验。广东省广州市人民检察院诉李某来案、广东省广州市人民检察院诉王某富案[④]中，检察机关作为原告提起了海洋环境公益诉讼，两案相关行政机关均表示未提起诉讼的原因之一为无专门诉讼人才和专业能力，而检察机关在此却可以发挥专业优势，有效补充海洋环境监督管理部门在该方面的空白。有学者认为，海洋环境问题关涉国家海洋权益维护，海洋环境问题可能引发对国家安全和海洋权益的关切，海洋环境诉讼有可能触发外交风波，如跨界污染损害赔偿问题，公益诉讼组织难当此任。[⑤] 但是，检察机关的身份不同于社会组织，其作为法律监督机关依法履行诉前程序、提起诉讼能够更好地保护生态环境。

最后，海洋监管部门提起的生态环境损害赔偿诉讼在顺位上优先于公益诉讼。海洋监管部门提起的诉讼，与中共中央办公厅、国务院办公厅要

---

① 参见《全国人民代表大会常务委员会执法检查组关于检查〈中华人民共和国海洋环境保护法〉实施情况的报告（2018）》，2018年12月25日，中国人大网，http：//www.npc.gov.cn/zgrdw/npc/zfjc/zfjcelys/2018—12/25/content _ 2069494.htm。

② 《全国人民代表大会常务委员会执法检查组关于检查〈中华人民共和国海洋环境保护法〉实施情况的报告（2018）》，2018年12月25日，中国人大网，http：//www.npc.gov.cn/zgrdw/npc/zfjc/zfjcelys/2018—12/25/content _ 2069494.htm。

③ 《全国人民代表大会常务委员会执法检查组关于检查〈中华人民共和国海洋环境保护法〉实施情况的报告（2018）》，2018年12月25日，中国人大网，http：//www.npc.gov.cn/zgrdw/npc/zfjc/zfjcelys/2018—12/25/content _ 2069494.htm。

④ 参见广州海事法院〔2017〕粤72民初431号、广州海事法院〔2017〕粤72民初432号。

⑤ 参见刘惠荣：《公益组织能否做海洋环境公益诉讼的原告》，《法治日报》2020年7月15日。

求在全国开始试行生态环境损害赔偿制度性质相同。生态环境损害赔偿诉讼是不同于环境民事公益诉讼和普通环境侵权责任诉讼的一类新的诉讼类型。《最高人民法院关于审理生态环境损害赔偿案件的若干规定（试行）》第十七条规定：人民法院受理因同一损害生态环境行为提起的生态环境损害赔偿诉讼案件和民事公益诉讼案件，应先中止民事公益诉讼案件的审理，待生态环境损害赔偿诉讼案件审理完毕后，就民事公益诉讼案件未被涵盖的诉讼请求依法作出裁判。根据法院司法解释的规定，海洋监管部门提起的生态损害赔偿诉讼在顺位上是优于公益诉讼的，因此不会发生危害国家安全和海洋权益的情形。

综上，鉴于检法对于起诉权的问题认识不一，建议通过立法对海洋环境公益诉讼制度进行专门、系统的规定，对海洋环境公益诉讼尤其是民事公益诉讼的适格原告、程序要求等作出明确规定。在此之前，可通过由最高人民法院出台专门司法解释、发布指导案例，指导统一各个法院在处理海洋环境公益诉讼的原告适格性问题的标准，避免同案异判，减少实务争议与困惑，进而解决当前海洋生态环境民事公益诉讼中检察机关在司法实务中面临的起诉权受限难题。①

2. 立法保障检察机关调查取证权

检察机关调查取证权除需要通过高位阶的立法予以确认打造权力刚性基础外，还应当通过立法进一步明确行政机关、单位和个人配合检察机关调查取证权的法定义务与责任，打破当前有义务无责任的尴尬局面，进而强化检察机关调查取证权刚性。建议加快出台公益诉讼的专门法律，或在民事诉讼法、行政诉讼法中增加相应条款，对检察机关在公益诉讼中调查取证启动条件、审批程序、具体强制措施予以明确，规定检察机关有权进入负有配合协助调查义务的行政机关、单位或个人的办公场所，调阅档案、文件等材料。对妨碍检察机关调查取证的，检察机关可以留存其不配合调查取证的相关视频、记录等，人民法院在诉讼审理工作中对该部分因协助配合义务人妨碍而未被检察机关调取的证据作出有利于检察机关的认定。中国政法大学曹明德教授认为，针对不配合检察机关甚至恶意串通、伪造证据、故意逃避等的被调查者，应当赋予检察机关在合理范围内向有

---

① 参见陈惠珍、白续辉：《海洋环境民事公益诉讼中的适格原告确定：困境及其解决路径》，《华南师范大学学报》（社会科学版）2018 年第 2 期。

关单位公布其相关信息及不诚信行为的权力。[①]

3. 建立规范合理的履职标准评价体系

有学者认为，制定具体的履职认定标准有利于行政机关对照标准检视自身的行为，在检察机关发现问题之前时常展开自查并对查找的问题及时纠正，不仅节约了司法资源，也能从源头上减少行政不作为、未完全履职的情况。[②] 由于公共利益的不确定性，加之行政管理具有较强的复杂性、专业性，往往难于确定具体明确的行政机关履职标准评价体系。

山东省检察院根据司法实践确定的行政机关是否履行职责到位的原则和标准是：审查行政主体是否充分履职，要把握全面、依法、到位原则。检察机关发出检察建议后，要进行跟进监督，对于行政机关未回复、未整改的或者虽回复整改，但没有实际整改措施和作为或者仅部分整改，履职仍不充分、不完全，国家利益或者社会公共利益仍处于受侵害状态的，均为行政机关未依法履职的情形。对于其他特殊情形，例如行政机关已经依法启动行政处罚的立案、调查等程序的，要跟进监督其是否在法定期限内作出行政处罚程序等；对于恢复植被、修复土壤、治理污染等行政机关主观上具有整改意愿，且已经制定详细计划和目标，并积极准备前期工作的，检察机关应对方案的可行性进行审查，并继续跟进调查。如果仅制定方案，没有进一步采取整改措施，或者在合理期限内仍未整改到位的，属于行政机关未依法履职的情形。

目前，学界关于行政机关履职情况评判有“行为主义”标准、“结果主义”标准或两种标准综合运用之争。以行为标准为主的认定往往难以维护国家利益和社会公共利益不受侵害，而且容易使行政机关产生懈怠，但纯粹的“结果主义”标准又对行政机关提出了过于严苛的要求，忽视了现实生活中千变万化的行政管理和社会运行状况。“不履行法定职责”的认定是司法审查的核心问题，现有制度应当从行政机关的履职行为过程、行为内容和结果状态等角度对“不履行法定职责”作出类型化的规定。[③] 笔者认为，结合行政公益诉讼制度全面推开情况来看，行政机关履行职责的

---

① 参见曹明德：《检察院提起公益诉讼面临的困境和推进方向》，《法学评论》2020年第1期。

② 参见卢超：《从司法过程到组织激励：行政公益诉讼的中国试验》，《法商研究》2018年第5期。

③ 参见李明超：《论行政公益诉讼中“不履行法定职责”的认定规则》，《社会科学战线》2020年第3期。

认定应当以“结果主义”标准为主，辅以“行为主义”标准综合判断，以有效保护公益为目标进行实质合法性判断。应当在确定公益受到损害的前提下，通过接到检察建议后行政机关是否及时进行有效监管并书面回复检察机关，是否已按照法律、法规规定穷尽所有手段，是否已经制定科学的环境修复方案等进行综合评判，确立科学合理、规范具体的履职标准，为检察机关判断行政机关是否依法全面履职提供明确的规范，更加有效地保护公益。

4. 完善执行方面的替代性修复以及执行监督工作

作为公益诉讼检察的核心——维护国家利益和社会公共利益，检察机关不能仅仅依靠诉讼，更要关注诉讼后的执行工作。虽然作为国家法律监督机关，检察机关对判决执行具有监督权，但目前检察机关在公益诉讼中如何落实监督职责还没有明确具体的规范，仅仅是《检察机关民事、行政公益诉讼案件办案指南（试行）》规定依据民事诉讼法、行政诉讼法相关规定分别对民公案件、行公案件进行监督。山东省目前还暂时未就开展公益诉讼执行监督活动进行专门程序设计。笔者建议，针对生态环境和资源保护类民事公益诉讼和刑事附带民事公益诉讼案件执行，应尽快建立完善替代性修复的规范，强化负有监管职责的行政机关和具有资质的专业机构作用，激发民事公益诉讼案件中原本置身事外的行政机关的积极性，促其与检察机关联手合力。关于行政公益诉讼案件执行，建议通过立法在法律层面明确对于公益诉讼案件的执行监督，同时要求行政机关定期报送判决履行情况，各地可探索建立检察机关对执行情况考评机制，作为向党委和人大报告的重要内容，倒逼行政机关主动履职，维护国家利益和社会公共利益。

环境健康的权利进阶与立法展开

——兼论《野生动物保护法》的完善

□楚道文*

摘要：在人与环境的关系中，不但要尊重并认同环境要素的内在价值、尊重并保护整个生态系统的完整和良好状态，更要保护人类的健康。只有人与环境都受到了保护，都不因对方而受到损害，才是真正意义上的和谐关系和命运共同体。环境健康权是环境健康利益的权利表达，也是健康权与环境权在主体、客体和内容上的全面对接和融合的结果，反映了人与生态环境之间的和谐关系。环境健康权的损害往往表现为环境要素、环境功能与公众健康的共同损害，环境要素的损害是因，环境功能和公众健康的损害是果。通过规范人们的环境行为，保护公众免受环境有害因素的侵害、预防环境要素的损害，维持和改善生态功能，是保障环境健康权的应然路径。国际环境法制已将公众健康从保护对象提升为一项重要的法律权利，并在一定程度上得到司法适用。保障环境健康权也成为我国环境法制的新趋向，但《野生动物保护法》的立法目的仍缺失对环境健康权的宣示，也缺乏更多、更完备的环境健康权保护制度设计。在生态文明新时代，我们应该赋予《野生动物保护法》以新的历史使命，让它成为保障环境健康权的一道制度城墙。通过吸收国际环境法制发展成果和借鉴我国《环境保护法》等先进立法经验，我们应将保障环境健康权确立为《野生动物保护法》的最终立法目的，建立全覆盖的野生动物人工驯养繁殖许可制度和人工繁育重点野生动物用途管制制度，针对非重点保护野生动物的开发、利用、消费行为，制定和完善有利于保障环境健康权的野生动物分类制度和从源头到末端的交易管理制度。

关键词：环境健康权；立法展开；《野生动物保护法》；立法目的；交易制度

---

* 楚道文，青岛科技大学教授。本文已发表于《中国人口·资源与环境》2020年第12期，略有改动。

2020年初，新冠肺炎疫情肆虐全球，成为一个世界性的严重公共健康安全问题。科学研究发现，引起新冠肺炎的新型冠状病毒（简称“新冠病毒”）或由蝙蝠和穿山甲身上的两种冠状病毒重组产生。[①] 新冠病毒是否最终来源于野生动物虽然尚存在科学上的不确定性，但我们不能因此而怠于采取及时有效的法治措施，这正是环境法治中预防原则的要求。因此，为阻断病毒从野生动物到人类的传播，中国以前所未有的速度采取了行动，对非法野生动物交易等活动作出禁止性规定。这些禁令无疑将起到保护野生动物和人类健康的效果。但是，从“把人民群众生命安全和身体健康放在第一位”的要求来看，在我国野生动物保护领域具有基本法地位的《野生动物保护法》在立法目的、制度设计等方面仍然存在着较大的不足和缺陷，特别是“人民群众生命安全和身体健康”如何在《野生动物保护法》中进行权利呈现，这一问题无论在理论研究还是在立法实践方面都尚处于空白状态。基于此，笔者从环境健康权的理论创新入手，通过分析保障环境健康的环境立法，对《野生动物保护法》的立法目的和野生动物保护、交易等相关制度在保障环境健康方面的完善提出设想。

一、环境健康的权利进阶

概念是逻辑思维的基本单元，是将人们对事物的感性认识推进到理性认识的逻辑载体。对环境健康权的理解无疑也应以其概念的界定作为起点。环境健康权是环境权还是健康权，抑或健康权就是环境权的权能？对这一问题的回答是我们准确界定环境健康权性质的理论前提，也决定了对环境健康权进行制度保障的路径方向。[②]

1. 健康权：从私权利到社会权利的拓展

通常所说的健康权是个体权利，是自然人依法享有的身体健康不受非法侵害的权利，其权利实现和损害救济也主要依赖于个人的主张。[③] 随着研究的深入，私法上的健康权与生命权、身体权被界定为人格权的重要内

① Kangpeng Xiao, Junqiong Zhai, Yaoyu Feng, et al., “Isolation of SARS-CoV-2-related Coronavirus from Malayan Pangolins”, *Nature*, 2020 (7815), pp. 286-289.

② 参见苏木杜·阿塔帕图、杨朝霞、林禹秋：《健康生活权还是消除污染权？——国际法视野下良好环境权的兴起》，《中国政法大学学报》2018年第6期。

③ 参见吴祖谋：《法学概念》，法律出版社2013年版，第123页。

容，并最终在《民法典》中作为民事权利确立下来。不过，将健康权局限于私法权利的定位具有明显的不足。例如，为救济因环境污染而造成的健康权损害，一方面，在面对污染致害者时，个人在经济、信息、技术和精力等几乎所有方面都处于劣势地位，环境污染损害健康权的个人救济方式往往是不经济的、不及时的；另一方面，民事权利损害救济遵循着事后救济的一般原则，有损害才有赔偿是制度运行的基本模式，这显然不能实现健康权损害的预防，也不能最大限度地节约健康权的救济成本。因此，私法权利框架已经成为保障和救济健康权的限制，健康权的拓展成为必然，表现在：健康权的主体不再仅限于作为民事主体的自然人，还扩展到不特定的社会公众；健康权在客体上从一维的身体健康，到两维的身体健康与心理健康，再到三维的生理、心理和社会健康，还有道德健康等新近发展的多维健康的概念，其中，环境健康也是其中一个重要的维度。由此，健康权成为一项集体权利或社会权利，并在《经济、社会和文化权利国际公约》等国际法中得到确认，其权利内容也不再限于健康本身，而是包括了健康的条件，比如获得安全水源、卫生条件、环境条件等。[①]

2. 环境权：从环境到健康的聚焦

在理论上，一般将环境权定性为一项社会权利，包括日照权、通风权、安宁权、清洁空气权、清洁水权等权利内容。由于环境权在内容方面过于宽泛，甚至很难进行类型化的解析和实证，以至于在司法实践中，较少有直接援引环境权的理论或条款作为案件裁判的依据。为了构建起环境法学的基础理论，学者们逐渐将环境权研究聚焦到人的健康问题，认为环境权是“享用清洁、健康的环境的权利”[②]，或者说，环境权是从属于生命健康权的一种权利[③]，甚至主张制定《环境与健康法》。这些主张在一些国家的立法中得到了体现，例如，美国《国家环境政策法》第三条规定：“每个人都应当享有健康的环境……”日本《东京都公害防止条例》序言中规定：“所有市民，都有过健康、安全以及舒适生活的权利，这种权利不能因公害而受到侵害。”民法中的健康权向环境领域的拓展和环境法中的环境权对健康问题的聚焦，使得环境健康利益的保护成为一个重要的法律问

① Lawrence O. Gostin, “The Human Right to Health: A Right to the ‘Highest Attainable Standard of Health’”, *Hastings Center Report*, 2001 (2), pp. 29-30.

② 蔡守秋：《从环境权到国家环境保护义务和环境公益诉讼》，《现代法学》2013年第6期。

③ 参见徐国栋：《民法总论》，高等教育出版社2007年版，第319～321页。

题，并由此产生了环境健康权的概念。如果将健康权定义为“享有各种设施、物品、服务和条件以获得最高可能达到的健康标准”的权利，那么，环境健康权就是享有良好的生态环境以获得最高可能达到的健康标准的权利。环境健康权承继了环境权作为积极权利的特性，预防原则在环境健康权保护中有着重要的作用；环境健康权也吸收了民法上健康权的防御特性，一旦受到损害，可采取私法救济的方式恢复权利。

3. 环境健康权：环境健康问题的权利表达

生态环境与健康有着直接的联系，环境中的病菌、病毒的越界侵袭和环境污染、生态破坏对环境公共利益的不利影响最终都通过人的健康损害显现出来。在某种意义上，环境问题就是健康问题。但是，健康问题却不总是与环境相关，诸如个体身体状况、生活水平、社会地位等因素，都是影响健康的重要方面。为了区分和认识环境问题引起的健康问题的特殊性，有必要将其特别称为环境健康问题。环境健康是各种环境要素协调、环境功能可持续、不存在对公众健康可能带来不可接受的损害风险的一种状态，环境健康权就是人们对这一状态所享有的利益或权利。环境健康反映的是人与生态环境之间的和谐关系，本质上属于社会健康的范畴，因此，环境健康权应该纳入社会权体系。

环境健康权是健康权与环境权在主体、客体和内容上的全面对接和融合。主体上，环境健康权主体是人类或社会公众，对应的义务主体不限于具体的个人、组织，还包括国家或政府等公法意义上的主体，这不仅是对健康权主体扩张的结果，也是环境权的主体特征在健康领域的体现[①]，与当代环境法加强以人为本的生态整体性保护的趋势完全吻合。由此，环境健康权兼具积极权利和消极权利的特征，其中，消极权利是健康免于因环境污染、生态破坏、环境致害因素受到损害的权利，是源于健康权的利益内核，其义务主体是所有的其他主体；积极权利是获得良好的生态环境的权利，是源于环境权的利益外衣，是保障健康的生态环境条件的利益集成，其义务主体主要是国家或政府。

客体上，随着人们对客观世界认识的深入和主观需求的变化，法律权利的客体总是在不断地扩张和限缩。从语言逻辑上看，环境健康权的客体是“环境健康”，包括有利于健康的环境和基于良好环境的健康两个方面。

---

① 参见朱谦：《环境法的权利基础：基于财产权、生命健康权的考察》，《江海学刊》2007 年第 2 期。

因此，环境健康权在客体上具有双重性，其中，良好的生态环境是人类得以健康生活和延续的基本支撑，没有可持续的生态功能，就不可能有人类的健康。虽然“良好”“有利于”或许会让人觉得界限模糊，但这一表述也正体现了保障和实现环境健康权的动态性和边界的扩张性。

内容上，环境健康权属于环境公共利益的范畴。环境公共利益可以分为财产性环境公共利益和人格性环境公共利益。财产性环境公共利益的客体是动物、植物、土壤、水等环境要素，而人格性环境公共利益就是环境健康。财产性环境公共利益是人格性环境公共利益的物质基础，没有财产性环境公共利益，就不可能有良好的生态功能，环境健康权就无所归依；人格性环境公共利益则是财产性环境公共利益的价值体现和目的指向，保护动植物等环境要素及其生态功能的目的就是保障公众的环境健康权。因此，对财产性环境公共利益保护制度的设计、运行和效果应始终以是否有利于保障环境健康权作为判定标准。

综上，环境健康权是社会公众基于良好的生态环境而享有的健康利益的权利表达。传统健康权是基于“人类中心主义”理念建立起来的，一切以人为核心；而环境健康权以“人与生态环境命运共同体”为基本理念，关涉更大范围内的生态利益，同基于传统“人类中心主义”的健康权在内涵上有着较大差异。同时，环境健康权的理念与传统环境权理论所倡导的生态中心主义也相去甚远。纯粹的生态中心主义将人仅视为生态环境的组成部分，是见物不见人。环境健康权的提出以及权利保障制度的逐步建立和完善是环境保护法制从环境要素保护、环境功能保护为主要目的的生态中心主义向环境要素、环境功能与公众健康一体保护为主要目的的新型人类中心主义转变的标志。基于这一认识，环境法的目的必须体现在防治环境污染和生态破坏，保护动物、植物等环境要素和生态平衡，但仅此不够，只有服务于人、关注了人的健康的环境法才是良法，才能实现环境法的终极追求和目的。确立“保障公众健康”作为环境法律最终立法目的的地位，不仅可以实现对人们的生态环境利益和健康利益系统性、整体性保护的效果，更深层次的原因和意义在于环境法对人与生态环境和谐关系的终极追求和调整社会的逻辑机理①，也是以人为本的生态文明思想在法治

① 参见吕忠梅、刘超：《环境标准的规制能力再造：以对健康的保障为中心》，《时代法学》2008年第4期。

领域的归依。①

4. 环境健康权的损害及保障路径

环境健康权的损害有广义和狭义之分。广义上的环境健康权的损害是指由于环境要素在数量、质量、分布或活动范围等方面的变化导致环境功能弱化或丧失，从而对公众健康造成的损害风险和后果。狭义的环境健康权的损害仅指人为原因导致的环境要素、环境功能的不良改变对公众健康造成的损害风险和后果。法是人的行为规范，只有人为原因造成的环境健康权的损害才能够以法的方式实现可防、可控、可追责，而自然灾害等原因造成的环境健康权的损害却很难以法的方式进行调整。因此，本文主要是从狭义的概念上研究环境健康权的损害问题。

环境健康权的损害起源于动物、植物、水等环境要素的人为损害及环境污染、环境破坏、环境退化等环境问题的负效应外溢，这遵循了“人的行为影响环境要素→形成环境（功能）问题→环境影响人的健康”的路径。因此，环境健康权的损害往往表现为环境要素、环境功能与公众健康的共同损害，环境要素的损害是因，环境功能和公众健康的损害是果，这正是“自然界的报复”②。

问题的关键在于，没有动物、植物、水等环境要素的损害，是否也可能造成环境健康权的损害？对这一问题的回答，可以让我们在更开阔的视野下洞察导致环境健康权损害的原因。在很多情况下，虽然没有因环境要素损害产生环境污染、环境破坏及环境退化等环境问题，但仅仅是人们与环境致害因素的不当接触，也可能产生环境健康权的损害。例如，某些动物、植物上含有或携带对人类健康极其有害的成分、病原体等，一旦有不当接触，即可造成病毒入侵致病等严重的健康损害的发生，很多传染病疫情即是如此。病毒和细菌对环境健康的侵害又独具特点：病菌大多是原本就存在于自然环境的，并非是人为的产物，这与污染致人损害并不相同；病菌对健康的侵害一般是直接的，这与污染需要借助于空气、水等环境媒介才能产生损害不同，后果也不相同；动物身上的有害病菌一旦对个体的人造成侵害，则很可能在人群中快速蔓延、传播，其他人即使没有与动物接触也会被传染，而污染致人健康损害都需要与受污染的环境直接接触。

① 参见楚道文、唐艳秋：《论生态环境损害救济之主体制度》，《政法论丛》2019 年第 5 期。

② 《马克思恩格斯选集》第 4 卷，人民出版社 1995 年版，第 383 页。

因此，为了保障环境健康权，我们不但要保护环境要素免受功能性损害，还要避免人们与环境有害因素的不当接触。

不难看出，无论哪一种原因造成的环境健康权的损害，都是人们不适当地开发、利用及不当接触环境要素的行为造成的，是人为干扰、改变甚至破坏了环境要素的本来状态而造成的后果。① 人类的行为破坏了人与生态环境之间的和谐关系，环境健康权受到损害的根源在人类，而不在于环境；为了重建人与生态环境的和谐关系，保障环境健康权，必须以更积极的方式限制人的环境行为，包括限制人们对环境资源的开发、利用、干扰等行为，以免造成环境污染、环境破坏及环境退化等环境问题②；在辨识有害的环境（要素）的基础上制定相应的行为规则，采取限制甚至禁止的方式规范人们与致害环境（要素）的不当接触行为等。因此，通过规范人们的环境行为，保护公众免受环境有害因素侵害、预防环境要素的损害，维持和改善生态功能，是保障环境健康权的应然路径。尽管目前这些限制性规定在法律层面尚不健全，但是对环境健康权的法律保护不能永远缺位。

二、保障环境健康权的立法展开

1. 以人类利益为中心是国际环境法制的基本理念

国外对环境与健康的关注源于20世纪60年代以来的环境运动。③ 在环境运动的初期，人们已经普遍注意到，环境污染和生态破坏会对生命健康构成威胁，并对现有的人权体系形成挑战。这一认识对1972年首次联合国环境会议所达成的《人类环境宣言》产生了直接的影响，其中就明确宣示“环境问题已经影响到人类基本生存的权利”④。

在国际环境法制领域有四个直接与野生动物保护相关的规范性文件，

---

① 参见楚道文：《论环境行为的法律调整》，《北方论丛》2011年第3期。

② 参见周珂、楚道文：《生态文明语境下环境资源法学研究的创新与发展》，《法学家》2008年第1期。

③ 参见于文轩：《环境健康损害赔偿：美国的实践及其借鉴意义》，《甘肃政法学院学报》2013年第5期。

④ ［德］乌特·萨科瑟夫琪、喻文光：《通过环境媒介保护的健康保护——空气和水污染防治》，《行政法学研究》2015年第4期。

除了后面将要提到的《生物多样性公约》以外，《国际湿地公约》《濒危动植物种国际贸易公约》《野生动物迁徙物种保护公约》都是20世纪70年代国际环境法制的成果。其中，1971年的《国际湿地公约》承认“人类同其环境的相互依存关系”，并对保护湿地的生态功能作出要求。1973年的《濒危动植物种国际贸易公约》开宗明义，规定认为“许多美丽的、种类繁多的野生动物和植物是地球自然系统中无可替代的一部分，为了我们这一代和今后世世代代，必须加以保护”。1979年的《野生动物迁徙物种保护公约》也规定：“缔约各方，承认种类繁多的野生动物是地球自然系统中无可代替的一部分，为了全人类的利益，必须加以保护。”由此可以看出，一个不能适合野生动物生存的环境也肯定无法适合人类的生存，正是以这一基本认识为前提，“保护人类利益”是国际野生动物保护法制普遍接受的立法目的和理念。

到20世纪80年代末90年代初，国际环境法制中关于“保护人类利益”的立法理念逐渐具体化，保护公众健康成为一项重要的立法目的和原则。1987年，世界环境和发展委员会提出一份题为《我们共同的未来》的划时代报告，呼吁开创“一个健康的、绿色的经济发展新纪元”。1992年，联合国环境与发展大会关注的一项重要议题即为“环境保护与公众健康问题”，大会通过的一项宣言和两份具有约束力的环境公约都对公众健康权益作了规定和论述。《里约环境与发展宣言》规定了二十七项与国际环境保护有关的法律原则，有三项原则直接对“健康问题”作出规定。其中，第一项原则即确认人类处在关注持续发展的中心，有权同大自然协调一致从事“健康的”、创造财富的生活；第七项原则要求各国应本着全球伙伴关系的精神进行合作，以维持、保护和恢复地球“生态系统的健康”和完整；第十四项原则规定各国应有效地进行合作，以阻止或防止对“人的健康”有害的活动和物质的国际迁移。《生物多样性公约》是第一个生物多样性保护和可持续利用的全球协议，该公约将“各国意识到保护和持久使用生物多样性对满足世界日益增加的人口的粮食、健康和其他需求至为重要”作为其一项重要的目的规定下来。《联合国气候变化框架公约》在第一条关于宗旨和目的条款中规定：“气候变化的不利影响指气候变化所造成的自然环境或生物区系的变化……或对人类的健康和福利产生重大的有害影响。”其第四条是各国的承诺，当中规定“各国应采取适当办法，以期尽量减少它们为了减缓或适应气候变化而进行的项目或采取的措施对公共健康等方面产生不利影响”。

进入21世纪，国际环境法制对公众健康的保障水平进一步提升，逐渐从先前将公众健康作为保护对象提升为一项重要的法律权利。例如，《巴黎协定》是2015年12月12日在巴黎气候变化大会上通过、2016年4月22日在纽约签署的气候变化协定，是国际环境领域最新的重要立法成果，前言部分是该公约的立法目的和宗旨，其规定：缔约各国承认气候变化是人类共同关注的问题，缔约方在采取行动处理气候变化时，应当尊重、促进和考虑它们各自对“人权、健康权”等权利和相关义务。学者进而提出：环境保护应当同样构成当代人权的一项必备条件，因为良好的环境对各类人权尤其是生命权和健康权而言是必不可少的基础性条件；任何破坏生态环境的行为，同时也就对现存的基本人权构成了侵害，应当运用人权保障机制予以救济。由此，国际上产生了“健康环境权”的概念，并在一定程度上得到司法适用。①

2. 保障环境健康权成为我国环境法制的新趋向

长期以来，我国环境立法重点关注了人类对生态环境的影响和损害，从着眼于保护环境的角度作出了大量的规定。② 然而，我们却长期忽视生态环境对人类的影响和损害问题，仅有的一些规定也大多集中于民事侵权法律中。③ 近十多年来，环境污染和病毒等环境有害因素侵害公众健康问题日益凸显，党和政府对环境健康问题给予了高度关注，逐步制定并出台了环境健康保护和损害救济相关的政策、法律和规划以响应民生期待。早在2007年11月21日，中央政府18个部委局就联合启动了《国家环境与健康行动计划（2007～2015年）》。2011年，环保部印发了《国家环境保护“十二五”环境与健康规划》，将提高环境与健康风险评估能力、实现风险防控作为环保部门开展环境与健康工作的长期及核心任务。但由于管理体制、立法理念和监管等方面的缺失，实施情况很不理想。

我国最新的环境立法也关注到了公众环境健康权保护问题。2015年1月1日实施的“新”《环境保护法》首次将环境与健康问题纳入调整范围，该法与随后修订的《大气污染防治法》《水污染防治法》《固体废物污

---

① 参见陈海嵩：《健康环境权之溯源与辨正：司法适用的视角》，《法学论坛》2017年第6期。

② 参见王秀卫：《论生态环境损害侵权责任的立法进路：〈民法典侵权责任编（草案）〉（二次审议稿）第七章存在的问题及解决》，《中国海商法研究》2019年第2期。

③ 参见杨素娟：《环境污染致人体健康损害赔偿的立法必要性》，《中国法律》2008年第5期。

染环境防治法》等环境法律都在第一条将“保障公众健康”作为一项重要的立法目的。同时，《环境保护法》第三十九条还初步建立了环境与健康监测、调查和风险评估制度，这对于环境健康权的保护具有重大的法治意义。[①] 此外，环保部于2018年发布的《国家环境保护环境与健康工作办法(试行)》进一步强调了要推动保障“公众健康”理念融入环境保护政策。这些立法上的改进不仅是单纯词语的替换，更是立法思想的更新。尽管在具体保护措施上尚有进一步完善的空间，但是这些更新、修正将原来在健康保护中的微观“人体”拓展到宏观“公众”的宽阔视野，打开了环境健康权保护的法治思路，在一定程度上矫正了在我国环境立法中一度盛行的生态中心主义思想，其立法目的彰显了健康保护的整体性生态观，为环境健康权的保护与救济提供了基本的法律依据。

但是，现阶段环境法律关于环境健康权的规定还是初步的、片面的，有着较大的不足。一方面，《环境保护法》这部综合性的环境法律中关于环境健康的规定大多属于目的性的指引和原则性的宣示，其落脚点也大多止于保障或促进经济和社会全面协调可持续发展，缺乏对环境健康权的制度性规定以及关于损害风险预防、救济机制的具体安排，专门的环境健康权的立法似乎也是遥遥无期。另一方面，在《环境保护法》对“公众健康”作出规定以后，除了几部污染防治立法在修改后将保障公众健康作为立法目的以外，作为我国环境法中另一重要部分的生态保护法并没有及时跟进并作出相应的规定。结果是：以环境污染侵权诉讼为主要途径的环境健康司法保障活动借助之前的《侵权责任法》得以展开，并在集体环境侵权诉讼中不断推进，但《侵权责任法》对具有公益性质环境健康权损害问题的处理却显得捉襟见肘。即使是近年发展起来的环境民事公益诉讼制度和生态环境损害赔偿制度等新的制度性规定，也仅仅聚焦于“生态损害”的赔偿救济，未能延展到环境健康权的损害救济。因此，包括《野生动物保护法》在内的生态保护立法因缺失“保障环境健康权”的指引而远远落后于国际和国内环境法治的步伐，更无法奢谈具体的环境健康权保护制度的供给了。环境健康保障在我国生态保护立法中缺位的问题亟须得到解决。由于《野生动物保护法》在我国生态保护法中具有重要地位，下面我们以《野生动物保护法》为例，深入研究环境健康权在我国生态保护领域的立法展开与保障制度设计。

---

① 参见吕忠梅：《环境与健康保护：以〈环境保护法〉为起点》，《中国法律》2014年第4期。

三、我国野生动物保护立法的不足

目前，我国有关野生动物保护的立法在数量上已经具有了相当的规模，从《宪法》《刑法》《森林法》《渔业法》到专门的《野生动物保护法》以及《陆生野生动物保护实施条例》《水生野生动物保护实施条例》等行政法规，还有大量的地方性法规、部门规章等都有涉及。[①] 但是，条文众多并不意味着体系完备，也不意味着具有了先进性并符合法治时代的要求。通过深入研究可以发现，现行的野生动物保护立法特别是专门的《野生动物保护法》还存在着立法目的偏颇、制度设计低效等弊端，难以满足保护环境健康权的需要。

1. 立法目的：环境健康权利主体缺位

从1988年出台到2009年第二次修订（正），《野生动物保护法》的立法目的一直延续了同样的表述，即为保护和拯救珍贵、濒危野生动物，保护、发展和合理利用野生动物资源，维护生态平衡。在这里，针对珍贵、濒危野生动物的保护、拯救和其他野生动物资源的保护、发展和合理利用都归结为一个统一的维护生态平衡目的，而未考虑环境健康权利主体即“人”的因素。2016年修改并沿用至今的《野生动物保护法》的立法目的的表述有了变化，即为了保护野生动物，拯救珍贵、濒危野生动物，维护生物多样性和生态平衡，推进生态文明建设。与之前的表述相比，新的立法目的中剔除了“发展和合理利用”的用词，增加了“推进生态文明建设”的内容。[②] 这一表述富有鲜明的时代特色，反映了新时代生态文明建设的法治要求。[③] “生态文明”的一个重要表征就是人与生态环境的和谐共处[④]，因此可以认为修改之后的立法目的中有了“人”的因素。不过，“生态文明”的表述毕竟是象征意义，且其前置性的用语全部是关于“动物”，“人”的因素仍然过于微弱。也就是说，整个立法目的的表述是从保护、拯救、维护“野生动物”的单一角度来推进生态文明建设。受立法目的的影响，整部《野生动物保护法》几乎都是围绕着野生动物的保护和管理、

① 参见常纪文：《〈野生动物保护法〉修改的难点和亮点》，《中国生态文明》2016年第4期。

② 参见魏华、刘美辰：《〈野生动物保护法〉修改述评》，《环境保护》2017年第12期。

③ 参见顾仲阳：《保护野生动物彰显中国责任》，《人民日报》2015年5月30日。

④ 参见韩立新、陈羽乔：《海洋生态环境损害国家索赔主体的对接与完善：以〈海洋环境保护法〉修改为契机》，《中国海商法研究》2019年第3期。

维护生态多样性进行制度设计。特别是对“发展和合理利用”的摒弃，扭转了“重利用、轻保护”的立法思维，反映了对人类中心主义下传统环境法制二元论的突破，也彰显了《野生动物保护法》在立法理念方面具有了强烈的生态中心主义色彩，而对人类的健康与公共卫生安全则直接选择了无视[①]，人类作为环境健康权的权利主体还没有在该法中立一足之地。

2. 制度设计：环境健康权面临的损害风险

（1）野生动物驯养繁殖管理制度的漏洞

《野生动物保护法》规定了人工繁育国家重点保护野生动物许可制度，对于人工繁育技术成熟稳定野生动物的人工种群，不再列入国家重点保护野生动物名录，实行与野外种群不同的管理措施，并可以在取得专用标识后进行出售和利用。《野生动物保护法实施条例》也在第四章对这一制度的具体实施作了细化规定。这一制度存在的问题是：该许可制度仅适用于国家重点保护野生动物，并不适用于非重点保护野生动物。虽然原国家林业局曾于 2003 年发布《商业性经营利用驯养繁殖技术成熟的陆生野生动物名单》，规定需要取得驯养繁殖资格的对象不限于国家重点野生动物，在实质上拓展了《野生动物保护法》人工繁育野生动物许可证的适用范围，但是该名单也仅纳入了梅花鹿等 54 种陆生野生动物，种类众多的非重点保护野生动物的驯养繁殖并不受许可或资格管理制度的约束。同时，在《野生动物保护法》及《野生动物保护法实施条例》只对重点保护野生动物人工繁育许可制度作出规定的情况下，名单对非重点保护野生动物的驯养繁殖资格要求缺乏上位法的依据或授权，其合法性也存在疑问。该制度将人工繁育的野生动物作为人工种群进行管理，区别于作为国家重点保护野生动物的野外种群，人工种群可以进行包括商业性经营在内的各种目的的出售和利用活动。客观上，现有行政管理措施还很难对人工繁育野生动物实行全程无缝跟踪与管理，虽然实行了专用标识管理，但人工养殖的野生动物个体、制品与野生种群中的动物个体、制品之间很难进行直观的区分，这就为非法猎捕方式获得的国家重点保护野生动物及其制品以人工繁育野生动物名义进入商业化交易环节提供了可能，给公众健康带来风险，也间接弱化了《野生动物保护法》关于严禁猎捕、出售国家重点保护

① 参见陆杰荣、郭忠壮：《论梭罗生态中心主义思想的形上境界与理性实践》，《辽宁大学学报》（哲学社会科学版）2019 年第 3 期。

野生动物的规定。

(2) 非重点保护野生动物交易制度的不足

当前,《野生动物保护法》对重点保护野生动物名录以外的其他野生动物的保护制度极不周全,给公众环境健康权利带来威胁和损害风险。非重点保护野生动物的法律规范对应的是“生态平衡”的立法目的,仅受到相对保护,只要在数量、种群、分布等方面不影响“生态平衡”,不管是否有害,都可以经合法程序后进行出售和利用。这是野生动物及制品的出售和利用目的下的生态利益和经济利益之间的平衡,环境健康权并未纳入考量,是低层次的生态平衡,其所维持的是有利于经济利用而非公众健康的生态环境,环境健康权因此而面临较大的损害风险。目前,我国对经营利用野生动物的管理仅限于主体的限制,要求狩猎者取得狩猎证,出售者、利用者、生产者和经营者应有合法来源证明和检疫证明。这一制度设计的缺陷在于:一方面,由于“地点”管理不到位,出售、利用、生产和经营的地点高度分散,导致检疫等行政执法成本非常高,监管不到位的情况大量存在,非法猎捕、非法出售等行为屡禁不止,继而导致源头的“狩猎证”许可制度在很大程度上形同虚设,大量没有合法来源的野生动物分散进入各类市场。另一方面,野生动物的活体市场交易并不被禁止。现行法律只是禁止在集贸市场出售、收购国家重点保护野生动物或者其产品,但对于有合法来源的非重点保护动物,却允许在当地人民政府有关部门指定的集贸市场出售。活体交易带来较高的环境健康风险,不仅会导致市场中野生动物之间的疫病、所携带病毒和细菌的相互交叉感染,还会通过感染活体野生动物的销售者、购买者甚至市场其他交易者而直接影响社会公众。特别是关于非重点保护野生动物的食用,法律规定禁止生产、经营使用没有合法来源证明的非国家重点保护野生动物及其制品制作的食品。这就是说,作为食品进行利用的非重点保护的野生动物只需要“有合法来源证明”即可,甚至不需要行政许可,这大大增加了野生动物与人类接触的可能性,为环境中的病毒等不健康因素向人类的传播打开了通道,给环境健康权利的保护带来威胁。环境健康权的保护最终需要对所有人的环境行为进行限制和约束,但在《野生动物保护法》框架下,只是规定“为食用非法购买国家重点保护的野生动物及其制品”的才受到处罚。除此之外,需求端并不受到任何限制。该法规定的“合法来源证明”仅规范“生产、经营使用”行为,作为消费者的“食用者”并不是受限制的主体,食用购买非重点保护的野生动物及其制品的行为并不是违法行为。野生动物食用者私欲放纵，在给食用者个人健康带来风险的同时，也大大增加了公众环境健康权利的损害风险。

四、《动物防疫法》的突破与不足

在新冠肺炎疫情背景下探讨环境健康权保护问题，除了《野生动物保护法》以外，我们也有必要对与“动物”密切相关的《动物防疫法》给予关注。与《野生动物保护法》的立法目的不同，现行《动物防疫法》开篇第一条明确宣示：为了加强对动物防疫活动的管理，预防、控制和扑灭动物疫病，促进养殖业发展，保护人体健康，维护公共卫生安全，制定本法。很显然，“保护人体健康、维护公共卫生安全”是该法最终和最高立法目的，“人”这一关键要素牢牢地占据了核心主体位置，这着实让人耳目一新。之所以如此规定，一方面，该法在适用范围上针对的基本上都是作为“人”的食品的动物，突出对人体健康的保护是该法的应然之意。另一方面，该法出自兽医主管部门之手，该部门并没有环境保护的职责，虽然该法防治的是动物的疫病，但最终保护的却是人的健康和公共卫生安全。对该法的历史演进研究发现，该法在1997年刚出台时只强调了“保护人体健康”，在2007年修订时才加入了“维护公共卫生安全”的目的性要求。这显然是总结了2003年SARS疫情的教训。但遗憾的是，与SARS疫情关系更为密切的《野生动物保护法》却未认识到在“动物—动物—人—人”疫情传播模式之后进行相应的立法提升。实践证明，正是由于《动物防疫法》立法目的和理念的突破以及富有前瞻性的制度设计，其在我国动物防疫方面发挥了巨大作用，即使在我国先后发生了禽流感、猪瘟等动物疫情，也都没有对公众健康造成重大影响，该法当属功不可没。

然而，《动物防疫法》所“防”之“疫”的范围也仅限于“动物疫病”，也就是动物患的疫病，即使包括了人畜共患的疫病的预防、控制和扑灭等，该法也无法适用于以野生动物作为宿主的病毒和细菌的防治，特别是那些寄宿在野生动物身上，但并不会导致动物发病，却在传播给人类以后才发病并可能大规模传染的病毒和细菌。更为重要的是，《动物防疫法》是从隔离、减少环境有害因素与人类接触的角度实现对公众健康权利的保护，而没有从限制和约束人类行为、保护环境的角度增益公众的环境健康利益。良好的生态环境对环境健康权的正向促进和有害环境要素对公众健康损害风险的有效隔离是保护和实现环境健康权不可或缺的两个方面,《动物防疫法》是防范有害环境(要素)对环境健康权侵害的一块砖,而我们还需要砌一堵墙。

五、完善《野生动物保护法》的思路与策略

环境与人类健康之间的关系是如此重要[①],一旦环境遭到污染、破坏或干扰以及人类与环境(要素)不适当接触,环境健康权将受到损害。在我国,经过 40 多年的经济高速增长,环境污染等环境问题对健康损害的后果已经进入集中爆发期。更应引起重视的是,在近 20 年内,我国先后发生了 SARS 疫情、禽流感、猪瘟和最近的新冠肺炎疫情,对公众环境健康权带来了威胁和损害。我们有理由相信,现行的包括《野生动物保护法》在内的生态环境法律制度必定出现了较大的制度缺口与规制失灵,基于保障环境健康权的法制再造已经成为一项紧迫的任务。

1. 思路:以保障环境健康权为立法目的

是否有必要将保障环境健康权作为以保护野生动物为主要内容的《野生动物保护法》的立法目的?实际上,这并非一时心血来潮而牵强附会,而是最新立法成果的总结。2020 年 2 月 24 日,第十三届全国人民代表大会常务委员会第十六次会议通过《关于全面禁止非法野生动物交易、革除滥食野生动物陋习、切实保障人民群众生命健康安全的决定》,就该立法而言,无论是立法的名称还是立法的主要内容,都是从“切实保障人民群众生命健康安全”这一目的性角度进行界定和规范的,可以说,这是我国关于野生动物保护的最新的权威立法,指明了野生动物保护立法的目的性方向。

保障环境健康权有利于保护和实现真正意义上的生态平衡。一提到生态平衡,人们往往想到了生态、环境、资源、动物、植物等,认为只要这些方面受到了保护,生态平衡就能实现了,却忽视了“人”才是生态系统中最核心的要素。环境保护法是在克服人类中心主义思想指导下、以征服

① 参见窦海阳:《大规模环境污染下健康损害、权利表达及保护之道:兼论民法典应对大规模环境污染事件的“当为”与“不为”》,《法治研究》2019 年第 1 期。

自然为主要特征的“黑色文明”所造成的严重环境问题的过程中发展起来的。但是，传统的环境保护理论以解决环境问题为核心，很容易让我们陷入生态中心主义的迷途[①]，即使这种状况可能仅是阶段性的，但也可能因忽视“人”这一关键要素而造成严重的后果。基于对环境健康权的理论分析和认识，我们应该重新审视作为《野生动物保护法》等诸多环境立法目的的所谓“生态平衡”。生态平衡不仅仅是动物、植物、生态、资源等环境构成要素的平衡，更重要的是包括人在内的全系统的平衡，“人”才是生态平衡的压舱石，“人”和“生态环境”都受到保护才会“生态平衡”，这也是走向生态文明的正确道路。[②]

保障环境健康权是生态文明建设的本质要求，有利于实现从生态中心主义向人与生态环境命运共同体的转变。生态文明，是指人类遵循人、自然、社会和谐发展这一客观规律而取得的物质与精神成果的总和，是指以人与自然、人与人、人与社会和谐共生、良性循环、全面发展、持续繁荣为基本宗旨的文化伦理形态。因此，人与生态环境作为命运共同体的和谐共生是生态文明的本质，这一命运共同体始于人类，通过架构生态的道路，终于人类的福祉，建立了“人类→生态环境→人类”的文明链条。人与生态环境命运共同体具有“生态中心”的框架和“人类中心”的内涵，它摒弃了人类中心主义的狭隘，汲取了生态中心主义的合理内核，在本质上是人与生态环境和谐关系的闭环。[③]《野生动物保护法》应该基于环境健康权是全人类的共同权利的立法理念，实现从生态中心主义向人与生态环境命运共同体的转变，将生态环境与公众健康结合保护，协调生态环境保护与公众健康保障的机制，真正实现和促进我国以人为本的生态文明建设。

因此，就《野生动物保护法》的修改完善而言，首要任务是在立法目的中确立对“环境健康权”的保障。当然，考虑到《野生动物保护法》在环境法律体系中的特殊性，我们可以将保障环境健康权作为该法的间接目的或最终目的，即《野生动物保护法》不仅保护“野生动物”“环境”，更

---

① 参见王临霞：《有机马克思主义对生态中心主义的批判：兼论有机马克思主义的生态文明思想》，《社会科学动态》2017 年第 7 期。

② 参见周珂：《我国环境立法价值与功能之方法论研究》，《政法论丛》2019 年第 5 期。

③ 参见张乐：《生态保全的人本向度：一种超越人类中心主义与生态中心主义的可能视界》，《理论月刊》2015 年第 9 期。

重要的是保护“人”；通过保护生物多样性和生态平衡，最终保障环境健康权利，确保人体健康和公共卫生安全；保障环境健康权是保护生物多样性和生态平衡的终极目的。在此基础上，针对环境健康权保护的具体制度缺失的问题，《野生动物保护法》在保障环境健康权方面的制度创新也应加紧推进。

2. 策略：重点完善野生动物交易管理制度

（1）交易管理是保障环境健康权的关键环节

先进的立法理念和周全的立法目的都需要落脚在具体的制度之中。① 在新冠肺炎疫情中，备受诟病的是《野生动物保护法》规定的野生动物交易制度，特别是作为食品进行交易的相关规定，对环境健康权构成重大的损害风险。客观上讲，正是这些规定下的野生动物利用活动，一方面破坏了生态平衡和“健康”的环境，另一方面也增加了人类与野生动物之间亲密接触的机会，野生动物及其所携带的病菌给人类造成健康损害的可能性也大大提高。新冠肺炎疫情之下，政府之所以严令禁止野生动物的交易活动，目的也正是最大限度地降低人类与野生动物的不当接触导致病毒传播的可能性。继而，有人提出应该研究全面禁止交易、运输、制售和利用野生动物的可行性。② 这一观点具有一定的合理性，特别是在疫情蔓延的情况下，我们更能理解其良好的出发点和对制度漏洞造成严重后果的痛心疾首。但是，实事求是地讲，出于经济、社会等目的的需要，一定数量的野生动物利用活动不可避免，很多时候是必需的。例如，在传统上，包括我国在内的很多国家对于野生动物在药用方面的需求有着广泛的群众基础和文化信仰。社会实践也表明，在接连发生禽流感、SARS疫情之后，人类仍然未能停止以食用为目的的野生动物利用行为，这其中有立法滞后的原因，但更主要的是其在文化、传统和习俗上的根深蒂固。实际上，即使是重点保护的野生动物，一定条件下的驯养、繁殖和利用也是必要的，并被法律所许可。例如，存在着因科学研究、种群调控、疫源疫病监测以及公众展示展演、文物保护或者其他特殊情况，可以对一些重点保护动物进行捕猎和利用。更应该强调的是，病菌从野生动物到人类的传播的原因并非对野生动物的利用和交易活动本身，而是利用和交易过程中的不当接触。

① 参见楚道文：《环境行政管理缺陷及其制衡》，《中国党政干部论坛》2011年第12期。

② 参见刘长秋：《全面禁食野生动物的意义及立法完善》，《上海法治报》2020年2月19日。

即使我们已经立法绝对禁止食用野生动物，但我们仍然需要为了科研、展示等目的对野生动物进行利用，“交易”仍然被法律允许。[①] 在这些合法的“交易”中，如果人类与野生动物的不当接触没有受到法律的制约，病毒传播到人类的法律之门没有关闭，那么环境健康权就仍然处于巨大的风险之中。所以，问题的关键不在于仅仅禁止“食用”，而在于从保障环境健康权的目的出发怎样去规范野生动物利用和交易行为。

（2）源头管理：从保障环境健康权的角度对野生动物进行分类

对野生动物进行分类的目的主要是解决哪些野生动物可以进入交易环节的问题，从野生动物交易的源头保障环境健康权。现行《野生动物保护法》将野生动物分为重点保护和非重点保护等类型，只有非重点保护动物才被允许进行狩猎、利用、交易。为了堵住野生动物及其作为宿主的病毒、细菌给环境健康权造成损害：一方面，我们必须坚持禁止交易、食用重点保护野生动物的规定，在加大违法成本的基础上，加强执法和司法力度，打击非法重点保护野生动物交易行为。另一方面，以“对公众健康是否构成风险”为标准，将非重点保护野生动物分为无害野生动物和有害野生动物等种类。其中，有害野生动物包括害鼠、各种有毒动物及携带高致病、高传染病毒和细菌的野生动物等。应绝对禁止有害野生动物作为一般商品进行捕猎、利用和交易，并建议将有害野生动物交易行为与行政责任和刑事责任进行对接；对于有益的野生动物和无害且经济的野生动物，则可以在维持生态平衡的基础上进行捕猎、利用和交易。“对公众健康是否构成风险”作为非重点保护动物再分类的标准是服务于“保障公众健康”的立法目的的，有利于保护公众的环境健康权制。

加强源头管理，还需要完善和优化我国野生动物驯养繁殖管理制度。一方面，将仅适用于重点保护野生动物的人工驯养野生动物许可制度和名录管理制度扩大适用于所有野生动物，并对所有人工驯养繁殖的野生动物进行专用标识管理。这一制度与狩猎许可制度相结合，就可以实现对所有进入出售、利用和经营等交易环节的野生动物及其制品的追溯，从而切实防止非法猎捕、走私来源的野生动物借驯养繁殖之名混入市场，预防环境健康风险的产生。另一方面，实行人工驯养繁殖野生动物及其制品的用途

---

① 参见曹明德、王良海：《对修改我国〈野生动物保护法〉的几点思考：兼论野生动物资源生态补偿机制》，《法律适用》2004 年第 11 期。

管制制度。禁止包括以人工驯养繁殖等任何方式获得的重点保护野生动物及其制品作为食品、皮毛等一般商品形式的经营和利用，人工驯养繁殖的重点保护野生动物只能以补充野外种群、科学研究、药品开发等法律明确列举的方式进行利用。这些规定可以阻断对重点保护野生动物进行一般商业开发的渠道，将人类与重点保护野生动物的接触频率、人类对重点保护野生动物的不利影响、重点保护野生动物对人类的不利影响三个方面都降到最低，既有利于保护生物多样性和生态平衡，也有利于保障公众的环境健康权。

（3）过程管理：完善野生动物交易过程管制制度

为解决我国在经营利用野生动物过程中“地点”管理不到位的缺陷，建议参照《生猪屠宰管理条例》的规定，建立可利用、可交易野生动物的定点屠宰、集中检疫制度，并禁止野生动物活体市场交易行为。所有通过捕猎、人工饲养等途径获得并进行出售、利用的野生动物，都应该通过指定的屠宰地点进行屠宰、检疫，之后才能进入市场交易。这不但可以有效控制进入利用、交易领域的野生动物数量和种群比例，起到维持种群稳定、生态平衡的目的，保护良好的生态环境，还可以有效阻断野生动物及其所携带的病毒、细菌与人群的接触，起到保障公众健康的目的，实现对环境健康权的全面保护，可谓是两全其美。

（4）末端管理：加强绿色消费行为制度建设

就野生动物的市场交易而言，上述制度设计要发挥作用，除了野生动物交易的源头和过程管理制度之外，还需要以减少需求为基础的思想教育和相应的制度建设，这就是野生动物交易中的需求端管理问题。“没有买卖就没有伤害。”说到底，是需求催生了大量的非法野生动物交易活动，也摧毁了一些仅存的野生动物种群。因此，有必要完善相关法律，促使公众作出绿色消费选择，不食用、少利用野生动物，避免让全社会承担巨大的公共安全风险。①

在十几年前，一场SARS疫情让我们加强了对野生动物的保护，专门修改了《野生动物保护法》。然而，该法至今在保障环境健康权方面仍然没有任何建树，不合理的野生动物保护立法理念、立法目的和制度设计给环境健康权带来隐患和损害风险。今天，一场新冠肺炎疫情再次使“野生

---

① 参见李莹莹：《海洋生态侵权诉讼若干问题》，《中国海商法研究》2019年第3期。

动物”“保护环境”成为热门词语。

人类自始至终都与生态环境处于相互作用和相互影响的状态之中。当我们为了人与生态环境和谐关系，提出保护环境、预防和治理环境问题的时候，不应忘了“人”这一核心要素；只有人与环境都受到了保护，都不因对方而受到损害，才是真正意义上的和谐关系和命运共同体。在人与自然的关系上，不但要尊重并认同环境要素的内在价值、尊重并保护整个生态系统的完整和良好状态①，更要保护人类的健康②，这也正是完整意义上的保障环境健康权的应有之义。在生态文明新时代，我们应该赋予《野生动物保护法》以新的历史使命，使其成为保障环境健康权的一道制度城墙。

① 参见王灿发：《论生态文明建设法律保障体系的构建》，《中国法学》2014 年第 3 期。

② 参见陈真亮、连燕华：《“健康权优位”的环境法律规制：基于食品安全问题的反思与检讨》，《江苏大学学报》（社会科学版）2015 年第 4 期。

生态环境损害赔偿磋商制度研究

□楚道文　董欣逸*

摘要： 生态环境损害赔偿磋商作为生态环境损害赔偿制度的一项创新，区分相关解决机制，有利于解决生态环境赔偿磋商与其他救济机制的衔接，避免司法资源的浪费。生态环境损害赔偿磋商的参与主体包括请求权利人、赔偿义务人和其他参与人。生态环境损害赔偿磋商协议应定性为民事性质，其定性取决于生态环境损害赔偿磋商的制度目的与依据的理论基础。诉讼是开展磋商的支持和保障，无论是磋商协议司法确认之诉，还是生态环境损害赔偿诉讼，抑或是裁判生效后的强制执行，就生态环境损害赔偿的实现而言，都可以说是磋商工作基础上的继续。

关键词： 赔偿磋商；磋商性质；磋商协议；磋商程序

生态环境是由生态与环境两部分组成，应该分别针对其概念进行阐述，才能为日后确定责任主体、划清责任承担及救济方式的适用等问题做好铺垫。[①]“环境”一词在不同的场合其含义也是有所差异的。通常意义上讲，环境是指围绕某一中心事物的外部条件的总和。对于“生态”一词，依据《现代汉语词典》解释为：“生态指生物在一定的自然环境下生存和发展的状态，也指生态的生理特性和生活习性。”由字义可以看出，“生态”加重了“环境”自身的生态功能的价值，“环境”更加强调对人类生活中的价值，二者必然是紧密联系的一个整体。“生态环境”应指由生态系统组成的环境，并且生物与生物之间以及生物与环境要素之间相互联系、相互作用。

---

* 楚道文，青岛科技大学教授。董欣逸，山东博翰源律师事务所律师。

① 参见楚道文、唐艳秋：《论生态环境损害救济之主体制度》，《政法论丛》2019年第5期。

一、生态环境损害的界定

生态环境表现为生物与生物之间、生物与环境之间存在紧密的联系性，导致生态环境损害的表现变得极为复杂。第一，生态环境损害的累积性与滞后性。其与突发性的环境污染事故不同在于，某些领域的生态环境损害是那些因其“微量”危害性而常被视为合法的行为所造成的负面影响的日积月累而最终导致的，体现出累积性的特点。第二，生态环境损害的潜在性与隐蔽性。环境侵权损害的损害事实是财产权的损失和人身权的损害，具有明显的损害后果。但在生态环境损害中，生态自身或者环境因素之间的稀释、溶解或者自净功能，或未产生财产权或人身权的损害。第三，生态环境损害恢复的技术性、系统性与长周期性。

二、生态环境损害赔偿磋商的基本含义

生态环境损害赔偿磋商，即赔偿权利人与赔偿义务人合意的前提下，处于平等地位针对特定的问题进行一定程度的磋商，达成一致的磋商协议，对造成的生态环境损害进行修复与赔偿。生态环境损害赔偿磋商作为生态环境损害赔偿制度的一项创新，其旨在利用高效的纠纷解决机制手段，确定已造成生态环境损害的赔偿责任人首要的修复责任，尽快达成协议来修复和救济生态环境损害，震慑潜在的侵害行为人，起到预防作用。[①]另外，这也是为了弥补环境私益诉讼与环境公益诉讼的效率低、成本高及程序复杂等不足。虽然磋商作为一种协商的民事行为，但在生态环境损害赔偿磋商环节中，其磋商的内容仅包括损害事实和程度、修复启动时间和期限、赔偿的责任承担方式和期限等具体问题，不得针对其他问题进行讨价还价。

当下，我国针对环境污染与生态环境损害的救济办法有生态环境损害赔偿制度下的磋商和诉讼，环境民事公益诉讼调解、和解，以及环境公益诉讼。区分相关解决机制，有利于解决生态环境赔偿磋商与其他救济机制的衔接，避免司法资源的浪费。

首先，在宏观范围上，生态环境损害赔偿诉讼制度的主体与环境公益

---

① 参见程玉燕：《生态环境损害赔偿磋商制度构想》，《北方法学》2017 年第 1 期。

诉讼的主体存在不同。根据我国《民事诉讼法》（2017年修改）第五十五条[①]以及《环境保护法》（2014年修订）第五十八条[②]的规定，环境公益诉讼是由法律规定的机关和有关组织提起诉讼，当以上主体不作为时，人民检察院可以向人民法院提起诉讼；《改革方案》规定："国务院授权省级、市地级政府（包括直辖市所辖的区县级政府，下同）作为本行政区域内生态环境损害赔偿权利人。"

其次，生态环境损害赔偿磋商作为生态环境损害赔偿诉讼的前置程序，也是一项制度创新。作为一项年轻的制度，其理论存在争议，实践尚不成熟，有必要借鉴我国已有的立法现状和经验来规避以后可能存在的问题。在我国，环境公益诉讼调解、和解与赔偿磋商同样作为多元化解决纠纷的一种方式，但环境公益诉讼调解、和解存在已久，虽然没有专门性立法规定与之调整，多散落于《民事诉讼法》《环境保护法》相关规定中，但还是有必要进行对比分析，来解决生态环境损害赔偿磋商与其他制度的衔接。[③]

第一，在主体方面，环境公益诉讼调解、和解的主体为双方当事人，对于调解，人民法院作为斡旋主体参与双方当事人的纠纷解决。对于和解，双方可以邀请具备专业资格的人来参与和解程序，为双方当事人提供相关专业的鉴定报告与解决方案。生态环境损害赔偿磋商的主体为赔偿权利人与赔偿义务人，但在实践当中，不断有更多的主体参与赔偿磋商的程序。例如，在贵州省人民政府、某劳务有限公司、某化肥有限公司生态环境损害赔偿协议司法确认案中，省律协作为第三方介入赔偿磋商的程序中，为赔偿权利人与赔偿义务人提供专业的法律知识。

第二，赔偿范围存在不同。生态环境损害赔偿磋商依据《改革方案》

---

① 《民事诉讼法》第五十五条："公益诉讼，对污染环境、侵害众多消费者合法权益等损害社会公共利益的行为，法律规定的机关和有关组织可以向人民法院提起诉讼。人民检察院在履行职责中发现破坏生态环境和资源保护、食品药品安全领域侵害众多消费者合法权益等损害社会公共利益的行为，在没有前款规定的机关和组织或者前款规定的机关和组织不提起诉讼的情况下，可以向人民法院提起诉讼。前款规定的机关或者组织提起诉讼的，人民检察院可以支持起诉。"

② 《环境保护法》第五十八条："对污染环境、破坏生态，损害社会公共利益的行为，符合下列条件的社会组织可以向人民法院提起诉讼：（一）依法在设区的市级以上人民政府民政部门登记；（二）专门从事环境保护公益活动连续五年以上且无违法记录。符合前款规定的社会组织向人民法院提起诉讼，人民法院应当依法受理。提起诉讼的社会组织不得通过诉讼牟取经济利益。"

③ 参见黄大芬、张辉：《论生态环境损害赔偿磋商与环境民事公益、诉讼调解、和解的衔接》，《环境保护》2018年第11期。

全部赔偿的原则，赔偿范围主要包括清除污染费用、生态环境修复费用、生态环境修复期间服务功能的损失、生态环境功能永久性损害造成的损失以及生态环境损害赔偿调查、鉴定评估等合理费用。环境公益诉讼调解、和解的赔偿范围依据《环境保护法》第六十四条规定，相关责任人需承担停止侵害、排除妨碍、消除危险、恢复原状、赔偿损失、赔礼道歉等民事责任。

第三，效力认定有所不同。生态环境损害赔偿磋商达成协议以后，并不意味着磋商协议已经生效。若赔偿义务人未履行或未完全履行赔偿协议，《改革方案》规定赔偿权利人可以向人民法院申请司法确认，使赔偿协议具有强制执行力。环境民事公益诉讼调解、和解因人民法院的参与，其达成的协议可以经人民法院出具调解书，因而具有了强制执行力。由此可看出，磋商的形式使得赔偿权利人与赔偿义务人所达成的赔偿协议认可程度较低，因此在实践中存在双方当事人未达成磋商协议或者对达成磋商协议反悔的情形。

第四，专业技术性与公众参与存在不同。在部分试点城市，其出台的《生态环境损害赔偿磋商管理办法》完全利用了磋商程序的灵活性、多变性。例如，《江苏省生态环境损害赔偿磋商办法（试行）》第十四条规定："赔偿权利人指定的部门或机构应在磋商前五个工作日，在门户网站向社会公告磋商日期和地点，并可邀请专家和利益相关的公民、法人和其他组织参与，接受社会监督。"由此可以看出，赔偿磋商的参与主体越来越多元化，让更多的主体参与进来，完全符合了《改革方案》的公众参与原则。另外，邀请专业资格的个人或组织参与，也有利于解决生态环境损害技术性强的问题。通过邀请具有专业资格的人来参与环境公益诉讼调解、和解程序，达成调解或和解协议后，通过公示来对此进行监督。

综上所述，通过与我国现行环境损害救济制度对比发现，虽然生态环境损害赔偿磋商制度起步较晚，但程序上的灵活性与多变性，使其更好地吸收其他制度的经验，并结合各地的特殊情况，创造出自己独特的地方，更好地与其他制度一起保卫我国生态环境安全。同时，通过与其他制度的对比，为生态环境损害赔偿磋商制度在众多环境损害救济制度中找好定位，以便为以后与其他制度做好衔接打好基础。

三、生态环境损害赔偿磋商的参与主体

1. 请求权利人

根据《改革方案》的规定，赔偿权利人指国务院授权的省级、市地级人民政府作为本行政区域内生态环境损害赔偿权利人。省级、市地级政府可指定相关部门或机构负责生态环境损害赔偿的具体工作。基于上文所提及的公共信托理论，政府对生态环境的管理权来源于社会公众的委托。另外，在磋商过程中，可以利用行政职能在损害调查、证据收集及修复方案编制等优势弥补诉讼带来的效率低下的诟病。但是，理论的不成熟性及生态环境损害的整体性等特征，导致政府作为赔偿权利人依然存在许多不足之处。

首先，政府作为生态环境损害赔偿权利人，其权力来源于社会公众的授权行为，但其管理行为也是其义务，应当注意到“行权”与“控权”的制衡性。若从立法上没有严格规定赔偿权利人的权利义务配置，则会导致权力的滥用，造成公共利益的损害，违背了生态环境损害赔偿制度创立的初衷。尤其在磋商过程中，应当对赔偿权利人磋商内容的处分范围给予约束与监督。《改革方案》规定了赔偿权利人指定的机构或工作部门不得对列入生态环境损害赔偿范围包括清除污染的费用、生态环境修复费用、生态环境修复期间服务功能的损失、生态环境功能永久性损害造成的损失以及生态环境损害赔偿调查、鉴定评估、生态环境损害修复后评估等合理费用进行处分和让渡。但是，《山东省生态环境损害赔偿磋商工作办法（试行)》第十三条规定，针对以上内容确需处分和让渡的，应该就处分和让渡情况进行公告，并报请赔偿权利人同意。同时，《张掖市生态环境损害赔偿磋商工作办法（试行)》第十三条也做了如此规定。[①] 此处工作部门与机构的处分与让渡的行为，旨在利用让步使赔偿义务人尽快达成磋商协议，提高效率。但是，此处过度追求效率则是违背保障公共利益的目的。社会公众才是公共资源的共有主体，政府只享有对公共资源的管理权，对于公共利益的实质性处分，此处只是进行了公告并经得赔偿权利人同意后

---

① 《张掖市生态环境损害赔偿磋商工作办法（试行)》第十三条：“不得对列入生态环境损害赔偿范围包括清除污染的费用、生态环境修复费用、生态环境修复期间服务功能的损失、生态环境功能永久性损害造成的损失以及生态环境损害赔偿调查、鉴定评估、生态环境损害修复后评估等合理费用进行处分和让渡。确需处分和让渡的，应该就处分和让渡情况进行公告，并报请赔偿权利人同意。”

就可进行处分，意味着赔偿权利人可以轻而易举地处分公共利益，这种行政机关的“行权”的膨胀，易产生权力寻租的腐败行为，也并没有相关的主体对此进行监督，难以保障公共利益，暴露了公共信托“行权”与“控权”难以制衡的弊端。

其次，基于生态环境损害的复杂性、整体性及技术性的特征，磋商中的赔偿权利人应当多元化，行政主体之间做好统一管理规划，积极沟通协商，创立信息共享机制。[①] 在实践中，对于索赔主体，各省级、市地级出台的磋商工作办法规定亦不尽相同。例如，贵州省规定的由该省人民政府委托的与生态环境保护有关的职能部门在其职能范围内进行磋商工作；福州市规定的由市自然资源和规划局代表赔偿权利人市人民政府，负责市内或者跨市域的生态环境损害赔偿具体工作。其区别在于是根据具体情况而委托相关部门进行磋商工作还是统一委托给具体部门进行磋商工作。

2. 赔偿义务人

为了避免“政府买单”的困境重蹈覆辙，应当扩大赔偿义务人的范围。因此，生态环境损害赔偿磋商对于赔偿义务人范围的确定不应仅局限在对生态环境造成直接污染的范围内，应将其扩张到造成污染结果的间接责任人及可能造成生态环境损害的潜在行为人身上。

《生态环境损害赔偿制度改革方案》（以下简称《改革方案》）第四部分第二款对赔偿义务人进行了规定：“赔偿义务人是违反法律、法规造成生态环境损害的单位或个人。”根据表 1 可知：大部分省级、市地级公布的磋商办法管理中照搬了此款对赔偿义务人的规定。但是，由于生态环境损害具有隐蔽性及复杂性特征，实践中存在某些主体并没有违法律法规，但对于造成的生态环境损害结果具有不可推卸的责任。例如，在重庆市人民政府、重庆某志愿服务发展中心诉重庆某物业管理有限公司、重庆某环保科技有限公司一案中，重庆某环保科技有限公司是造成环境污染的直接责任人，重庆某物业管理有限公司虽然主张对于排污的违法行为不知情，但是其对排污的具有管理监督义务，因此认定两被告对环境污染承担连带责任。由此可知，企业虽然并不是污染环境的直接责任人，但对于污染行为未尽到法定的监督义务，对环境污染结果也应当承担连带责任。对此，晋江市磋商管理规定及福州市磋商管理办法对于赔偿义务人的规定添加了

① 参见楚道文、唐艳秋：《论生态环境损害救济之主体制度》，《政法论丛》2019 年第 5 期。

生态环境损害第三人及相关责任方，以此扩大了赔偿义务人的范围。

表1 各地生态环境损害赔偿磋商管理办法类文件有关义务主体的规定

文件名称	有关义务主体的规定
贵州省生态环境损害赔偿磋商办法（试行）	第七条 赔偿义务人是违反法律、法规造成生态环境损害的单位和（或）个人。 第六条 生态环境损害第三人是与生态环境损害赔偿有利害关系的企业事业单位、其他生产经营者和（或）个人
江苏省生态环境损害赔偿磋商办法（试行）	第三条第二款 违反法律法规，造成生态环境损害的单位或个人为生态环境损害赔偿义务人
晋江市生态环境损害赔偿磋商管理规定（试行）	赔偿义务人是违反法律、法规造成生态环境损害的单位和（或）个人。 生态环境损害第三人是与生态环境损害赔偿有利害关系的企业事业单位、其他生产经营者和（或）个人
福州市生态环境损害赔偿磋商管理办法（征求意见稿）	第六条 赔偿义务人指违反法律、法规造成生态环境损害的单位、个人。赔偿义务人包括但不限于：直接责任人，即直接造成生态环境损害的单位、个人；相关责任方，即直接责任人的实际控制单位和个人、未尽到相应义务的其他单位和个人；经法院等有权机关认定的其他与生态环境损害负有责任的单位、个人

同时，赔偿义务人范围应当注意到可能造成生态环境污染的潜在行为人，这是预防原则的一种体现。潜在行为人即指日后可能会造成环境污染的单位或个人，或者其行为对生态环境会造成潜在的威胁。其针对的是生态环境损害的潜在性、隐蔽性以及技术性的特征，潜在行为人的污染行为在一定时间内并未对生态环境造成损害，或者由于技术的限制未检测到生态环境造成的损害等。因此，对于这类潜在行为人有必要纳入赔偿义务人的范围之中。但具体到责任方面，潜在行为人应当承担排除妨碍、消除危险等预防性责任，不再适用无过错责任。因排除妨碍、消除危险等责任承担方式是一般侵权责任，潜在行为人还未对生态环境造成损害。若潜在行为人亦适用无过错责任，势必会增加行政执法的压力，也会在侧面造成行政权力的滥用，遏制经济发展。因此，潜在行为人以违法性要件适用过错责任，以此来平衡双方利益。①

① 参见楚道文、唐艳秋：《论生态环境损害救济之主体制度》，《政法论丛》2019年第5期。

3. 生态环境损害赔偿磋商的其他参与人

在赔偿磋商中，专家参与人可以细分为两种类型：一种是具备生态环境损害专业知识的主体，另一种是针对权利责任行使与承担的相关法律类技术主体。在重庆市某某区某某镇沙溪河水体污染生态环境损害赔偿案[①]中，探索磋商中引入法律和鉴定专家参与机制，邀请法律顾问和鉴定评估专家全程参与磋商，出具磋商协议审查意见书，确保磋商的合法性。

赔偿义务人之间的责任划定需要技术来予以证明，针对磋商义务人对生态环境专业或技术上缺乏相关知识，会影响磋商的效率或磋商的结果。因此，技术人员的参与在一定程度上可以解决双方当事人对于技术上的疑问，有利于促进磋商协议的达成，保障了磋商的合法性。从表1可知，各省市的赔偿磋商管理办法所规定的技术人员主要是生态环境损害鉴定评测机构、高校及科研人员，其都具备相应的专业能力，在赔偿磋商过程中一方面可以就生态环境损害技术性问题提供意见，促进磋商协议的达成；另一方面，因为磋商的构成牵扯到法律义务的划分，最终的磋商协议会约束双方当事人，具有强制执行力的效力。因此，法律专业人员不仅要监督赔偿权利人有无权利逾越的违法行为，而且要审查磋商协议是否存在法律风险问题，在磋商过程中也必不可少。

四、生态环境损害赔偿磋商协议的效力保障

生态环境损害赔偿磋商协议应定性为民事性质，其定性取决于生态环境损害赔偿磋商的制度目的与依据的理论基础。根据前文所述，生态环境损害赔偿磋商的性质为特殊的行政行为，其所达成的赔偿协议的性质是建立在平等的主体地位上自愿达成的赔偿协议，达成的磋商协议的性质应为民事合同。同时，根据主体公共信托理论，虽然主体为有关的行政部门，其代表全体人民来行使生态环境的管理职能，但赔偿权利人实质为民事主体。

---

① 2018年1月，重庆某某区某某镇发生废酸倾倒事件。经调查与鉴定评估，该案系跨区域危废倾倒案，三个赔偿义务人均委托无危险废物经营许可资质的单位处置废酸，该单位将废酸擅自倾倒至沙溪河，造成生态环境损害数额为99.1万元。11月，重庆市生态环境局与赔偿义务人分别召开磋商前沟通会和磋商会，签订赔偿协议，三个赔偿义务人按照倾倒废酸重量比例全额缴纳生态环境损害赔偿金。

生态环境损害赔偿磋商协议既然定性为民事合同，那么赔偿义务人不履行或不完全履行协议内容可以向法院申请司法确认，使得磋商协议受到国家强制力的保护，《改革方案》亦是如此规定。磋商协议司法确认的功能在于可以监督内容是否损害了社会利益和公共利益，保障磋商协议的效力。但是，根据我国《民事诉讼法》第一百九十四条①的规定，应共同向调解组织所在地基层人民法院提出，生态环境损害赔偿磋商缺少调解组织的存在。实践中出现两种情形，第一种情况是不单独设立调解组织。例如，浙江某某建材有限公司大气污染环境污染损害赔偿磋商案中，共同向赔偿权利人所在的基层法院申请司法确认。第二种情况是由第三方主持赔偿磋商。例如，在贵州省人民政府、某某劳务有限公司、贵阳某某化肥有限公司生态环境损害赔偿协议司法确认案中，由贵州律协第三方主持赔偿磋商，探索生态环境损害赔偿协议的司法确认规则，促进了试点阶段磋商协议的达成。作者认为，由法律或者符合法律规定的从事有关环境保护的社会组织机构主持赔偿磋商，不仅可以促进双方协议的达成，而且可以作为监督主体参与赔偿磋商的程序中，监督与保障程序和协议的公开透明及公正平等。通过以上两个案例，可以探索赔偿义务人在不履行或者不完全履行磋商协议时，双方应当向赔偿权利人所在地或者生态环境损害发生地的基层法院申请司法确认。

五、磋商与诉讼的衔接

根据《生态环境损害赔偿制度改革方案》规定，磋商程序是生态环境损害赔偿诉讼的强制前置程序。但是，《最高人民法院关于审理环境民事公益诉讼案件适用法律的相关问题解释》以及《最高人民法院关于审理生态环境损害赔偿的若干规定》都未对磋商与其他诉讼如何衔接的问题进行释明。若磋商与其他诉讼之间存在衔接问题，会导致资源的浪费，影响生态环境的修复，导致社会公共利益的损害。基于赔偿磋商程序的多变性与简易性的特点，达到促成磋商协议修复生态环境所需的高效，顺应多元化解决纠纷的趋势，应当优先考虑磋商。诉讼是开展磋商的支持和保障，无

---

① 《民事诉讼法》第一百九十四条规定："申请司法确认调解协议，由双方当事人依照人民调解法等法律，自调解协议生效之日起三十日内，共同向调解组织所在地基层人民法院提出。"

论是磋商协议司法确认之诉，还是生态环境损害赔偿诉讼，抑或是裁判生效后的强制执行，就生态环境损害赔偿的实现而言，都可以说是磋商工作基础上的继续。[①]

在实践中，生态环境损害赔偿磋商与其他诉讼的衔接可能存在以下几种情况：首先，生态环境损害赔偿磋商与生态环境损害赔偿的诉讼产生的竞合。根据《生态环境损害赔偿制度改革方案》的规定，已经将磋商规定为前置程序，相关责任人或者部分责任人不同意进行磋商或者磋商不成，赔偿权利人可以提起生态环境损害赔偿诉讼。在磋商启动前，赔偿权利人通过行政手段收集到的调查评估以及磋商进行中的录音录像等材料可以作为法庭证据使用，在一定程度上提高了诉讼的效率。其次，磋商与有权主体提起的环境民事公益诉讼同时进行的竞合。为了充分发挥磋商行为提升生态环境损害修复和损害赔偿效率的作用，也为避免法律规定的社会组织取证困难、诉讼成本较高的弊端，在磋商启动后，社会组织提起环境公益诉讼的，法院应不予受理。[②] 再次，在环境民事公益诉讼审理过程与磋商启动的衔接问题上，两者可以根据自身的情况，既可以在环境民事公益诉讼增加支持起诉人继续诉讼，也可以中止诉讼扩大磋商参与人启动磋商程序，这都是为了更好地修复生态环境损害。[③] 最后，在检察机关提起的环境民事公益诉讼与磋商的衔接上，现有案例体现了检察机关让步于磋商，在诉讼期间，当省级、市级政府及指定的相关部门相关行政部门采取多轮磋商，为了促进赔偿义务人选择磋商的积极性，选择与被告达成和解并撤诉的方式支持磋商，并且自身也干涉到磋商中去。例如，在某某生物科技有限公司大气污染生态环境损害赔偿案中，在检察机关提起民事公益诉讼期间，市生态环境局与该公司多次进行磋商，确定环境损害赔偿额为1.056亿元；检察机关据此与该公司和解并撤诉。通过市生态环境局与市检察机关的共同督促，赔偿资金已全部到位。检察机关的公益诉讼与生态环境赔偿共同推进，提高企业磋商与和解的积极性，加快生态环境损害赔偿和治理的进度。

综上所述，作者认为，民事环境公益诉讼应当让步于生态环境损害赔

① 参见王旭光：《论生态环境损害赔偿诉讼的若干基本关系》，《法律适用》2019年第12期。

② 参见罗丽、王浴勋：《生态环境损害赔偿磋商与诉讼衔接问题研究》，《武汉理工大学学报》（社会科学版）2017年第3期。

③ 参加刘慧慧：《生态环境损害赔偿诉讼衔接问题研究》，《法律适用》2019年第12期。

偿磋商，其他的权利主体可以支持并且参与到磋商中去。首先，省级、市级政府及其指定的相关部门作为赔偿权利人，自身承担着维护生态环境良好与监管的责任义务，与赔偿义务人进行磋商是其自身职责的体现。其次，多地在实践中采取了多部门联动的方式，利用其行政手段与专业性，快速高效、低成本地搜集信息、调查评估，保障了信息的可靠性，迅速启动磋商程序与赔偿义务人达成了磋商协议。有的案件案情复杂，存在多个责任主体，在相关的行政部门有效地掌握信息并明确各方责任的基础上，可以采取分别行动，同时与多个赔偿义务人进行磋商，在保障磋商协议公平公正的情况下，促进磋商协议的达成。最后，责任主体不同意进行磋商或者经过多次磋商未达成磋商协议，省级、市级政府及其指定的相关行政部门的调查取证、评估报告及其磋商过程中的录音录像等材料都可以在后续的诉讼中作为证据使用，为其他诉讼主体节省了时间，降低了成本，充分发挥好磋商与其他诉讼的衔接作用。

我国流域横向生态补偿制度的建设与完善

□李娜*

摘要： 流域横向生态补偿制度是规范流域横向生态补偿活动，促进流域可持续发展的重要制度创新，也是推动我国生态保护补偿制度建设不可忽视的内容。当前，流域横向生态补偿制度已在省内和跨省间展开积极的试点和探索，既有政府协商共建、制度逐步构建、试点经验推广的积极方面，也存在法律规范缺失、补偿性质标准不明确等现实问题与挑战。因此，本文旨在总结现有的成功实践经验，破解当前困境，进一步健全法律保障，实现补偿方式的市场化和多元化，搭建有效的磋商平台机制，完善流域横向生态补偿制度及相应技术规范，以期为流域横向生态补偿的平稳有序推进提供有力借鉴。

关键词： 生态补偿；流域横向；生态补偿制度；完善

流域横向生态保护补偿是以保护水生态环境和实现流域水资源可持续利用为目的，由流域下游水生态环境受益地区拿出相应的资金等，以流域上游水生态环境保护地区为保护和治理流域水生态环境所付出的相应成本和牺牲等为补偿依据，运用市场化等多元方式对流域上游地区进行补偿，有效调动流域各地区群众保护流域水生态环境的积极性和热情，体现流域生态保护补偿的公平公正，实现流域水资源可持续利用的一种制度设计与安排。[①] 其作为生态补偿的重要组成部分，是在受益与受损相对明确的主体之间开展的补偿，补偿方与受偿方之间并不存在直接的行政隶属关系。

---

* 李娜，山东政法学院教师。

① 参见吴志利：《我国流域横向生态保护补偿机制研究》，甘肃政法大学硕士学位论文，2019 年。

一、我国流域横向生态补偿现状分析

1. 流域横向生态补偿的实践进展

2012年，为促进千岛湖及新安江水资源保护，按照党中央、国务院的指示，在财政部、环保部的推动下，安徽、浙江两省开始正式实施全国首个跨省流域——新安江流域生态补偿试点。2012～2014年开启首轮试点，中央财政每年安排3亿元，两省每年分别安排1亿元，三年共计15亿元，用于流域横向生态补偿，目前已取得较好成果。安徽、浙江两省环保监测人员每月到位于新安江的两省交界街口断面共同提取水样，分别带回进行相关水体指标的检测。设定P值为补偿指数，该指数的大小直接影响资金补偿数额大小及方向，在一定程度上体现了污染惩罚和生态补偿。首轮试点以两省交界的街口断面的高锰酸盐指数、氨氮、总磷、总氮四项污染物指标前三年（2008～2010年）的平均浓度值为基本限值，并设置0.85的水质稳定系数（相当于允许水质波动18%），测算出补偿指数P值后实行补偿。当该指数小于等于1时，浙江省将1亿元补偿资金补偿给安徽省；当大于1或发生重大污染事件时，则由安徽省拨付给浙江省1亿元。安徽省每年获得的补偿资金专项用于新安江流域的产业布局优化和流域水环境综合治理，为流域生态环境保护提供资金支持。[①]

为进一步巩固成果，2015年10月，财政部、环保部下发《关于明确新安江流域上下游横向补偿试点接续支持政策并下达2015年试点补助资金的通知》，明确中央财政在2015～2017年继续对新安江流域上下游横向生态补偿试点工作给予支持。在首轮试点取得明显效果后，2015～2017年两省继续实施第二轮生态补偿试点，试点资金由首轮试点的15亿元增加到21亿元。[②] 自试点开始的7年来，新安江流域横向生态补偿试点优化了流域生态环境，促进流域生产方式的转变，提升了居民的生活品质。目前，两省已开始第三轮生态补偿试点工作，以期在总结前两轮经验和问题的基础上，进一步完善流域横向生态补偿，让试点经验可复制、可推广，为我国流域横向生态补偿实践的推广和制度的完善提供示范经验。在总结试点经验的基础上，财政部配合环保部重点推进在九洲江、汀江—韩江、

---

① 参见方子恒：《新安江流域生态补偿机制运行及政策完善建议》，《中国政府采购》2018年第5期。

② 参见王祖强、夏勇：《新安江流域生态补偿问题的调查与建议》，《浙江经济》2019年第13期。

引滦入津流域开展生态补偿。

九洲江作为广西玉林、广东湛江的重要饮用水源，对保障饮水安全、粮食生产发挥了重要作用。2016 年，广西与广东两省份签订《九洲江流域水环境补偿的协议》，在为期三年的补偿试点实践中，广西壮族自治区人民政府和广东省人民政府各自划出相应的地方政府资金，设立了九洲江流域专项补偿资金。为提高流域地方的积极性，中央根据九洲江流域的水质测评情况和完成协议约定的有关水生态环境治理任务目标程度，对完成任务较好的地区给予专项资金，用于支持和鼓励流域生态补偿实践工作。

汀江为韩江的重要支流，上游流经长汀、武平、上杭、永定等革命老区，是下游广东梅州、潮州、汕头的重要饮用水源。为更好地保护汀江、韩江流域水生态环境和水质，根据财政部和环保部关于流域上下游横向生态补偿工作会议精神的指示，福建和广东两省于 2016 年签订了两江水生态环境补偿协议。按照协议的约定，两省每年各出相应的地方资金共同组成汀江、韩江流域上下游横向生态保护补偿水生态环境专项补偿资金，依据两江流域实际完成的流域水生态环境保护成效和具体考核目标，中央财政最终确定相应的奖励资金，划拨给作为流域上游水生态环境保护地区的汀江流域。奖励资金和地方专项补偿资金共同用于汀江流域和韩江流域的水生态环境的治理和保护。汀江和韩江流域采用了两项考核指标，一是两江流域水质是否达标，二是流域水污染物实际浓度。如果上游汀江水质达标，则广东给予福建一定的补偿；若上游汀江发生水污染导致水环境恶化，则由福建省对广东省进行生态补偿。

滦河发源于河北省，国家为了解决天津市的城市发展用水问题，兴建了“引滦入津”工程。2016 年，河北省与天津市就流域的水质补偿标准、考核指标、补偿方式等达成了合意。财政部、环保部专门给予河北省中央奖励资金，2017 年，河北省与天津市正式签订了《引滦入津上下游横向生态补偿的协议》，确定了《引滦入津上下游横向生态补偿实施方案》。在该流域生态保护补偿试点中，地方资金与中央奖励资金共同用于“引滦入津”流域上下游横向生态保护补偿，滦河流域水质得到了很大提升，流域水生态环境得到了改善和治理。

2018 年 2 月，四川、云南、贵州签订赤水河流域横向生态保护补偿协议，决定四川、贵州、云南三省每年共同出资 2 亿元设立赤水河流域水环境横向补偿资金。作为长江经济带生态修复奖励政策实施后的首个在长江流域多个省份间开展的生态保护补偿试点，中央财政资金给予重点支持，合力推动了赤水河流域横向生态保护补偿的实施，不断深化试点内容，扩大试点范围，有利于更好地完成生态保护修复目标任务。

近年来，各省内横向生态补偿试点也在有序开展。2019年3月，云南积极推进长江流域横向生态补偿，长江流域云南段涉及的昆明、昭通、曲靖、楚雄、大理、丽江、迪庆7个州（市）签署补偿协议45份，其中跨县（市、区）协议39份，跨州（市）协议6份。印发《云南省促进长江经济带生态保护修复补偿奖励政策实施方案（试行）》，要求长江流域各地区尽快建立横向生态补偿机制，并统筹中央和省级资金予以奖励，调动长江经济带各流域上下游地区的积极性，形成“成本共担、效益共享、责任共负、多元共治”的流域保护和治理长效机制，初步构建起全省流域生态补偿制度框架。各州（市）政府成立了流域横向生态补偿机制工作领导小组，按照“先签州内补偿，推动跨州磋商”的原则，开展水文水质调查研究，明确监测断面、考核目标、资金筹措、资金考核清算等生态补偿细化内容，签署了具有契约效力的补偿协议，建立区域间横向补偿关系。2020年6月，甘肃省在祁连山地区沿黑河、石羊河流域的甘州区、临泽县、高台县、肃南县、金塔县、凉州区、民勤县等7县（区）开展横向生态保护补偿试点工作，试点实施期为3年，共同保护黑河、石羊河，筑牢国家西部生态安全屏障，为流域横向生态补偿机制的建设奠定了基础。

2. 流域横向生态补偿制度建设历程

2013年党的十八届三中全会上，中共中央将“推动地区间建立横向生态补偿制度”列入《中共中央关于全面深化改革若干重大问题的决定》中，开启流域横向生态补偿制度建设的新征程。[①] 2015年9月，中共中央、国务院印发《生态文明体制改革总体方案》，明确将生态补偿制度作为生态文明制度体系的核心内容之一，并指出要“制定横向生态补偿机制办法，以地方补偿为主，中央财政给予支持”。2016年4月，国务院办公厅印发《关于健全生态保护补偿机制的意见》，提出到2020年跨地区、跨流

① 参见李奇伟：《我国流域横向生态补偿制度的建设实施与完善建议》，《环境保护》2020年第17期。

域补偿试点示范取得明显进展，多元化补偿机制初步建立，就跨行政区域生态补偿机制的组织实施进行了全面部署，并指出在长江、黄河等重要河流探索开展横向生态保护补偿试点。2016 年 12 月，财政部、环保部、发改委、水利部联合出台的《关于加快建立流域上下游横向生态保护补偿机制的指导意见》在工作目标、补偿基准与补偿标准上有了具体的内容安排。流域横向生态补偿主要由流域上下游地方政府自主协商确定，中央财政对跨省流域建立横向生态补偿制度给予引导支持，推动长效机制的建立。2018 年 1 月，财政部、环保部、发改委、水利部印发《中央财政促进长江经济带生态保护修复奖励政策实施方案》，谋划提出了支持建立长江经济带生态补偿与保护长效机制的综合性奖补措施，多渠道支持长江经济带生态补偿与保护，鼓励流域上下游相邻省份及省域内市县建立流域横向生态补偿机制，织牢流域生态安全网络，促进长江大保护格局的形成。2018 年 12 月，国家发改委、财政部等 9 个部门联合制定《建立市场化、多元化生态保护补偿机制行动计划》，提出到 2022 年市场化、多元化的生态保护补偿水平明显提升，生态保护补偿市场体系进一步完善，进一步强调流域横向生态保护补偿的方向是市场化与多元化。2020 年 5 月，财政部、生态环境部、水利部、国家林草局联合印发《支持引导黄河全流域建立横向生态补偿机制试点实施方案》，探索建立黄河全流域生态补偿机制，加快构建上中下游齐治、干支流共治、左右岸同治的格局，推动黄河流域各省（区）共抓黄河大保护，协同推进大治理。2020～2022 年开展试点，探索建立流域生态补偿标准核算体系，完善目标考核体系，改进补偿资金分配办法，规范补偿资金使用。推动邻近省（区）加快建立起流域横向生态补偿机制。

在地方层面，根据国务院办公厅 2016 年印发的《关于健全生态保护补偿机制的意见》中“鼓励各地出台相关法规或规范性文件，不断推进生态保护补偿制度化和法制化”的有关要求，全国 31 个省（区、市）陆续发布了有关生态补偿的专门性文件。其中，湖南、安徽、浙江、重庆、江西、四川、云南等十个省（区、市）制定了专门的流域横向生态补偿实施方案，其余省份在制定的生态补偿相关政策文件中对流域横向生态补偿作出了规定。

二、我国流域横向生态补偿制度建设的问题与困境

1. 缺乏法律保障

近年来，中央和地方都在积极探索解决流域生态环境保护的有效路径，各地区对开展系统性的流域生态保护补偿已经达成共识，开展了大量的补偿实践，取得了一定的成效。但不容回避的是，在积极探索流域生态补偿实践经验的同时，相应的法律制度建设并没有及时跟进。尽管2008年修正的《水污染防治法》首次通过法律的形式确定了水环境生态保护补偿机制，2014年修改的《环境保护法》也确立了生态保护补偿法律制度，但这些原则性的条款对于建立系统性流域保护补偿体系来说，尚无法满足需求。[①] 近些年，以横向生态补偿协议为基础和保障的横向生态补偿崭露头角，当前实施的流域横向生态补偿多以行政手段推动，未形成规范化、制度化的机制体系。对于流域横向生态补偿制度的规定多停留在国家层面的政策性规范，专门针对流域横向生态补偿的立法更是空缺。同时，地方立法探索也囿于空间效应而无法承担起保障地区间流域横向生态保护补偿的功能期待，各地实践做法不一，欠缺权威性和规范性。流域横向生态补偿主要依赖于中央和省级政府的统筹协调，这将成为一些省份试点期满后决定是否开展新一轮生态补偿合作的不确定性因素，导致流域横向生态补偿的不可持续。

2. 混淆补偿性质

在流域横向生态补偿实践过程中，某些地方将补偿和处罚、补偿和赔偿相混淆。例如，《湖南省湘江流域生态补偿（水质水量奖罚）暂行办法》和《长沙市境内河流流域生态补偿（水质水量奖罚）办法》均作出类似的规定，当某地入境断面达到评价标准，出境断面水质劣于评价标准时，或者当某地入境断面水质劣于评价标准（入境水质已受污染），出境断面水质评价劣于入境断面时，表明在该行政区域内流域水质出现恶化，对该行政区域实施处罚，并将此处罚作为流域生态补偿的重要方式和补偿资金来源。[②] 这一做法将处罚机制纳入了流域生态补偿的范围内，混淆了流域横

---

① 参见王代玉、何晓晶、李开林等：《推进西江跨省流域上下游横向生态补偿机制的政策研究》，《经济研究参考》2019年第2期。

② 参见彭本利、王彬：《跨行政区生态补偿的实践反思与立法完善》，《广西社会科学》2019年第10期。

向生态补偿与处罚的性质，违背了生态补偿的初衷和本意。此外，还存在生态补偿与赔偿区分不明确的问题。例如，在新安江流域横向生态补偿实践中，“补偿指数 P≤1 时，浙江省将 1 亿元资金拨付给安徽省；补偿指数 P>1 或者新安江流域安徽省界内出现重大污染事故时，安徽省将1 亿元资金拨付给浙江省”。这事实上为上游的安徽省水质不达标而对下游浙江省进行的赔偿而非补偿。上文提到的汀江—韩江流域横向生态补偿实践中，广东和福建两省在补偿协议中约定，如果上游汀江水质达标，则广东给予福建一定的补偿，这属于流域生态补偿的范畴；但是，当上游汀江发生水污染导致水环境恶化时，福建省对广东省进行的“生态补偿”则更应当理解为一种赔偿。此类问题还同样存在于重庆市和湖南省签订的《酉水流域横向生态保护补偿协议》中，日后仍需要进一步明晰。

3. 补偿方式单一

从上文归纳总结的我国流域横向生态补偿实践情况不难看出，当前的流域横向生态补偿仍以政府财政资金补偿为主要动力，补偿方式单一，政策补偿、项目补偿等其他补偿方式较少，市场化的自由交易补偿方式更是阙如。从已经开展的几个流域试点来看，在新安江流域横向生态补偿试点中，中央每年出资 3 亿元，浙江、安徽两省每年出资 1 亿～2 亿元。在九洲江流域横向生态补偿试点中，中央财政每年出资 3 亿元，广西、广东两省每年出资各 1 亿元。在“引滦入津”上下游横向生态补偿试点中，中央财政每年补贴 3 亿元，天津、河北两省（市）每年各出资 1 亿元。政府财政自己补偿资金成为推动流域横向生态补偿的主要动力，这种单一的资金补偿方式显然与我国流域横向生态补偿实现流域环境保护的目的相差甚远，尤其是在某些流域经济发展较为落后的地区，政府财政能力有限的情况下，很难及时将补偿资金拨付到位。待试点期满后，流域后期管理维护将难以持续，水质恶化等问题或将出现反弹，前期流域横向生态保护工作前功尽弃，难以实现流域环境保护的可持续。退一步讲，中央、省级政府安排了相当数量的奖励资金以调动各方积极性，但“中央引导，地方为主”的财政投入格局仍未有效形成。事实上，中央政府不可能对所有流域都实施财政奖励，也很难一直保持较高的资金投入水平。在中央财政投入边际效益不断递减的情况下，如何破解单一的补偿方式，有效激励流域上下游各方参与的积极性，激发参与的内生动力将是一个亟待解决的问题。[①]

4. 补偿标准不科学

关于流域横向生态补偿，部分省市区做了一些有益的探索，但各地没有统一的标准。各省市区出台的流域生态补偿方案技术方法研究不足，补偿标准难以通过环保投入等指标进行界定，主要由政府主导、部门协商确定，而并非基于科学方法合理测算，测算依据和补偿方式都缺乏足够的理论依据，且各省市区情况不一样，不同地区的补偿标准设计差异较大。在补偿标准的确定上，我们还需要综合考虑流域上下游补偿地区和受偿地区的经济发展实际水平以及地方政府的财政资金调控能力、具体实行的财政制度等问题。在实践操作中，协商谈判双方都是各自争取自己利益的最大化，很少为对方作出让步，难以得到一个最终让流域上下游地区都满意的补偿标准和具体的考核评估依据。例如，广东、湖南、江西等省也都出台了生态保护补偿办法，对生态补偿的主体、方式、奖励资金核算标准等进行了明确规定。但是，因为各省经济状况不同，其中的规定只适用于本省的跨行政区域流域补偿，对于跨省的补偿难以达成统一意见。

三、我国流域横向生态补偿制度建设与完善建议

1. 建立健全流域横向生态保护补偿的法律法规

我国应当尽快制定出台有关流域上下游横向生态保护补偿的相关法律法规，为进行跨省、跨流域生态补偿实践提供法律依据。目前，我国在《环境保护法》《水污染防治法》等相关法律规范中均已确立了生态保护补偿法律制度，为开展流域横向生态补偿奠定了法律基础。然而，这些法律规范中对生态环境补偿制度的规定较为笼统，与建立系统全面的流域生态补偿体系的目标相差甚远，亟须制定相对应的下位法，从而对流域水生态环境补偿的内容进一步细化和规范。在立法层面，可以由国务院制定“生态保护条例”，生态环境部牵头制定“横向生态保护补偿机制办法”，细化规定流域补偿主体、对象、方式、标准、磋商程序、协议内容、执行监督及考核评价等问题。同时，地方也应制定相应的流域横向生态补偿条例，

① 参见李奇伟：《我国流域横向生态补偿制度的建设实施与完善建议》，《环境保护》2020年第17期。

促进流域横向生态补偿制度的实践性和可操作性，推进省内、市内流域横向生态补偿制度的法治化进程，为我国流域横向生态补偿提供法律依据。

2. 明确流域横向生态补偿的性质

我们首先应该明确流域横向生态补偿不同于赔偿，更不同于处罚。补偿是因合法行为引起，即其发生的原因是合法行为对他人产生了损失或者行为者有目的地使他人获益了，从而须弥补损害者的损失、对利益提供者给予回报。赔偿或处罚是因为违法行为所引起，即赔偿或者处罚针对的是违法行为，赔偿或者处罚对加害者都具有惩罚性。从外部性的角度来看，合法行为具有正外部性，违法行为具有负外部性。流域横向生态补偿是对具有正外部性的环境保护行为的补偿而不是对负外部性行为的补偿，应是对那些因保护生态环境而付出成本或丧失发展机会的行为和活动，即通过补偿实现对环境保护有益的正外部性行为给予激励而非惩罚。流域横向生态补偿应当将具有环境污染治理义务的主体排除在外，对已经污染的环境进行污染治理是责任主体的一种义务，其所具有的正外部性特征也是应对负外部性的原因行为，即对污染行为或者治理不力等失职行为的一种矫正或者弥补而产生的，不应该成为生态补偿的对象，否则将产生对负外部性污染行为或者环保失职行为的激励，陷入“污染—补偿—污染治理—再污染—再补偿—再污染治理”的恶性循环。[①] 因此，各地在签订补偿协议过程中应注意避免将生态补偿与其他赔偿和处罚混为一谈，否则将影响后期流域横向生态补偿的开展和推进。

3. 促进补偿方式的多元化和市场化

流域横向生态补偿的方式应由输血补偿向造血补偿逐渐转变，从单一的资金补偿到多元合作共建，充分发挥市场补偿的独特价值。市场补偿具有实施成本低、适用范围广、决策程序民主等优势，其合理应用有助于解决生态服务中的低效率供给、生态资源再分配过程中的“政府失效”等问题，有利于优化资源配置、提高资源利用效率、减少政府间谈判过程、降低协商成本、提高生态补偿效率、提升区域整体福利。[②] 因此，强化市场推进是促进流域横向生态补偿的有效措施，可以创新完善市场生态补偿方式，积极探索水权交易和排污权交易等多种方式，充分发挥水资源保护与

---

① 参见彭本利、王彬：《跨行政区生态补偿的实践反思与立法完善》，《广西社会科学》2019 年第 10 期。

② 参见秦娜：《区域生态补偿的福利经济学诠释》，《中共山西省委党校学报》2014 年第 4 期。

配置的重要作用。探索建立排污权交易制度，加快建立初始排污权分配机制，科学分配流域内各地方的总量控制指标和企业个体的初始排污权。初步建立排污权交易市场，利用市场机制，促进地方和企业在满足环境质量改善目标任务的基础上，主动提高控污能力和水平，实现污染物排放减量目标。[①] 近年来，市场交易下的流域生态补偿数量也在不断增多。例如，在浙江东阳—义乌水权交易中，双方签订水权交易协议，约定东阳市以每立方米4.1元的价格向义乌市出售国家I类饮用水标准水资源，通过水权交易的方式，两市实现了“共赢”。[②] 结合流域地方实际情况，积极创新以生态标记、生态旅游为代表的新型市场化生态补偿方式。借鉴新安江模式，运用产业补偿、项目补偿和开发投资等新形式，发挥民营资本和技术优势，鼓励下游优质产业项目向上游转移，增加流域上游的发展活力。通过项目促进补偿，引入社会资本和民间资本，开发投资旅游项目等，促进上游绿色发展。通过产业政策、投资倾斜政策和税收减免政策等支持上游地区发展，通过政府政策补充补偿空缺。此外，流域下游的经济发展水平较高的地区可以在上游污水处理、垃圾处理等方面提供必要的技术支持，帮助上游地区加快公共设施建设，为后期有效推进可再生能源利用提供基础，全方位多渠道探索“资金—技术—人才—产业—交流”相结合的补偿模式，推动建立流域横向生态补偿的市场化、多元化格局。

4. 建立健全联动磋商机制

为进一步促进流域横向生态补偿机制的建设和实施，在签订横向生态补偿协议的同时应加强流域上下游间的联防联动，建议设立专门的流域横向生态补偿协商委员会，就流域横向生态补偿双方的权利义务、补偿标准、补偿方式等内容进行具体协商，签订补偿协议。在上下游相互协商的基础上，建立相关的流域管理政策，经双方一致同意后，对流域治理过程中出现的重大情况，应首先将其交由委员会进行解决，切实发挥协调机制在联动、全面统筹方面的作用。要进一步加强流域上下游政府间的联防共治机制建设，建立联席会议制度，定期召开联席会议，实现信息互通与沟通交流。在流域治理过程中，实施统一规划、统一监测、统一防治，推动联合执法，联合查处跨界违法行为，建立环境影响评价机制和水污染应急

① 参见程泉民、方辉振:《全国首个跨省流域生态补偿机制试点的“新安江模式”》,《中共南京市委党校学报》2020年第2期。

② 参见赵连阁、胡从枢:《东阳—义乌水权交易的经济影响分析》,《农业经济问题》2007年第4期。

联防预警机制，切实发挥联防共治优势。

近年来，我国生态文明体制建设进程不断加快，生态补偿制度得以建设和完善。作为生态补偿制度的重要组成部分，流域横向生态补偿制度又与生态补偿制度不同，其具有生态损益明确、补偿方与受偿方不存在行政隶属关系、补偿关系责权利对等等特征。推进流域横向生态补偿制度的建设，有利于促进区域环境保护利益协调，与生态系统整体性特点和区域协同发展要求相契合，有力推动我国流域生态环境共建、共享和共治。

检察机关办理环境民事公益诉讼案件的证明标准和调查策略

□李洋*

摘要： 检察机关在办理环境民事公益诉讼案件时，其调查核实的思路方法，取决于对证明标准的正确认识。“三步递进”调查的办案模式是根据检察机关办理环境公益诉讼案件的预期而确定调查的广度和深度，从而与证明标准相衔接。明确证明标准和调查策略，可以实现从刑事案件到民事案件、民事案件到环境案件的过渡，即相应的证据转化。

关键词： 检察；公益诉讼；证明标准；调查核实

新《最高人民法院关于民事诉讼证据的若干规定》对于“免证事实”的规定较之以前有所不同。以往检察机关在办理环境民事公益诉讼案件时，依赖刑事案件相关证据者居多，“民事证据转化”没有作为重点问题予以研究。从另一个角度来看，实质上是对于检察环境民事公益诉讼的证明标准问题缺乏深入的探讨。在面临“刑事案件到民事案件”和“民事案件到环境案件”两大过渡时，往往出现在调查取证过程中方向不明、标准不清的情况，导致在提起诉讼后举证和质证程序上出现意想不到的阻力，公益诉讼的办案效果体现不充分甚至会导致败诉。

一、检察机关调查核实阶段的诉讼性质及证据效力的固化

最高人民检察院在《检察机关民事公益诉讼案件办案指南（试行）》（以下简称《指南》）中，将“诉前程序”列为办案程序的一个专门章节，其跨度自立案后至发出公告。其中，调查环节属于“诉前程序”章节中规

* 李洋，山东省淄博市人民检察院第四检察部副主任、二级员额检察官，山东理工大学法学院硕士研究生。

定的部分，检察机关调查核实证据即在此期间进行。《指南》还对“生态环境和资源保护领域民事诉讼案件重点问题”进行了列举，其中“调查、审查的重点问题”包括侵权主体、侵权行为、过错、损害后果及数额、因果关系等。显然，检察机关调查核实工作是在发出公告前就已经完成，提起诉讼后一般不再调查取证。那么，《指南》规定的“诉前程序”之“诉”和民事诉讼法所指的“诉讼”，是否属于同一概念？

1. 定性研究

检察机关办理环境民事公益诉讼案件的诉前阶段，实务中并没有鲜明的界限，这是因为在实际办案的过程中，检察机关往往将提起诉讼作为案件办结的目标，较少出现在立案之初便将督促、支持相关部门或组织起诉作为初衷，因此采取广义“诉前阶段”的认知标准，即向人民法院提起诉讼（起诉）前。然而，随着环境民事公益诉讼的深入发展，尤其是行政机关启动诉前磋商程序和提起损害赔偿诉讼制度的建立，正确厘清“诉前阶段”的性质，成为检察机关办理环境民事公益诉讼案件所必须解决的重要问题。其现实意义在于，检察机关作为法律监督机关及司法机关所承担的环境民事公益诉讼调查、起诉等职能，在何种节点上可以归入“诉讼”这一特定的司法程序范畴。进一步讲，检察机关的调查取证是否属于“诉讼”的一部分。本文认为，“诉前阶段”是指检察机关向法院正式提交诉求这一行为之前的阶段，而不是指“民事公益诉讼之前”，原因在于检察公益诉讼具有诉讼主体上的特定性，检察机关作为法定的特殊起诉人，其立案后就已经启动了民事公益诉讼程序，法院审判活动是检察公益诉讼的一部分程序，而非全部诉讼程序。

2. 关联问题

上述理论研究所直接关联的问题有二：一是检察机关调查核实证据的行为，是属于司法机关依职权取得证据还是属于原告意义上的收集证据；二是检察机关在向人民法院起诉前，所调查核实的有关证据是否可以适用《最高人民法院关于民事诉讼证据的若干规定》第八十九条关于“当事人认可”和“禁止反言”的规定。

关于第一个问题，学界尚存在争议。有学者认为，公益诉讼检察调查权的本质属于诉讼当事人证明权，同时是法律监督权得以实现的手段[①]；有学者认为，检察机关“因其法律监督权力本色”[②]，其调查权具备确认性和结论性，即具有司法确认的属性。在实务中往往回避对于上述性质的界定，而是从传统的民事诉讼检察监督与检察公益诉讼调查核实权的区别上加以考量，从目的、调查范围、运行时段的维度上对检察公益诉讼调查核实权的性质作出演绎性的表述。[③] 本文认为，检察公益诉讼属于司法权运行体系中的国家职能之一，其区别于公益组织提起的公益诉讼的重要特征就是公权力属性。在此基础上，检察机关为履行民事公益诉讼职责而进行的调查核实，其性质应明确界定为司法行为，其对于证据效力的认定，虽不具有裁判意义上的确认性，但具有诉讼意义上的确认性。

关于第二个问题，根据《最高人民法院关于民事诉讼证据的若干规定》第八十九条的规定：“当事人在诉讼过程中认可的证据，人民法院应当予以确认。但法律、司法解释另有规定的除外。当事人对认可的证据反悔的，参照《最高人民法院关于适用〈中华人民共和国民事诉讼法〉的解释》第二百二十九条的规定处理。”故其重点在于检察机关在调查核实中所取得的被告人陈述，是否符合民事诉讼的“直接言词”原则。所谓直接言词原则，是指法官对证据的审查必须具有“亲历性”，当事人及其他诉讼参与人对诉讼材料的提出和辩论，要在法官面前以口头形式进行，这样取得的材料才可以作为法院裁判的依据。[④] 直接言词原则要求，即使被告在庭审前作出了对自己不利的认可，或者证人在庭审前作出了对被告不利的陈述，也要在庭审中进行质证，方具证明力。通常，检察机关在起诉前可能会对被告进行调查核实，这样取得的笔录证据尤其是被告自认性质的笔录，是否可以视为在诉讼过程中被告陈述的于己不利的事实，从而在庭审中检察机关无须再行证明？本文认为，在对于检察公益诉讼调查核实性质进行明确界定的基础上，应当得出这样的结论：检察机关在办理民事公

---

① 参见陈宏：《公益诉讼检察调查权的权属特征研究》，《汕头大学学报》（人文社会科学版）2019年第1期。

② 樊华中：《检察公益诉讼的调查核实权研究——基于目的主义视角》，《中国政法大学学报》2019年第3期。

③ 参见天津市河西区人民检察院课题组：《检察公益诉讼调查核实权分析》，《中国检察官》2019年13期。

④ 参见最高人民法院民事审判第一庭编：《最高人民法院新民事诉讼证据规定理解与适用》（下），人民法院出版社2020年版，第781页。

益诉讼案件中，在提起诉讼前对被告进行调查核实所形成的笔录，其中被告自认的对其不利的内容属于法律规定的“当事人认可”，具有诉讼上的确认效力，当事人不得随意反言。

3. 实务操作

尽管如上所述，但在实务中不可避免地会出现上述类型的被告在庭审中对其先前陈述予以否认的情况。人民法院在面对此类情况时，应按照《最高人民法院关于民事诉讼证据的若干规定》第八十九条的规定，参照《最高人民法院关于适用〈中华人民共和国民事诉讼法〉的解释》第二百二十九条的规定处理，即对被告课以举证责任，认为理由成立的，再将该问题列入争议焦点进行审理。但是对于检察机关而言，自然不希望任由被告反言而导致庭审复杂化的可能性存在。这一方面是由司法责任制对检察办案人员的职责要求决定的——出庭参加诉讼既代表检察机关行使公权力，又对自己所办案件能否顺利结案提出了质量要求；另一方面也是由环境民事公益诉讼的专业性特点决定的——通过言词证据尤其是被告的自认来证明公益损害事实，其难度要小于通过专业化的鉴定来证明。解决这一问题的实务操作办法是充分利用庭前证据交换程序，尽可能将庭审焦点问题在庭前确定，检察机关对于争议的问题可以再行补充证据，避免调查笔录成为被告庭审反言的“曲径”。

二、检察机关办理环境民事公益诉讼的证明标准

检察机关在办理环境民事公益诉讼案件中，面临的首要问题是调查取证要在何种广度和深度上展开。例如，在Z市检察机关办理的对A公司向土壤中倾倒废酸污染环境提起民事公益诉讼案中，该公司及直接责任人员（公司副总经理）已经被追究刑事责任，分别以犯污染环境罪被判处相应刑罚。Z市检察机关在该民事公益诉讼案件立案后，拟对A公司、A公司直接责任人员以及参与运输和倾倒废酸的人员一并提起民事公益诉讼，要求承担连带责任。但就立案阶段的证据来看，仅有刑事诉讼中的相关证据，且刑事判决并未对参与运输和倾倒废酸的人员一并定罪量刑（原因在于部分人员另案处理，部分人员主观故意方面证据不足）；刑事判决书中列明了公诉方提交的关于参与运输和倾倒废酸的人员自认参与的证据，该判决书对此也未做出否定性评价，但对于其参与运输和倾倒的数量，相关

自认并不一致，且相关收款记录的数额也不能与最终鉴定倒入涉案土壤的废酸数量完全对应；同时，还有其他证言表明运输和倾倒的数量与鉴定倒入涉案土壤的废酸数量基本一致。Z市检察机关面临的问题是：如果要求参与运输和倾倒的人员承担民事上的连带责任，则需要证明其运输和倾倒的废酸是A公司产生的造成涉案污染的废酸，且数量须基本吻合。那么，Z市检察机关需要调查核实的证据，应达到何种证明标准？是否应当排除自认不一致以及收款数额不对应的合理怀疑？

1. 环境民事公益诉讼的基本证明标准

证明标准是指在诉讼中用以衡量或评判法官就个案中的待证事实是否获得内心确信的尺度或程度。[①] 环境民事公益诉讼既然属于民事诉讼，其证明标准问题自然就应当遵循民事诉讼的基本法则。《最高人民法院关于适用〈中华人民共和国民事诉讼法〉的解释》第一百零八条规定："对负有举证证明责任的当事人提供的证据，人民法院经审查并结合相关事实，确信待证事实的存在具有高度可能性的，应当认定该事实存在。"该条规定的"高度可能性"证明标准，学界有的观点认为这是民事公益诉讼乃至检察机关民事公益诉讼的证明标准。[②]

2. 检察机关环境民事公益诉讼证明标准的特殊性

诚然，对于普通的环境民事公益诉讼，如公益组织提起的诉讼而言，适用高度盖然性的证明标准无可厚非。但检察机关提起的环境民事公益诉讼存在一些特殊性：一是法律监督属性。检察机关的民事公益诉讼职能为民事诉讼法所确定后，检察机关本身的法律监督机关宪法定位并没有改变，民事公益诉讼是法律监督的具体体现之一。检察机关在办理环境民事公益诉讼案件的过程中，不仅是要通过诉讼手段维护国家和社会公共利益，还要确保国家法律的统一正确实施和国家生态环保大政方针的依法落实。对于人民法院判决、调解损害国家社会公共利益的，检察机关可依据《民事诉讼法》第二百零八条的规定进行监督。二是取证权的公权力属性。检察机关的调查核实不同于普通原告的证据收集，《人民检察院组织法》第二十一条规定，人民检察院进行调查核实有关单位应当予以配合，体现了检察机关在取证时的公权力属性，其力度和效果应较之普通证据收集具

① 参见毕玉谦：《证据制度的核心基础理论》，北京大学出版社2013年版，第196页。

② 参见天津市河西区人民检察院课题组：《检察公益诉讼调查核实权分析》，《中国检察官》2019年第13期。

备更高的层级。三是检察机关的公益代表性。检察机关取证的目标是证明被告侵害社会公共利益，而非侵害普通的民事权利，这对于被告而言，实际是被课以更重的责任，这种责任不仅在于经济上的弥补（甚至是惩罚性的赔偿），更在于道义上的谴责和负面评判。综上，我们不难得出一个结论，即应当对检察机关提起环境民事公益诉讼的证明标准提出高于普通民事原告的要求。与之相对应的举证责任方面，有的学者指出，检察机关作为民事公益诉讼主体，承担的举证责任基本达到了刑事案件中的“全面举证责任”。①

3.“基本事实排除合理怀疑”标准

本文认为，从立法趋向和司法实践的角度考察，对于检察机关在环境民事公益诉讼中的证明标准，既要高于普通民事原告“高度可能性”的标准，还要低于特殊民事诉讼乃至刑事诉讼“排除合理怀疑”的标准，而采用“基本事实排除合理怀疑”的标准，理由是：

（1）对于民事诉讼的证明标准，最新司法解释已经明确了最高标准的具体情形，不应突破。新修正的《最高人民法院关于民事诉讼证据的若干规定》第八十六条规定：“当事人对于欺诈、胁迫、恶意串通事实的证明，以及对于口头遗嘱或赠予事实的证明，人民法院确信该待证事实存在的可能性能够排除合理怀疑的，应当认定该事实存在。”《最高人民法院关于适用〈中华人民共和国民事诉讼法〉的解释》第一百零九条也作出了同样的规定。据此，只有对应上述条文规定的事实证明，才能采用“排除合理怀疑”证明标准的提高。人民检察院提起环境民事公益诉讼案件，显然不属于法定的“排除合理怀疑”证明标准情形。

（2）基于本文前述的检察机关提起环境民事公益诉讼的特殊性，检察机关在取证和诉讼方面实际具备天然优势。根据《侵权责任法》第六十五条、第六十六条的规定，环境污染责任适用无过错责任的归责原则，对于因果关系已然适用推定，在民事诉讼“等腰三角形”平衡架构下，如果只要求检察机关按照“高度可能性”的证明标准进行举证，无疑会对原被告诉讼平衡造成影响。更何况，对于被告的环境污染行为是否构成“损害社会公共利益”，仅凭“可能性”这一判定恐难以使人信服。

---

① 樊华中：《检察公益诉讼的调查核实权研究——基于目的主义视角》，《中国政法大学学报》2019年第3期。

(3) 采取“基本事实排除合理怀疑”的证明标准更符合司法实践的要求。《民事诉讼法》第二百条将“认定的基本事实缺乏证据证明”作为再审事由，可见基本事实在判定民事法律关系的性质时具有核心地位。《最高人民法院关于适用〈中华人民共和国民事诉讼法〉的解释》第三百三十五条规定，基本事实是指“用以确定当事人主体资格、案件性质、民事权利义务等对原判决、裁定的结果有实质性影响的事实”。适用之，在环境民事公益诉讼中，被告的主体资格、污染行为、损害后果、赔偿数额等，可以作为“基本事实”。对此，检察机关应当调查核实相关证据，做到排除合理怀疑；对于存疑不能排除的，检察机关不应作为事实予以审查认定，人民法院也不应予以确认。另外，从检察机关作为“公益诉讼起诉人”出庭的实际场景考察，如果对于以上事实不能举出周延而确切的证据，仅适用可能性的推断，出庭人员在应对被告何以侵害社会公益的质疑时，会存在较大的难度。

三、检察机关调查核实思路的偏差及其转变

在《最高人民法院关于民事诉讼证据的若干规定》修改之前，尽管民事诉讼法及其他法律、司法解释已经对证明标准、举证责任等作出了新的规定，但囿于传统民事诉讼思维的局限，司法实践中，检察机关办理民事公益诉讼案件，在进行调查核实时存在一些不尽完善之处，在当前立法语境下应当及时转变。

1. 对举证责任的认识存在争议

《侵权责任法》第六十六条规定，因污染环境发生的纠纷，对于因果关系实行举证责任的倒置。有的办案人员据此认为，检察机关的举证责任仅仅在于证明被告的污染行为及损害后果，从而在调查取证中对于因果关系的取证较为薄弱。对此，最高人民检察院制定的《检察机关民事公益诉讼办案指南（试行）》将因果关系的确定列入检察机关的“调查、审查的重点问题”中，即由检察机关承担举证责任，要求“一般可以通过委托鉴定的方式确定”。实际上，在检察机关办理的环境民事公益诉讼案件中，很大比例的案件存在单位产生并非法委托处置污染物、个人实施污染环境行为相结合的情况，实施污染环境行为的个人，往往形成有组织的专业团队，如长期以非法运输处理污染物为业等。在这种情况下，个人所收运的

同类污染物可能来自不同的单位，而检察机关在证明环境受到污染的同时，还必须证明污染环境的物质产生于被告单位，即确定因果关系。如果检察机关仅仅以“举证责任倒置”为由疏于对该因果关系进行调查取证，则容易导致对“基本事实”的证明疏漏，不符合“基本事实高度可能性”的证明标准。

2. 过度依赖刑事案件中的证据

不可否认的是，在检察机关办理环境民事公益诉讼开展之初，大量的案件线索来源于已有的刑事案件，尤其是已经判决生效的刑事案件。有的办案人员认为，生效刑事判决书所确认的事实可以直接作为民事诉讼的证据使用，其中最常被直接运用的当属刑事办案阶段对被告人的讯问笔录。随着《最高人民法院关于民事诉讼证据的若干规定》的修改，上述情况将给检察机关带来较大的诉讼风险。该规定第十条第一款第六项已将原来生效裁判所确认的事实修改为“基本事实”，即刑事判决书中没有作为基本事实确认的情节，将不能作为“免证事实”。而恰恰在污染环境类案件中，“污染环境罪”不要求将环境损害量化作为定罪量刑的依据，但民事损害赔偿却要求环境损害的量化程度明确。刑事判决书对于“量”的审查不是基本事实，自然不能在民事案件中免证。

3. 诉讼请求的“唯鉴定”倾向明显

在环境民事公益诉讼的诉求中，恢复原状和赔偿损失两类是达到环境损害修复目的的主要诉求。取得相关机构出具的鉴定意见，是检察机关起诉前最为关注的问题之一。这往往导致诉讼等待的情况，不利于环境损害修复的时效性实现。而新修改的《最高人民法院关于民事诉讼证据的若干规定》第三十条第二款规定，待证事实涉及民事公益诉讼的，属于“人民法院应当依职权委托鉴定”的情形。因此，检察机关对于情势紧急的环境损害案件，可以在针对损害程度和修复费用没有正式鉴定意见的情况下先行起诉，在审判阶段由人民法院依职权委托鉴定，从而实现维护公益的及时高效。

四、检察机关办理环境民事公益诉讼的调查策略

基于前述论证可以看到，在民事诉讼证据规则发生较大变化之际，检察机关办理环境民事公益诉讼的调查策略亦应随之及时调整。在符合民事

诉讼基本规律的同时，加紧形成体系化的调查思路与模式，使之与当前环境民事公益诉讼的办案体系相对应，以利于公共利益的保护。结合办案实践，本文拟提出“三步递进”调查法的思路模式。

1.“三步递进”调查法的内涵

一是检察机关在办理环境民事公益诉讼时，其调查取证的目标要符合办案的预期和方向；二是按照新民事诉讼证据规则关于检察机关证明标准和举证责任的要求，在不同的办案预期下，递进式地选取调查取证广度和深度；三是以“庭审实质化”为内在要求，根据现有证据的情况确定诉讼请求、划分被告责任。

2.“三步递进”调查法的首要之意

“三步递进”调查法的首要之意是明确办案预期。检察机关在办理环境民事公益诉讼案件时，预期可以采取的方式主要有四种：第一，督促环保部门启动环境损害赔偿程序；第二，支持公益组织提起环境民事公益诉讼；第三，提起刑事附带民事公益诉讼；第四，提起民事公益诉讼。

上述四种办案预期对应的取证广度和深度是不同的，检察机关在调查取证中，对于证据来源、证据转换、证明标准的掌握亦不相同，呈现逐级递进的情形。在每种办案预期对应的层级下，检察机关调查取证超出或者不及该种层级的要求，都可能对办案效果产生不利影响。

3.“三步递进”调查法的层级递进特征

首先，第一层级对应上述第一种办案预期。按照我国环境保护法的立法架构，政府部门也是损害赔偿诉讼的适格原告，其诉前还享有与赔偿义务人进行磋商的程序权利。按照一般观点，生态环境损害赔偿诉讼与环境民事公益诉讼分属于不同的诉讼类别，两者在顺位上可以并行。[①] 根据《最高人民法院关于审理生态环境损害赔偿案件的若干规定（试行）》的规定，相关政府部门具有与赔偿义务人进行诉前磋商的职责，因此，检察机关可以通过检察建议的方式督促其履职，并移交相关环境案件的线索。在此情形下，检察机关调查取证的目的是证明政府部门的该项职责以及环境损害的初步证据，其证明标准可以参照民事诉讼中的最低标准及“较大可能性”标准。

其次，第二层级对应上述第二种办案预期。最高人民检察院《检察机

① 参见汪劲：《环境法学》，北京大学出版社2018年版，第307～308页。

关民事公益诉讼案件办案指南（试行）》规定了检察机关可以对公益组织支持起诉。在实践中，公益组织之所以需要检察机关在诉讼上的支持，多因其取证能力所限，不能收集到足够的证据，甚至对于赔偿数额等也缺少证据予以支持。检察机关支持起诉主要的方式是运用其调查核实权协助公益组织进行取证，或者将已经取得的证据随同《支持起诉意见书》一起提交到受诉法院。在此情况下，检察机关调查取证的广度和深度应有所增加，但此时检察机关不但在公益诉讼的诉讼主体上处于“后补”地位，而且对于公益组织与被告的调解、环境公益修复款项的执行，都具有法律监督的职责，故其作用更多地体现在支持和监督，而非诉讼主体的角色。因此，检察机关的调查核实权行使应限于公益组织“应取而不能取”的证据范围内，不应越俎代庖；在监督方面，亦应遵循“事后监督”的原则，而非对诉讼程序的实时监督。同理，检察机关对于证据证明标准和证明力的判断，也要在上述原则的框架范围内，采取较为谦抑的评判态度，既要监督维护公益，又要尊重公益组织的诉权。

最后，第三层级对应上述第三、四种办案预期。虽然检察机关提起民事公益诉讼和提起刑事附带民事公益诉讼分属于不同的诉讼程序，但在公益损害修复的层面上，二者存在较大的共性，其诉讼请求、证明标准、举证责任等基本一致，并且检察机关都要履行诉前公告程序，实质上处于诉讼主体的“后补”地位。就办案预期来看，检察机关在这两种诉讼中都是以诉讼请求最终得到法院支持为目标，因此承担的“公益诉讼起诉人”职责更接近于“公诉人”的职责定位。在此基础上，检察机关的调查取证均应采取“最严标准”，即前述“基本事实排除合理怀疑”的证明标准和极其谨慎的举证责任。需要特别指出的是，检察机关在办理环境民事公益诉讼案件时，在第三层级上要重点解决证据转化、庭前证据交换和被告责任划分三大问题。

第一，需及时进行证据转化，将刑事案件中的证据按照基本事实关联和非基本事实关联进行分类，对于非刑事案件基本事实关联的证据尤其是言辞证据，要在民事公益诉讼的办案程序中重新进行调查核实，实现从刑事证据到民事证据的转化，避免在民事诉讼中单纯引用刑事判决书可能导致的证明力不稳定问题。第二，需充分发挥庭前证据交换对于证据效力的确认功能，尽可能减少庭审中的质证风险。根据新修改的《最高人民法院关于民事诉讼证据的若干规定》第五十七条、第六十条的规定，庭前证据交换的功能主要是确定争议的主要问题以及通过庭前质证确认证据的效力，从而将庭审过程集中到法庭辩论上来，以利于法官形成准确的内心判断，实现环境民事公益诉讼的“庭审实质化”。从这个角度讲，检察机关积极参与甚至主动要求庭前证据交换，是实现从法律监督角色到起诉人角色平衡和过渡的重要途径，也是防止检察机关在办理环境民事公益诉讼案件中局限于“调查中心”、忽视“审判中心”弊端的重要方式，其最终目的还是回归公益诉讼的本质，即通过司法的强制力和公信力保护生态环境和社会公益。第三，需准确划分被告的侵权责任。环境民事公益诉讼所针对的侵害行为往往不是单个被告实施，而是多个被告在不同环节上实施了各自的行为，共同导致环境受到损害。检察机关在确定诉讼请求时，要严格按照《民法总则》《侵权责任法》的相关规定，厘清被告单独责任、共同责任和连带责任，在此基础上计算每个被告应承担的赔偿数额。值得注意的是，《侵权责任法》第十三条规定，对于被告承担连带责任的情况，被侵权人有权请求部分或者全部连带责任人承担责任，但检察机关适用该条规定时需把握较为严格的标准。具体而言，在“基本事实排除合理怀疑”的证明标准要求下，检察机关不能在对连带责任的部分被告未查清基本事实的情况下，就因追求办案速度而轻易放弃对其起诉，转而只对基本事实查清的部分被告追究责任。这既是由检察机关法律监督权力的本色决定——确保法律得以对所有人统一正确实施，同时也是由连带责任的内部责任分担和追偿机制决定——在检察机关作为公权力主体都没有查清未列为被告的连带责任人侵权事实的情况下，要求承担赔偿责任的被告转向其他连带责任人追偿，则加重了该被告的举证负担，甚至会导致应当承担责任的人实际逃脱了追究和制裁。

检察机关办理环境民事公益诉讼案件，所采用的证明标准应为“基本事实排除合理怀疑”。在调查取证方面，应当根据不同的办案预期采取三个层级的“三步递进”调查模式，并相应地界定举证责任，对于检察机关提起诉讼的案件，应当遵循最严标准，使调查取证和审判都回归公益诉讼的本质。

环境侵权惩罚性赔偿法律适用问题探析

□梁勇　朱烨*

摘要：《民法典》在环境污染和生态破坏责任一章引入了惩罚性赔偿制度，标志着我国环境侵权惩罚性赔偿制度的正式确立。通过考察环境侵权惩罚性赔偿制度的立法演进，本文分析了法学界、实务界和立法机关在环境侵权领域引入惩罚性赔偿制度的考量因素。环境侵权惩罚性赔偿制度适用于环境公益和私益诉讼中人身、财产和生态环境受到损害的情形，其构成要件主要包括侵权人具有主观故意、实施了侵权行为、损害后果和侵权行为与损害后果之间存在因果关系四个要件。惩罚性赔偿金的确定可以以补偿性赔偿金为基数，将惩罚性赔偿金和补偿性赔偿金的比例控制在1以内。

关键词：环境侵权；惩罚性赔偿；构成要件

自《消费者权益保护法》起，我国先后在《侵权责任法》《食品安全法》等法律中引入惩罚性赔偿制度。《民法典》在环境污染和生态破坏责任部分引入惩罚性赔偿制度，标志着环境侵权惩罚性赔偿制度正式确立。但是，《民法典》对环境侵权惩罚性赔偿制度仅作了原则性规定，对于该制度的适用范围、构成要件、赔偿金数额的确定等均存在不明确之处，需要进一步予以明确和完善。

一、环境侵权惩罚性赔偿制度的立法演进

环境侵权惩罚性赔偿制度历经学界呼吁、司法探索和立法推进等阶段。其间，法学界、司法和立法机关在确立环境侵权惩罚性赔偿制度过程中，对是否引入惩罚性赔偿制度、环境侵权惩罚性赔偿的主观要件和构成要件等进行了大量探索。

---

* 梁勇、朱烨，山东省高级人民法院环境资源审判庭法官助理。

1. 学界呼吁阶段

自20世纪90年代起，法学界就环境侵权领域能否引入惩罚性赔偿制度掀起激烈争论，在《侵权责任法》的起草过程中的争论尤甚。立法机关考虑到我国严格区分公法、私法的传统，再加上惩罚性赔偿制度引入我国刚刚不久，法律适用效果还有待进一步论证，最终审议通过的《侵权责任法》未就环境侵权惩罚性赔偿制度作出规定，仅在产品责任方面规定了惩罚性赔偿内容。① 但是，法学界并未放弃努力，依然呼吁在环境侵权领域引入惩罚性赔偿制度。学者们多从惩罚性赔偿制度的性质和功能出发，论证该制度引入环境侵权领域的正当性和可行性。有学者认为，与国家公权力机关相比，私人执法具有及时、灵便的特点，无须烦琐的执法程序。赋予受害者私人执法，诸如请求惩罚性赔偿的权利，能够减轻国家公权力机关不能及时执法、怠于执法的不良影响。在环境保护国家公权力规制失灵的现实背景下，借助惩罚性赔偿制度动员私人积极参与环境资源保护工作具有现实合理性，笔者赞同该观点。关于惩罚性赔偿制度的功能，学界存在不同的认识。例如，有的认为惩罚性赔偿制度可以惩罚不法行为人，并威慑其他可能实施类似不法行为的人；有的认为惩罚性赔偿制度可以弥补补偿性赔偿制度的不足，实现完全补偿；有的认为惩罚性赔偿制度可以通过给不法行为人强加更重的经济负担达到遏制的效果，实现教育其他人的目的；有的认为惩罚性赔偿制度可以形成有效的利益激励机制，有效弥补行政执法的不足。尽管对于惩罚性赔偿制度的性质和功能存在不同的认识，但是可以看到，在环境侵权领域适用惩罚性赔偿制度确有十分重要的意义。但是，由于惩罚性赔偿制度是公法和私法二分体制下以私法机制执行由公法担当的惩罚与威慑功能的特殊惩罚制度，即使法律承认惩罚性赔偿具有补偿、制裁、遏制的功能，但也仅为刑事制裁和行政处罚的有力补充，不能过分夸大惩罚性赔偿制度的功能。目前，环境资源保护中的主要问题还是要充分发挥刑事制裁和行政规制的功能，同时积极创新法律制度，允许私人代替国家在环境资源保护中行使一定的惩罚权。

2. 司法探索阶段

2014年，最高人民法院设立环境资源审判庭，开启了环境侵权惩罚性

① 参见杨立新等：《生态环境侵权惩罚性赔偿责任之构建》，《河南财经政法大学学报》2019年第3期。

赔偿的司法探索之路，特别是在起草《关于审理环境民事公益诉讼案件适用法律若干问题的解释》时，曾经尝试在环境民事公益诉讼中规定惩罚性赔偿条款，由于缺乏上位法，该解释最终删除了惩罚性赔偿的规定。与此同时，司法实践中也出现了原告要求被告承担惩罚性赔偿诉讼请求的公益诉讼案件。在德州市中级人民法院审理的中华环保联合会诉 DZJH 集团 ZH 有限公司大气污染公益诉讼一案中，中华环保联合会诉讼请求之一即为“被告赔偿因拒不改正超标排放污染物行为造成的损失 780 万元”，法院经审理认为依据的法律规定是行政处罚而非民事责任，且现有法律就环境侵权诉讼并未规定惩罚性赔偿，该项诉讼请求法律依据不足，未予支持。虽然未得到法院的支持，但是开创了环境侵权案件要求惩罚性赔偿的先河。在中华环保联合会与 JSSC 有限公司、游某某等环境污染责任纠纷一案中，对中华环保联合会的惩罚性赔偿诉求亦囿于法律无明文规定，导致法院对该主张碍难理涉。但是，司法机关的探索仍然存在一些不足之处。首先，适用惩罚性赔偿的案件范围仅局限在环境民事公益诉讼中，而环境民事公益诉讼仅着眼于对生态环境本身的保护，对于环境侵权私益诉讼中的人身和财产损害是否适用惩罚性赔偿并未提及。其次，适用惩罚性赔偿的情形仅限定在“污染者有《环境保护法》第六十三条规定的行为之一，尚不构成犯罪，或者因污染环境、破坏生态行为被追究刑事责任”的情形。如此一来，大量污染环境和破坏生态造成严重损害后果的行为就被排除在外，难以对侵权人实施惩罚性制裁。

3. 立法推进阶段

这个阶段主要体现在《民法典》的起草、审议过程之中。2018 年 9 月，全国人大常委会公布的《民法典（征求意见稿）》第七章第一千零八条规定：“侵权人故意违反国家规定损害生态环境的，被侵权人有权请求相应的惩罚性赔偿。”对惩罚性赔偿的适用作了一定程度的限缩，将侵权人的主观心态限制在“故意”的范畴内；将以往惩罚性赔偿规定的结果要件从严重损害他人人身权利变异为损害生态环境，在私益诉讼中排除了惩罚性赔偿制度的适用。2019 年 12 月 28 日，全国人大常委会公布的《民法典（草案）》采纳了有关方面的修改意见，对环境侵权惩罚性赔偿的规定进行了修改，规定“侵权人故意违反国家规定污染环境、破坏生态造成严重后果的，被侵权人有权请求相应的惩罚性赔偿”。最终公布的《民法典》则规定：“侵权人故意违反法律规定污染环境、破坏生态造成严重后果的，被侵权人有权请求相应的惩罚性赔偿。”虽然在侵权人的主观心态方面仍然坚持在“故意”范畴之内，但在损害结果方面已经作出重大修改，由损害生态环境造成严重后果修改为造成严重后果，体现了立法机关在立法时注重考虑以人为本和环境保护之间的协调。同时，将“国家规定”修改为“法律规定”，限缩了惩罚性赔偿的适用范围，体现了立法机关对环境侵权惩罚性赔偿制度适用的审慎态度。

二、环境侵权惩罚性赔偿制度的适用范围

《民法典》审议通过后，环境侵权惩罚性赔偿制度的研究重点由法律移植的正当性和可行性等理论研究转入司法实践领域，如何进行法律适用成为研究的当务之急。环境侵权案件包含因污染环境、破坏生态行为导致人身、财产损害的环境侵权私益诉讼，以及因污染环境、破坏生态行为导致生态环境损害的环境民事公益诉讼和生态环境损害赔偿诉讼案件（含海洋自然资源与生态环境损害赔偿纠纷案件）等三种诉讼形态。三种诉讼的审理对象和调整对象不同，惩罚性赔偿可以适用于何种诉讼形态成为惩罚性赔偿制度构建的首要问题。

1. 适用范围之争

对于惩罚性赔偿制度的适用范围，学者持有不同的观点。有观点认为，惩罚性赔偿制度仅适用于环境私益诉讼中因污染环境、破坏生态所导致的人身、财产损害，而不适用于环境民事公益诉讼以及生态损害赔偿诉讼，有权提起惩罚性赔偿制度的主体仅为个体的受害人，即在环境侵权中受到人身财产损害的特定的民事主体。这是因为，环境侵权中的“被侵权人”的表述即表明受害人应为特定民事主体，而环境公益侵权中并没有特定的被侵权人。对于环境公共利益的保护虽然要借助于私法，但是更加倚重公法，生态损害赔偿应当以修复责任为中心，并非以赔偿责任为中心，且生态环境损害赔偿易与惩罚性行政罚款相混同。在针对生态环境损害提起的诉讼中，对于生态环境修复费用的确定，法官享有一定的自由裁量权，如虚拟成本治理法的运用本身就可体现一定的惩罚性。因此，惩罚性赔偿制度在环境公益侵权中并无适用空间。

持有相反观点的学者认为，惩罚性赔偿应仅适用于环境公益诉讼之中。惩罚性赔偿制度承担的系应由公法担当的惩罚以及威慑目的，环境私

益诉讼中的损害填平原则已经起到全面救济的效果。因此，在环境私益诉讼中主张惩罚性赔偿并无必要，同时将惩罚性赔偿仅适用于环境公益诉讼之中，也可避免借人身、财产损害谋取不当利益的现象的发生。

持有混合观点说的学者认为，惩罚性赔偿在环境私益侵权以及环境民事公益诉讼、生态损害赔偿诉讼中均可适用。笔者赞同混合观点一说，对于环境侵权造成的人身、财产和生态环境损害，受害者均可要求侵权者承担惩罚性赔偿责任。首先，从惩罚性赔偿性质来看，与传统的损害赔偿概念不同，惩罚性赔偿是“由公法担当的惩罚与威慑功能的特殊惩罚制度”①，是公法私法化的体现，其与环境公益诉讼和生态环境损害赔偿在性质、价值、功能上具有高度契合性。将惩罚性赔偿引入环境侵权领域，在行政规制缺位或者失灵、刑事处罚威慑力不足的情况下，惩罚性赔偿制度可通过对民事私人执法之补强，发挥其功能，对环境侵权行为进行威慑和惩罚，对潜在的危害行为进行遏制，从而实现对人身、财产权益及环境公共利益的维护。在环境侵权行为造成的损害结果日渐具有长期性、广泛性、持续性的特点的情况下，传统损害填平原则已经难以实现对损害的全部救济。纵观《民法典》的立法进程和立法宗旨，惩罚性赔偿条款作为环境侵权的一般性条款，其首先应当针对系生态环境损害而为。

2. 具体损害类型

(1) 人身损害

自然人享有生命权、身体权、健康权等权利。生命权、身体权、健康权等人身权利作为自然人的基本权利，应当置于所有权利的首位予以保护。对于造成受害者人身损害的环境侵权行为，法律应该让侵权者付出比普通侵权行为更为巨大的代价，方能体现侵权责任法所宣示的制裁功能。②从我国现行法律来看，《消费者权益保护法》《侵权责任法》中均有针对造成他人死亡或者健康严重损害的情形，有权请求相应的惩罚性赔偿的相应规定。推而广之，因污染环境和破坏生态造成受害者死亡或者健康严重损害的，也可以适用惩罚性赔偿制度。在司法实践中，环境侵权造成人身损害的案件亦属于环境侵权案件中的常见类型，该类侵权案件往往具有损害后果严重、诉讼周期长等特点。例如，山东法院审理的邵某某、杨某某等

---

① 朱广新：《惩罚性赔偿制度的演进与适用》，《中国社会科学》2014 年第 3 期。

② 《侵权责任法》第一条规定：“为保护民事主体的合法权益，明确侵权责任，预防并制裁侵权行为，促进社会和谐稳定，制定本法。”

与天津市某制造有限公司环境污染责任纠纷系列案中，邵某某、杨某某等购买了天津市某制造有限公司的环保家具，在使用的过程中，造成三原告身体多处不适，后被诊断为慢性甲醛中毒并引发多种疾病。截至2019年底，该系列案共引发5次诉讼，天津市某制造有限公司为此共承担了154.6万元的人身损害赔偿费用。因此，环境侵权行为造成受害者生命权、身体权、健康权受到损害的，侵权者在承担补偿性赔偿责任之外，还应当承担惩罚性赔偿责任，这符合我国关于惩罚性赔偿的立法宗旨、立法趋势和司法实践要求。

（2）财产损害

目前，我国还没有关于因侵权行为造成的财产损害可以请求惩罚性赔偿的相关法律规定，仅在《消费者权益保护法》《最高人民法院关于审理商品房买卖合同纠纷案件适用法律若干问题的解释》中有基于违约行为给予惩罚性赔偿的规定。但是，在环境侵权案件中，因污染环境和破坏生态行为造成受害者财产损失的情形屡见不鲜，绝大多数案件涉及农作物、树木、养殖物等财产损失。被侵权人多为农民等中低收入群体，家庭收入绝大部分来源于农作物、树木和养殖物等，环境侵权行为可能在一定程度上侵害了受害者的生存权。而在对此类案件的处理上，受民事责任中同质补偿原则的影响，对受害人的救济原则坚持是“补偿性”，强调对受害人损失的基本填补，而不使受害人因损害获利。但在司法实践中，受害者法律知识淡薄、证据保存意识不足，致使具体的损失数额无法准确计算，法官不得不根据案件具体情况予以酌定，往往出现最后判决的赔偿数额不能弥补受害者的实际损失的情况。在此类案件中，和解亦是一种常见的结案方式，受害者最后得到的赔偿数额往往更是难以弥补损失，最终导致损害填平甚至无法实现，更何谈震慑污染环境、破坏生态的行为。如若适用惩罚性赔偿制度，即使法官酌定赔偿数额或者双方达成和解，不谈惩罚性赔偿金对加害者是否形成了制裁和威慑，惩罚性赔偿制度则可实现对同质补偿原则之突破，从而实现受害者的充分救济。

（3）生态环境损害

生态环境的价值主要有经济价值和生态价值两个方面。经济价值主要表现为生态环境能够给人类带来的经济利益，如森林、矿产、石油等，均可以用货币形式来衡量其价值；生态价值是生态环境本身在整个生态系统中所起的功能和作用，如森林在整个生态系统中具有涵养水源、保持水土、调节气候的功能，无法用货币形式来衡量。长期以来，人们关注的焦点是生态环境的经济价值，对于生态价值关注甚少。各种破坏性资源开采、违法排放废气废水等污染环境的行为层出不穷，毫不顾忌生态环境的可持续发展问题，既损害了当代人利用生态环境的权利，又损害了子孙后代利用生态环境的权利。各国虽对生态环境的生态价值有所考虑，普遍采取立法保护、加大执法力度等严厉打击污染环境和破坏生态的行为，但是环境立法依然呈现出明显的人类中心主义倾向，更加注重生态环境的经济价值。但亦应看到，美国暴风王山案、日本日光太郎杉案、加拿大大鲸河案、智利延龄草项目案等经典案例，均是生态环境保护案件中司法能动性积极发挥作用的生动展现。① 我国法院自2015年起开始受理社会组织提起的环境民事公益诉讼和政府提起的生态环境损害赔偿诉讼，审理了大量的环境侵权案件，有力地保护了生态环境。② 不可否认的是，在现阶段，我国刑事制裁和行政规制手段仍然是制止环境违法犯罪行为的最有效手段。但是，在刑事制裁和行政规制领域屡屡出现"违法成本低、守法成本高"现象的情况下，在民事诉讼领域引入惩罚性赔偿制度不失为一种有益的探索。

3. 适用的顺位厘定

如前所述，环境侵权行为可导致人身、财产、生态环境损害。而同一环境侵权行为，可能同时造成对环境私益中的人身、财产权利及环境公益中的生态环境利益的侵害。因此，在损害对象不同的情况下，有必要厘清惩罚性赔偿责任的适用顺序。对于因同一环境侵权行为，无论在环境民事公益诉讼或生态环境损害赔偿诉讼中是否要求惩罚性赔偿，受害者针对其所遭受的人身、财产损害均可以主张惩罚性赔偿，且无论因人身、财产损害提起环境侵权私益诉讼的原告的多少，即环境私益侵权诉讼中惩罚性赔偿责任的主张与环境民事公益诉讼或生态环境损害中的惩罚性责任并行不

---

① ［美］奥利弗·A. 霍克：《夺回伊甸园："改变世界的八大环境法案件"》，尤明青译，北京大学出版社2017年版。

② 长期以来，我国民事诉讼法坚持原告提起诉讼必须与案件具有利害关系。如此，侵权责任法只保护公民的人身健康和财产损失。对于生态环境本身的损失，因无权利人或者利害关系人，无法通过民事诉讼法给予保护。但是，自从2015年以来，民事诉讼法在环境侵权领域放宽了原告主体资格，引入了环境民事公益诉讼，对生态环境本身的损害也可以通过民事诉讼法予以保护。如最高人民法院《关于审理环境民事公益诉讼案件适用法律若干问题的解释》规定，因污染环境和破坏生态行为造成生态环境损害的，法律规定的机关和社会组织可以向人民法院提起环境民事公益诉讼，要求污染者修复生态环境、承担修复费用，或者赔偿生态环境受到损害至恢复原状期间服务功能损失。

悖。然而，在环境民事公益诉讼和生态环境损害赔偿诉讼中，不能同时对生态环境损害要求惩罚性赔偿。之所以这样安排，原因在于三种类型的诉讼所保护的人身、财产和生态环境损害性质不同，受害者亦不同，各自要求惩罚性赔偿不违背“一事不再罚”的原则，既保护了各受害者的合法权益，又制裁了加害者的违法行为，同时也警示了社会其他主体。但是，环境民事公益诉讼和生态环境损害赔偿诉讼的保护对象均是环境公共利益，因此，同一环境侵权行为造成生态环境损失后，法律规定的机关、社会组织和设区市以上政府及其指定的部门可分别提起环境民事公益诉讼和生态环境损害赔偿诉讼。如果允许同时要求惩罚性赔偿，则有重复赔偿之嫌，加大侵权者的赔偿责任，有违一事不再罚的法理。因此，因同一环境侵权行为造成的生态环境损害分别提起环境民事公益诉讼和生态环境损害赔偿诉讼的，针对惩罚性赔偿责任的承担，仅在生态环境损害赔偿诉讼案件中予以支持，生态环境损害赔偿诉讼中未要求惩罚性赔偿的，环境民事公益诉讼中可以主张。该做法也符合最高人民法院《关于审理生态环境损害赔偿案件的若干规定（试行）》的相关规定。①

三、环境侵权惩罚性赔偿的构成要件

惩罚性赔偿的构成要件是侵权者承担惩罚性赔偿责任的必备条件。对于惩罚性赔偿的构成要件，根据《民法典》，结合其他法律中关于惩罚性赔偿的规定来看，环境侵权惩罚性赔偿的构成要件：一是侵权人主观具有故意；二是违反法律规定实施了污染环境和破坏生态的行为；三是造成严重损害结果；四是侵权人实施的污染环境、破坏生态行为和被侵权人的损害结果之间具有因果关系。

1. 侵权人具有主观上的故意

侵权人实施污染环境和破坏生态行为时，其主观心理状态一般包括故意、重大过失、一般过失等类型。目前，多数国家将“故意”实施侵权行为的案件纳入惩罚性赔偿的适用范围。因为“在被告故意侵权行为场合，被告既无合法原因而意图伤害他人，或仗势欺人使他人受其凌辱，无论大

---

① 该规定第十七条：“人民法院受理因同一损害生态环境行为提起的生态环境损害赔偿诉讼案件和民事公益诉讼案件，应先中止民事公益诉讼案件的审理，待生态环境损害赔偿诉讼案件审理完毕后，就民事公益诉讼案件未被涵盖的诉讼请求依法作出裁判。”

陆法系国家的刑法还是民法都认为这种故意侵害他人权益的行为是严重违背法律价值的行为，因此应予以惩罚并加以遏制”[①]。笔者对此也予以认可。惩罚性赔偿制度作为一项非常手段，应严格限制在逾越道德的认可范围、社会无法忍受之“故意”实施侵权行为之上。因此，被侵权人因侵权者实施的污染环境和破坏生态行为要求惩罚性赔偿的，也应严格限制在“故意”实施的范畴。在环境侵权案件中，故意可分为直接故意和间接故意，即侵权者明知侵权行为会污染环境、破坏生态，并具有造成受害者人身损害、财产损害或者生态环境损害的可能，而仍然实施的或放任损害后果发生的。环境侵权行为的主观故意多为间接故意形态。“故意”作为一种主观形态，需结合侵权人的行为作出判断，如“多次非法排污并收到行政机关处罚、侵权人将未经处理的废水废气废渣直接排放或者倾倒、侵权人关闭环境在线检测系统或故意干扰监测系统、侵权人正常排污设施外留有偷排孔等”[②]，这些行为的出现，都可以证明侵权人具有主观故意，故意导致或放任损害后果的发生。在司法实践中，对于故意的认定，亦应将污染环境、破坏生态行为的发生次数和持续时间、侵权人是否具有相应专业知识以及刑事裁判的认定结果等作为重要参考因素。《民法典》规定的惩罚性赔偿制度将“重大过失”排除在主观心理状态之外，有观点认为过失系常见行为，无运用惩罚性赔偿制度进行遏制之必要。但是笔者认为，在环境侵权惩罚性赔偿制度设立之初，为将该制度予以严格准确适用，对范围进行限制存在一定的必要，但是未来“重大过失”亦应作为惩罚性赔偿制度的主观要件之一。“虽然重大过失仍然属于过失，但是其表明了对他人的生命和财产毫不顾及、对他人权利极不尊重的状态，这种对其负有的法定义务处于漠视的心理状态，与故意极为相似。”[③] 因而，重大过失具有作为惩罚性赔偿主观要件的条件。

另外，需要重点说明的是，合法排污行为应当排除在惩罚性赔偿的适用范围之外。环境侵权补偿性赔偿案件实行无过错责任，即使侵权者没有侵权的故意，但是根据《侵权责任法》的规定，其仍应承担补偿性的损害赔偿责任。但是，如果法律强行要求不具有侵权故意的侵权者也要承担惩

---

① 阳庚德：《普通法国家惩罚性赔偿制度研究——以英、美、澳、加四国为对象》，《环球法律评论》2013 年第 4 期。

② 黄薇主编：《中华人民共和国民法典释义》，法律出版社 2020 年版，第 2396 页。

③ 张晓梅：《中国惩罚性赔偿制度的反思与重构》，上海交通大学出版社 2015 年版，第 115 页。

罚性赔偿责任，实践中就会出现守法与不守法成本相同甚至超出不守法成本的局面。例如，守法者在赔偿责任之外，还要承担污水的处理费用和排污税费等。而不守法者仅仅承担赔偿责任，将内部成本外部化，将其治理污染的成本转由社会承担，最终导致环境污染行为和生态破坏行为的肆意发生。因此，对于合法排污等不具有故意形态的环境污染和生态破坏行为，应当排除惩罚性赔偿的适用。

2. 违反法律规定实施了污染环境和破坏生态的行为

环境侵权惩罚性赔偿制度要求侵权行为必须系违反法律规定的行为，即所实施的侵权行为必须具有违法性，这是对一般环境侵权行为要件的突破。这里的法律应限定为环境与资源保护法律、行政法规和规章中的强制性规定。行为的违法性亦是将合法排污行为排除在惩罚性赔偿制度适用范围之外的重要考量因素。

惩罚性赔偿制度的适用要求侵权人实施的系污染环境、破坏生态的行为。在环境侵权领域，污染环境一般是侵权者向水、大气、土壤等自然界添加污染物的行为，诸如水污染、大气污染和土壤污染以及光、噪声污染等。破坏生态则是因过度向自然界索取自然资源或者因其他方式造成自然资源损害，如破坏性开采自然资源、失火造成山林损毁等。《环境保护法》第六十三条规定的四种行为，即为典型的违反法律规定污染环境、破坏生态的行为。实践中应注意侵权行为可分为积极的作为行为与消极的不作为行为，消极不作为行为亦可导致严重损害后果的发生，同样具有违法性和高度可责难性。

3. 造成严重损害结果

传统侵权法领域长期坚持损害填平和补偿原则，“无损害则无补偿”。惩罚性赔偿作为侵权责任的一种，应当遵循侵权法领域“无损害则无补偿”“无损害则无惩罚性赔偿”的原则。环境侵权案件中的损害结果主要涉及人身损害、财产损害和生态环境损害。其中，人身损害是指因环境侵权行为致使人们身体健康受损或死亡；财产损害是指因环境侵权行为给受害者的财产造成的损失，包括直接损失和间接损失；生态环境损害是因环境侵权造成的生态环境本身的损失，根据中共中央办公厅、国务院办公厅发布的《生态环境损害赔偿制度改革方案》，这具体是指“因污染环境、破坏生态造成大气、地表水、地下水、土壤、森林等环境要素和植物、动物、微生物等生物要素的不利改变以及上述要素构成的生态系统功能退化”。但是，并非任何造成人身、财产和生态环境损害的都可以要求惩罚性赔偿，只有造成“严重后果”的侵权行为才可以要求惩罚性赔偿。

第一，就人身损害来讲，参照《消费者权益保护法》中“消费者或者其他受害人死亡或者健康严重损害的……有权要求所受损失二倍以下的惩罚性赔偿”的规定，环境侵权造成受害者死亡、残疾或者需要终身治疗的，被侵权人或者其亲属可以要求惩罚性赔偿。

第二，就财产损害来讲，环境侵权中的财产损害一般涉及动植物或者相关产品的损毁、灭失等。参照最高人民法院、最高人民检察院《关于办理环境污染刑事案件适用法律若干问题的解释》规定，结合我国经济发展水平，可以将造成公私财产损失 10 万元以上的情形列为“后果严重”的情形。若因同一污染行为造成单个受害者所受财产损失不超过 10 万元，但多个受害者财产损失总和达到 10 万元的，也可以视为“后果严重”的情形。

第三，就生态环境损害来讲，根据《环境保护法》规定的“环境”，因环境侵权行为造成的“大气、水、海洋、土地、矿藏、森林、草原、湿地、野生生物、自然遗迹、人文遗迹”等环境要素和生物要素的不利改变以及上述要素构成的生态系统功能退化，可以视为造成了“严重后果”，受害者可以要求惩罚性赔偿。这是因为，生态环境一旦受到损害，即使采取先进的治理措施成功予以修复，但是在相当长的一个时期内受损的生态环境是不可能恢复原来的生态功能的。

4. *污染环境、破坏生态行为和损害结果之间具有因果关系*

当面对“某人是否由于已经发生的危害而要受到责难或者惩罚，或者对他人进行赔偿”时，法官“必须确定能否将这样的危害归因于被告的行为，认为这一行为的结果，或者能否恰当地说是他造成了这一结果”①。此为侵权行为和损害结果之间是否具有因果关系的问题。具体到环境侵权领域，因环境侵权造成的损害一般具有长期性、潜伏性、持续性和广泛性的特点，损害的形成过程具有复杂性和隐蔽性的特点，加之环境侵权中一因多果、多因一果或者多因多果的现象也经常出现，因果关系确定之难可能更为明显。关于因果关系的确定，目前形成了优势证据说、事实推定说、

---

① ［美］H. L. A. 哈特、托尼·奥诺尔：《法律中的因果关系》，张绍谦、孙战国译，中国政法大学出版社 2005 年版。

盖然性说、疫学因果说、间接反证说等多种学说。相对于理论界争议之大，司法实践中对因果关系的处理并没有想象中的那么复杂，多数情形下反而不是案件审理的重点问题。《侵权责任法》将环境侵权因果关系的举证责任分配给了侵权者，侵权者需要就侵权行为和损害结果之间不存在因果关系进行举证。相较于因果关系证成来讲，证否近乎是不可能完成的任务，因为“因果关系的实践证明存在着普遍性困难，导致证明责任无论分配给哪方当事人，都是一种根本性的败诉风险”①。侵权者如果不能证明因果关系不存在，那么法官就推定因果关系成立。另外，对于因果关系的确定，法官更多的还是依赖专业鉴定机构的鉴定结论。当然，从维护弱势受害者的角度来讲，《侵权责任法》的此种做法无可厚非，这也是理论界和实务界共同呼吁的结果。但是，鉴于惩罚性赔偿制度兼具公法上的制裁功能，对侵害者的权益影响较大，法官不能仅仅满足于侵权人无法证明因果关系不存在则推定因果关系存在的做法，而是在案件审理中注重发挥司法能动性，强化因果关系的认证和推理，全面分析原告提供的证据是否必然导致损害结果的发生。

四、环境侵权惩罚性赔偿金数额的确定和分配

1. 惩罚性赔偿金数额的确定

英美等普通法系国家一般将不法行为的严重性、被告获取不法利益的可能性、原告遭受的实际损害、被告的财产状况、被告是否受到刑罚、原告因惩罚性赔偿获得“意外之财”的程度等作为惩罚性赔偿金数额确定的考量因素。在司法实践中，可借鉴上述司法经验，在确定惩罚性赔偿金数额时，结合被告情况、侵权行为的性质和损害程度等因素来进行。惩罚性赔偿金数额应由赔偿基数与乘数倍率计算得来。环境侵权惩罚性赔偿金基数确定可分为以下情形：第一，涉及人身损害的。环境侵权造成受害人死亡、残疾或者需要终身治疗的，惩罚性赔偿基数可以是死亡赔偿金、残疾赔偿金和治疗费用。第二，涉及财产损害的情形。环境侵权造成的直接财产损失可以要求惩罚性赔偿，间接财产损失不可以计算在内。第三，涉及生态环境损害的情形。生态环境损害赔偿范围包括清除污染费用、生态环

① 胡学军：《环境侵权中的因果关系及其证明问题评析》，《中国法学》2013年第5期。

境修复费用、生态环境修复期间服务功能的损失、生态环境功能永久性损害造成的损失以及生态环境损害赔偿调查和鉴定评估等合理费用。对于生态环境损害要求惩罚性赔偿的，因清除污染费用、生态环境修复费用、生态环境损害赔偿调查和鉴定评估属于恢复原状或范畴，故惩罚性赔偿金的基数应当是生态环境修复期间服务功能的损失和生态环境功能永久性损害造成的损失。

另外，惩罚性赔偿金数额的确定应注意协调环境保护和经济发展之间的关系，避免过高的惩罚性赔偿金额给企业带来过重经济负担从而影响其正常生产经营，抑或是由于惩罚性赔偿金过低，导致惩罚性赔偿制度的惩戒及威慑等功能形同虚设。同时，环境侵权惩罚性赔偿制度和环境违法行为的刑事制裁、行政规制等亦须保持协调，若设定较高的倍数，则不利于发挥刑事制裁和行政规制的作用。因此，环境侵权案件中要限制过高的惩罚性赔偿金，补偿性赔偿金与惩罚性赔偿金之间要保持合理的比例。建议将惩罚性赔偿金和补偿性赔偿金的比例控制在 1 以内，具体乘数倍率是多少，则由法官根据不法行为的严重性、被告获取不法利益的可能性、原告遭受的实际损害、被告的财产状况、被告是否受到刑罚、原告因惩罚性赔偿获得“意外之财”的程度等考量因素，在 0～1 的范围内自由裁量。需要注意的是，为制裁严重恶意实施环境污染和生态破坏的行为，以及保护受害者的身体，对严重恶意实施侵权行为和人身需要终身治疗的情形，可以超出该比例的限制。同时，补偿性赔偿中的减轻责任和免除责任情形也应当适用于惩罚性赔偿。侵权者受到行政罚款、刑事罚金的，在惩罚性赔偿金中可以考虑予以扣除。

2. 惩罚性赔偿金的分配

环境侵权案件中受害者及其近亲属或者法律规定的其他主体，有权请求惩罚性赔偿。具体来说，环境侵权造成的人身损害、财产损害，受害者或者近亲属可以要求惩罚性赔偿，并获得惩罚性赔偿金。环境侵权造成的生态环境损害，设区市以上的政府及其指定的部门在生态环境损害赔偿诉讼中，可以代替社会公众要求惩罚性赔偿，生态环境损害赔偿诉讼之外的情形，检察机关和社会组织可以在环境民事公益诉讼中要求惩罚性赔偿。无论是环境民事公益诉讼，还是生态环境损害赔偿诉讼，惩罚性赔偿金均归属于社会大众，由侵权者支付至各地设立的生态环境损害赔偿资金账户，用于治理生态环境。

环境资源保护机制的困境与出路
——以山东省东平县法院6年刑事案件为例

□张继明*

摘要： 环境资源保护工作综合性强、复杂度高，涉及众多因素，需要多个部门动员全社会力量的持续参与。环境资源重点保护区域的环境资源刑事案件，通常具有数量较多、占比较大，特定案件类型在特定时间段集中度高，惩治、打击手段力度较弱的特点。究其原因，一方面是受到自然环境和区位因素的制约。生态涵养区的地形地貌往往较为复杂、资源类型众多、经济欠发达，当地民众的环境资源保护整体意识常常处于较低水平。另一方面则与法律和政策密切相关。随着环境资源重点保护顶层政策的推动，环境资源补偿与修复机制及其他新举措的渐次推行，上述问题得到了一定程度的缓解。对于环境资源保护来说，综合施策才是长远之计，具体措施包括变运动式执法为常态化协同打击，提高配套制度及运行机制的权威性，建立专项基金保障办案经费，给予充分的生态补偿与激励，等等。

关键词： 环境资源保护；常态化执法；补偿修复机制

2016年，被告人薛某、刘某等四人出资购买罐装吸粪车运输HY化工公司产生的废液。在未经处理的情况下，将5车废液直接排放到自然环境中。案发后，被告人仅赔偿了被污染土地使用权人的损失。限于主体方面的法律规定障碍，该案在山东省东平县法院审理过程中，没有组织或机关对环境损害提起附带民事公益诉讼；同样，因为当时的法规可操作性方面的因素，在行政执法、刑事侦查与审判阶段，所扣押作案车辆中的废液未得到处理，按没收作案工具移交执行后，长期难以处置。在废液随时可能泄漏之时，执行案件承办人与该院分管院长多次找到相关部门协调，经环

---

* 张继明，山东省东平县人民法院审判委员会专职委员，山东省法院审判业务专家。

保部门一把手亲自安排，才得以无害化处理。此时，案件已经判决近两年半，处置费用未能纳入犯罪后果中予以考量，未造成新的污染已经是办案人员所能追求到的最佳效果。此类案件处理的困难绝非仅出现在一时一地。环境资源保护是一个十分复杂的综合性问题，涉及众多因素，需要多个部门甚至动员全社会力量参与。笔者拟以山东省东平县法院6年环境资源刑事案件审理情况为例，剖析我国当前环境资源保护法律制度及其实际运行中的得失并提出对策，以期对制度完善及其实际运行有所裨益。

一、环境资源刑案之特点

山东省东平县法院的环境资源类刑事案件，具有生态涵养区刑事发案的普遍特征。

其一，案件数量较多、所占比例较大。生态涵养区环境资源保护任务的艰巨性，从2014年1月至2020年9月的东平县法院环境资源类刑事案件情况表中可见一斑（见表1）。

表1　东平县法院环境资源类刑事案件情况（单位：件）

刑事案由	旧存数	收案数	结案数	存案数
非法捕捞水产品罪	—	38	36	2
滥伐林木罪	—	29	29	—
非法采矿罪	1	30	27	3
非法占用农用地罪	—	13	14	—
污染环境罪	—	9	9	—
盗伐林木罪	—	6	6	—
非法狩猎罪	—	3	3	—
重大环境污染事故罪	—	3	3	—
非法转让、倒卖土地使用权罪	—	3	3	—
非法收购、运输珍贵、濒危野生动物和珍贵、濒危野生动物制品罪	—	2	2	—
合计	1	136	132	5

环境资源类刑事案件本来不属于常见犯罪，东平县法院却因为其辖区为生态涵养区，该类案件数量较多、所占比例较大。同一时期，东平县法院刑事案件仅占整个泰安辖区8家法院刑事案件总数的10.52%，而环境

资源类案件却占泰安辖区法院同类案件总数的30.77%。就辖区内案件比例来看，环境资源类案件占该法院刑事案件总数的5.18%，而泰安市、山东省及全国的环境资源类案件同一口径数据分别是1.77%、0.92%和1.77%。

其二，特定案件类型在特定时间段内集中度高。环境资源刑事案件的发案常常是集中打击的结果。例如，东平县法院污染环境罪刑事立案集中出现在2014～2015年，侦查机关的立案时间则更为集中，具体情况如表2所示。

表2　2014～2015年东平县法院污染环境罪刑事立案情况

案号	移送侦查时间	提起公诉时间	被告人籍贯及人数	作案时间	作案地点
(2014)东刑初字第131号	2013年8月12日	2014年5月20日	河南省台前县/3 山东省邹平县/2	2011年6月至2013年8月	银山镇沈屯村
(2014)东刑初字第137号	2013年8月12日	2014年5月27日	山东省东平县/3	2012年8月至2013年8月	银山镇南刘村
(2014)东刑初字第138号	2013年8月12日	2014年5月27日	山东省东平县/3 山东省章丘市/1	2012年8月至2013年8月	银山镇北刘村
(2014)东刑初字第261号	2014年3月7日	2014年11月7日	河南省台前县/1 山东省邹平县/2	2012年9月至2014年3月	银山镇簸箕王
(2015)东刑初字第93号	2013年8月12日	2015年3月18日	山东省东平县/5	2012年2月至2013年8月	银山镇簸箕王
(2015)东刑初字第114号	2013年8月7日	2015年5月6日	山东省东平县/2	2012年9月至2013年7月	大羊镇冯大羊
(2015)东刑初字第274号	2013年8月12日	2015年9月30日	山东省阳谷县/3	2011年11月至2013年8月	银山镇簸箕王

这是一批被告人私自建设小炼油厂，以废旧轮胎为原料炼制毛油的案件。此类犯罪由外来人员提供“技术”而引发，犯罪地点集中在远离县城、与邻省交界处的黄河滩区。因该违法犯罪形成规模难以扼制之势，行政执法机关进行了集中整治，并将其作为刑事案件移送至公安机关。非法捕捞水产品案件最早出现在2015年，2016年至2020年9月，每年分别为4件、15件、8件、3件和7件。与上述两类犯罪情形类似，非法采矿案在2017年之前只有零星收案，集中出现在2018年以后，到2020年，各年份案件数量分别为5件、17件和4件。

其三，惩治、打击手段力度由弱渐强。这一特点体现在行政执法及侦诉审各个环节，在收缴作案工具、没收违法所得、承担环境修复费用和固定获利证据等方面均有所表现。在刑罚方面，早期判处缓刑、管制、单处罚金的比较普遍。例如，在非法捕捞水产品、非法狩猎犯罪案件中，办案人员往往认为被告人在野外捕捉壁虎、斑鸠、湖鱼之类的普通动物，算不上什么大事，很多人都这样干过，对查获的这一两个不宜惩罚太重；对价值远远超出违法所得的作案工具，在收集证据结束之后，违法犯罪行为人请求返还时就返还了；甚至为了让犯罪嫌疑人配合取证，以保证惩罚不重对其予以误导。就各地执法司法反映的情况看，办案人员往往认为上述现象是本地的特殊情况，但综合各地反映就可看出其普遍性。随着办案经验的积累和环保意识的增强，上述问题正逐步得到解决。这反映在刑罚方面，就是从前期的以管制、单处罚金为主转变为以有期徒刑缓刑为主，部分被告人适用了实刑。例如，东平县法院在 2014 年、2015 年审理的污染环境犯罪案件中，私建小炼油厂造成了实际污染的，对个人判处了缓刑；2017 年审理的污水处理厂干扰自动监测设施，放任不符合排放标准的污水向稻屯洼水质净化工程排放的，对单位判处了较高的罚金，直接负责的主管人员和其他直接责任人员均被判处了有期徒刑实刑。

二、环资刑事发案之成因

1. 自然环境和区位因素

一是处于环境资源重点保护区的东平县多丘陵，境内的东平湖是南水北调东线工程梯级提水制高点、黄河下游唯一的蓄滞洪区，山、河、林、湖与湿地齐备，动植物资源较为丰富，且多有经济价值。加之困难年代形成的捕获野生水产品、野生动物为食的传统，以及当前尝鲜野味的不良时尚，公众对该类违法犯罪行为的认知程度较差，甚至在河湖沿岸及丘陵的林间一度兴建了大量农家乐、酒店，以河湖、山林产品招徕顾客。公众相关法律意识较低成为相关违法犯罪多发的重要原因。二是东平县位于山东与河南两省，泰安、济南、聊城、濮阳、菏泽、济宁六市交界之处，地理位置特殊，不法行为人易于逃窜至其他辖区逃避打击，管理流动人口、打击违法犯罪存有天然的劣势，不法行为人易于选择东平县偏远乡镇的农村作为窝点从事违法犯罪活动。

2. 法律与政策因素

我国实体与程序立法的滞后致使环境资源刑事案件附带民事公益诉讼起步较晚。环境民事公益诉讼的基本内容源于民事立法。首先，从民事实体法的立法过程看，2009年《侵权责任法》起草过程中，三次审议稿和四次审议稿曾有确立污染生态环境责任之意，但颁布时并未对此做出规定；直至2020年《民法典》侵权责任编第七章从章名上就明确了“环境污染和生态破坏责任”，才增加了生态环境修复责任及费用负担的规定。[①] 其次，从程序法的立法过程看，2012年《民事诉讼法》首次规定“法律规定的机关和有关组织可以向人民法院提起环境公益诉讼”，但起诉主体没有配套的法律规定。2014年，首次在《环境保护法》中明确了环境公益诉讼的主体条件，但在实践中，符合条件的社会组织至今仍然稀缺。2014年《最高人民法院关于审理环境民事公益诉讼案件适用法律若干问题的解释》对《环境保护法》规定的起诉主体条件进行了初步规定。2017年，《民事诉讼法》首次规定人民检察院有权提起环境公益诉讼，同时又确立了法律规定的机关和有关组织不存在或不提起诉讼的限制条件。2018年，两高《关于检察公益诉讼案件适用法律若干问题的解释》明确了检察机关提起民事公益诉讼前的公告程序、提起行政公益诉讼前的检察建议督促办法，查证有权起诉主体不存在的障碍才得以化解。立法层面的进展缓慢、有权起诉的社会组织缺乏以及检察机关起诉程序的烦琐，制约了环境公益诉讼的进程，修复费用与环境损害的认定、涉案物品无害化处理则影响了实体上的处理结果。例如，东平县法院就是自2019年开始，受理了同时提起附带民事公益诉讼的非法捕捞水产品案两件、非法采矿案1件、非法占用农用地案1件，民事部分均达成了调解协议，被告人自愿承担修复义务或支付了修复和评估费用，实现了保护环境利益的目的。[②] 此外，东平县法院与其他试点法院一样，在环境资源审判改革过程中采取了一些宏观的整体性措施，制订了《环境资源审判内部联席会议制度》，联合本地人民检察院、公安局以及黄河河务局、生态环境局等行政机关出台了《关于建立黄河流域执法与司法联动机制联席会议制度的意见》《关于建立环境资源保护多元治理机制的意见》。这些举措的推行，实现了法院内部不同部门

① 参见张新宝：《侵权责任编：在承继中完善和创新》，《中国法学》2020年第4期。

② 参见侯传蒙、孔德鑫、张文慧：《非法占用农用地 获刑＋修复土地》，《山东法制报》2020年8月14日。

之间、执法与司法之间的协作，使案件办理、公益诉讼及环境修复工作得以顺利运转。综上所述，环境资源保护制度的实际运行与当时面临的社会形势、高层强力推行的政策措施息息相关，法律制度的可操作性也是至关重要的因素。

3. 治理体系与治理能力因素

一是在治理体系方面，环保法在操作层面先天不足。2012 年 8 月 27 日，第十一届全国人民代表大会常务委员会第二十八次会议第一次审议环保法修正案时，全国人大环境与资源保护委员会主任委员汪光焘在环保法修正草案说明中提出："在本次条文修改中，有的部门提出增加行政管理体制和职责方面的要求，有的提出排污许可制度、环境污染责任保险、环境功能区划等意见。对这些意见，现行环境保护法未涉及，并且国务院相关业务主管部门之间意见分歧较大，建议进一步研究和实践，通过适时修改有关法律或者建立和完善行政法规来解决，因此，本次修改未采纳这些意见。"[①] 如果说环保目标的制定还需要全面考量经济社会发展的话，环保立法的运行机制只涉及执法司法实践，必须本着当细则细的原则，以娴熟的立法技术，设定兼具科学性与可操作性的程序，这是避免部门利益影响全国大局、背离立法目的的根本途径。

二是治理能力手段及执法保障欠缺，往往依靠运动式执法化解环境资源保护的沉疴痼疾。前述小炼油厂案件的集中爆发，与之相对应，从国家层面上看，2011 年，环保法的修改被列入当年全国人大常委会立法工作计划。由全国人大环资委提出一审稿后历经四次审议。全国人大常委会于 2012 年 8 月和 2013 年 6 月对环保法修正草案进行了两次审议，2013 年 10 月和 2014 年 4 月对环保法修订草案进行了两次审议。[②] 2014 年 4 月 24 日新修订的《中华人民共和国环境保护法》首次在法律中宣示保护环境是国家的基本国策，首次赋予了环境执法机关强有力的执法权。而该县非法捕捞水产品案件集中出现，与之相对应，从国家层面上看，根据国务院南水北调办公室 2015 年上半年调水方案，南四湖下级湖至东平湖于 2015 年 4 月21 日开始调水，二级坝泵站、长沟泵站、邓楼泵站、八里湾泵站相继

① 汪光焘：《关于〈中华人民共和国环境保护法修正案（草案）〉的说明》，《中华人民共和国全国人民代表大会常务委员会公报》2014 年第 3 期。

② 参见王萍：《从"小修小补"到"动大手术"——环境保护法修法之路》，《中国人大》2014 年第 9 期。

开机调水，调水期为40天左右，调水量为2.28亿立方米。与上述两类犯罪情形类似，大量非法采矿案的背景事件是2017年中央环保督察组向山东转办群众信访举报件（第十五批）中的第824—214号反映了该县“旧县乡、斑鸠店镇石料厂放炮炸山采石露天作业，破坏了山体和植被，粉尘污染严重”问题，该县立即责令相关企业停产整治，迅速办结了该信访举报件。[①] 为此，该县在此基础上进一步出台了《东平县山石矿山综合整治工作方案》，县委县政府成立指挥部开展了山石矿山综合整治攻坚专项行动。其能够作为刑事犯罪予以打击，一方面是2017年司法解释提供了较强的可操作性，另一方面是办案人员环境意识随之增强。此前，该县对破坏山石资源的违法犯罪行为，基本靠行政执法打打停停，效果不佳。比如，某非法采矿案某被告人供述：“2005年10月至2011年7月，我和哥哥购买了一台锯石机在南山上锯石，共开采了有十六七米深的石头。2011年8月开始就是我自己干锯石了。到了2015年，银山镇不让干了，给停了电，我就花钱买了一台柴油发电机当动力继续偷偷地锯石，那时候干干停停，有检查的时候就不干了，风声不紧的时候就再干点。我们没有办理采矿许可证，国土资源局来查过多次，他们去时我就停，等他们走了我们偷偷再干。2017年6月不让干了之后，锯石设备卖给了一个收废品的。”

在各地的执法司法实践中，上文提到的小炼油厂污染环境在一两年后才受到打击，其非法采矿干干停停持续十几年的现象绝非个例，专项整治式的雷霆行动对沉疴顽疾具有立竿见影的效果。但是，仅仅依靠运动式执法，也正是痼疾形成的重要原因。肇始于战争年代的革命运动，社会主义建设时期发展为运动式治理模式，改革开放后虽然淡出了政治领域，但在社会领域仍然运用频率颇高，最根本的原因是常态治理能力的不足。此治理模式具有明显的人治特征，高成本的投入注定了其缺乏持续性；运动期间的严惩与平时的疏漏相对照，必然侵蚀法律权威、助长投机心理，无法适应高风险社会下公众对行为规则的稳定性预期，也就不能从根本上解决社会问题。另外，随着社会治理手段的现代化，常态化执法司法完全可以胜任环境资源保护的客观要求，不必再求助于运动式执法；一味地动用专

---

① 《中央环保督察组向山东转办群众信访举报件及边督边改公开情况一览表（第十五批）》，山东省生态环境厅网，2017年9月4日，http：//www.sdein.gov.cn/lyyb_2588/hygq/201709/t20170904_1444025.html。

项整治手段，也可能意味着平时工作的失职。在执法实践中，有一线执法人员指出："环保机构与司法体系的配合机制尚不健全，环境执法协同保障体系也有待完善。相关保障体系和问责机制的不健全起到了严重的阻碍作用，对环境污染治理措施的有效应用产生了不利影响。"[①]

综上所述，环境资源保护刑事案件既与当地的自然环境和区位因素有一定关系，又受制于当时的法律与政策。这些成因的背后，还有更深层的原因：环资保护问题的综合性、跨地域性需要国家与社会力量更广泛的参与、更为顺畅的协调，也需要强大的物力和财力支持，而后者在欠发达地区甚至可能成为左右环资保护成败的关键因素，下文将就此展开论述。

三、强化打击保护之路径

1. 执法、协作常态化

从宏观层面看，进入 21 世纪以来，我国确立的共建共治共享新型社会治理体制，把社会治理的重点放在管理、执法机关的前端治理环节，以有效防范、消解安全稳定风险，起到预防治理的作用。如果前端治理环节缺位或失职，就会将风险遗留给政法机关的后端治理环节。环境保护领域的群众性矛盾纠纷易发多发，与前端治理环节规划不科学、决策不合理、监管不到位有直接关系。[②] 环境资源保护与其他社会治理还有一个明显的不同，养痈成患之后再行整治，虽也能制止违法犯罪，但其造成的损害却无法消失甚至不可能恢复。为此，对该领域的违法犯罪应当进行全时段全方位的持续严厉打击。为保障打击的有效性，应当建立起经常性协作机制，各部门主要领导人应当作为直接责任人落实办案责任，避免难题依次流入下一环节，带来更大的环境风险。

2. 配套、协调权威化

2013 年 6 月 29 日，十二届全国人大常委会第三次会议第二次审议环境保护法修正案草案时，廖晓军委员说："环境保护法修正案草案还比较粗、比较原则，不能适应当前环保形势的需要，建议对草案作较大修改和补充。根据'能细则细'的原则，应将当前老百姓最关心的几件大事在本

---

① 程铭：《探索新〈中华人民共和国环境保护法〉背景下的环境执法现状及对策》，《海峡科技与产业》2019 年第 6 期。

② 参见黄文艺：《中国政法体制的规范性原理》，《法学研究》2020 年第 4 期。

法中予以明确规定。”[①] 韩晓武委员则进一步提出：“应对环保法作全面修改，使其真正起到环保基本法的作用。现在的环保法从内容上看尚不具备基本法的地位。如果依现在的框架进行修改，难以达到制定基本法的目标。因此，应打破现有法律框架，对草案进行更全面的修改。从立法体例来讲，可考虑从现在的6章扩展至10章……第2章从横向和纵向两个方面明确国家机关的环境保护职责；第3章明确公民、社会团体和其他非商业性团体的基本环境权利和义务；第4章明确环境保护的基本措施，包括环境标准、环境监测、环境影响评价、综合决策、经济激励措施、科学研究等；第5章规定经济活动和其他活动的环境保护基本要求，包括对固体、水、大气、噪声、振动、电磁、危险化学品等领域的要求；第6章对环境保护方面的公众参与和信息公开作出具体规定；第7章对环境文化的培养和发展作出具体规定，解决环保深层次问题；第8章规定环境保护领域的国际合作；第9章对环境纠纷处理和法律责任作出规定。”[②] 环境保护法修订案起草时就已经发现、至今未能化解的执法司法可操作性问题，只能依赖于配套法规制度去解决。2017年1月25日，环境保护部牵头，会同公安部、最高人民检察院发布了《环境保护行政执法与刑事司法衔接工作办法》（环环监〔2017〕17号文）。但这种部门规章性质的规范性文件，其约束力往往大打折扣，又由于其职能受限，无力解决实践中“超出部门处置能力的，应当呈报涉案物品所在地政府组织处置”类问题；加之因经费负担界定不明、发文部门均无权对经费负担作出规定，致使需要大额经费的处置事项经常无法办理。此外，对欠发达地区来说，不同部门类似的经费需求叠加，甚至可能成为压垮地方财政的“最后一根稻草”。文首的污水车无害化处置长时间得不到解决，原因即在于此，并且类似现象不仅仅会出现在一时一地。为此，在配套立法方面，应当由综合性权威机关制定在全国或特定区域范围内对所有责任部门均具有直接约束力的规范性文件。在运行机制层面，应当由各级党委政府成立常设性领导机构，重大事项由主要领导亲自出面协调，遇到单个部门无力解决的事项或部门间推诿扯皮时，直接确定相关方各自的职责范围和办理时限。2020年3月3日，中共中央办公厅、国务院办公厅印发了《关于构建现代环境治理体系的指导意

① 《制定世界上最严格环境保护法》，《法制日报》2013年7月18日。
② 韩晓武：《应当使环保法成为基本法律》，《法制日报》2013年7月18日。

见》，配套制度已经开始上升到较高的层次，尽管文件效力方面还只是“指导意见”，但这已是“两办”牵头环境治理体系建设的良好开端。

3. 补偿、激励充分化

一是给予生态涵养区充分的生态补偿。在2019年11月中国生态文明论坛十堰年会上，中国生态补偿政策研究中心执行主任、中国农业大学人文与发展学院教授靳乐山表示：“生态补偿从2005年在中央首次提出来之后，在我国已经经历了十多年的历程，发展到现在叫作‘两条腿走路’，一方面叫政府补偿，一方面叫市场补偿。政府补偿指的是充分发挥政府的财政，怎么更多地投入到生态保护中，包括政府协调下的对口协作支援，这些都属于政府补偿的范畴。另一方面是市场补偿，更多地发挥市场的作用来推动生态补偿。”[①] 在实践层面，即使发达地区在建立生态涵养区之初，都面临着涵养区本身欠发达，但又要为涵养生态、水源进一步制约其发展，而支持资金一时难以充分保障的问题。例如，“北京市生态涵养区主要分布在西部和北部山区，这里经济发展相对缓慢，农民收入比较低，耕地面积少，富余劳动力比较多。以怀柔区为例，2005年全区农民人均纯收入为7201.4元，仅为同年全市城镇居民人均可支配收入的45.98%，而其中承担生态涵养职能的区域人均收入更低，如怀柔镇位于怀柔一级水源保护区内的五个村庄，人均收入比全镇平均水平低30%左右……虽然北京市经济发展水平居全国前列，财政实力比较雄厚，政府对生态涵养区的资金投入很高，如2005～2007年，市政府固定资产投资对生态涵养发展区共投入133亿元，市财政对涵养区转移支付累计达到386亿元，但由于山区的发展基础薄弱，发展能力不足，产业转型难度大，巨额的资金投入仍不能满足生态涵养区的生态建设、环境保护和生态产业发展体系建设的需求”[②]。而作为本文例证的东平县乃经济欠发达县，却要为北京、济南等大城市以及黄河下游广大地区涵养水源，其资金支出更是远远超出了地方财政负担能力；其他欠发达区域特别是中西部的生态涵养区，情况亦是如此。2020年12月9日，山东省人民政府办公厅印发了《生态环境领域省与市县财政事权和支出责任划分改革实施方案》和《自然资源领域省与市县财政事权和支出责任划分改革实施方案》，后者中就规定：“将对生态安

---

① 叶楚榕：《引入更多社会资金更好地发挥市场补偿作用》，《十堰晚报》2019年11月17日。

② 李云燕：《北京市生态涵养区生态补偿机制的实施途径与政策措施》，《中央财经大学学报》2011年第12期。

全具有重要保障作用、生态受益范围较广的重点生态保护修复（主要包括重点区域生态保护修复治理、国土综合整治、海域海岸带和海岛修复，历史遗留矿山生态修复治理，国家级和省级自然保护地的建设与管理，林木良种培育、造林、森林抚育、退耕还林还草、林业科技推广示范、国家级和省级公益林保护管理，湿地生态系统保护修复，荒漠生态系统治理，国家和省重点陆生野生动植物保护等），确认为省与市县共同财政事权，由省与市县承担支出责任。”[①] 就法律层面来说，2017年修正的《水污染防治法》第八条规定：“国家通过财政转移支付等方式，建立健全对位于饮用水水源保护区区域和江河、湖泊、水库上游地区的水环境生态保护补偿机制。”就黄河全流域的补偿机制而言，现有的机制是：“中央财政每年从水污染防治资金中安排一部分资金，支持引导沿黄九省（区）探索建立横向生态补偿机制。资金纳入中央生态环保资金项目储备库管理，采用因素法分配……主要因素及权重分别为：水源涵养指标30％、水资源贡献指标25％、水质改善指标25％、用水效率指标20％……鼓励地方加快建立多元化横向生态补偿机制……中央财政对开展生态补偿机制建设成效突出的省（区）安排奖励。”[②] 希望通过上述高层举措的落实，能够完善横向生态补偿机制，实现环保资金的充分保障与正向激励。

二是建立专项基金，保障执法、司法机关办案经费。在环境资源保护案件办理中，常常遇到需要大量经费支出的情形，而任何办案单位均没有相应的预算列支。就特定事项而言，又具有偶发性特征，地方财政也不可能为其专门作出预算。例如，生态环境损害包括生态环境修复费用、生态环境修复期间服务功能的损失和生态环境功能永久性损害造成的损失，其认定需要十分专业的技能和手段，鉴定费用常常是一笔巨额支出，甚至影响到一个基层办案单位的当年经费是否够用。最高人民法院、最高人民检察院、公安部、司法部、生态环境部讨论环境污染刑事案件办理问题时，形成的基本意见是：“针对当前办理环境污染犯罪案件中存在的司法鉴定有关问题，司法部将会同生态环境部，加快准入一批诉讼急需、社会关注

① 《山东省人民政府办公厅关于印发自然资源领域省与市县财政事权和支出责任划分改革实施方案的通知》（鲁政办发〔2020〕24号），2020年12月9日发布；《山东省人民政府办公厅关于印发生态环境领域省与市县财政事权和支出责任划分改革实施方案的通知》（鲁政办发〔2020〕25号），2020年12月9日发布。

② 财政部、生态环境部、水利部、国家林草局：《支持引导黄河全流域建立横向生态补偿机制试点实施方案》（财资环〔2020〕20号），2020年4月20日发布。

的环境损害司法鉴定机构，加快对环境损害司法鉴定相关技术规范和标准的制定、修改和认定工作，规范鉴定程序，指导各地司法行政机关会同价格主管部门制定出台环境损害司法鉴定收费标准，加强与办案机关的沟通衔接，更好地满足办案机关需求。”同时形成了“鉴定费用明显过高的，司法机关可以结合案件其他证据，并参考生态环境部门意见、专家意见等作出认定”①的意见，这实质是“两高三部”会商都无法解决时，退而求其次的无奈之举。笔者认为，21世纪以来，为化解高风险社会的类似僵局而设立的破产准备金②、交通事故救助基金均产生了良好的效果，针对环境资源保护办案中产生的无害化处置、生态修复费用和污染损害鉴定等非经常性大额经费支出，也可以借鉴上述办法建立专项基金予以化解，限于文章篇幅不再展开。

4. 环保力量社会化

一是制定政策激励社会力量参与环境资源保护。中央生态环保资金、省级政府通过省以下转移支付制度建立省级生态保护补偿资金投入机制，主要功能是“补血”，可解决暂时性、启动性困难，长远之计应当依靠“造血”，即采取激励措施，将环境资源保护变成有利可图的行业，或者令公众乐于参与的公益事业。具体来说，可以通过购买社会服务或财政奖励的方式，促使企业积极参与有利于资源保护长远发展的各项事业，也可以投入启动资金推动相关公益组织成立并参与资源保护。对此，《国务院办公厅关于健全生态保护补偿机制的意见》（国办发〔2016〕31号）均已涉及，不再赘述。在具体落实方面，仍以北京市为例，2020年9月21日，北京市人民政府起草的《北京市生态涵养区生态保护和绿色发展条例（草案）》提交北京市人大常委会审议，该草案的一大亮点就是围绕“不让保

---

① 最高人民法院、最高人民检察院、公安部、司法部、生态环境部：《关于办理环境污染刑事案件有关问题座谈会纪要》（高检会〔2019〕3号），2019年2月20日发布。

② 就笔者了解的情况来看，北京市财政局、北京市经委联合印发的《北京市破产准备金管理暂行办法》（京财经一〔2000〕901号文）在国内属于最早的规范性文件，但其只针对国有企业。不区分企业所有制类型的类似制度，较早的有2010年江苏省无锡市中级人民法院的破产管理人报酬基金（http：//news. sohu. com/20100812/n274153960. shtml）、2011年深圳市中级人民法院的管理人援助资金制度（https：//www. szcourt. gov. cn/article/5000850）。此外，上海市高级人民法院与上海市财政局共同研究就此设立的企业破产工作经费，由全市各级法院在“审判执行业务工作经费”中列支（http://www. hshfy. sh. cn/shfy/gweb2017/xxnr. jsp? pa＝aaWQ9MjAxMTI2OTEmeGg9MSZsbWRtPWxtOTEwz），或许正是财政预算中无法单列之故，但经费紧张的欠发达地区恐难效仿该做法。针对破产费用财政垫付机制问题，笔者曾专门撰文进行探讨，详见拙文：《寻求公众利益与维护稳定的最佳契合点——社会本位下的破产费用财政垫付机制》（《山东审判》2013年第6期）。

护生态环境者吃亏”，健全多元化生态保护补偿机制，对专项补偿、综合补偿、发展补偿、横向补偿等均作了较为全面的规定。其中，设立绿色发展资金、区域结对促发展就是重在“造血”、立足长远的做法。[①] 该制度早在此条例起草之前已经实行，例如，门头沟区与西城区“结对子”，西城区一次性出资4亿元，门头沟区每年出资1亿元，成立共计8亿元的乡村振兴绿色产业发展专项资金。专项资金所有权、使用权归属门头沟区，实行专账管理、专户核算、专款专用。这些资金将通过各种方式吸引优质社会资源向门头沟区集聚，重点围绕45个市级低收入村、29个区级低收入村，打造精品民宿项目，使越来越多的村民捧起了“金饭碗”；通过优化设置生态公益岗位，使北京郊区4万多农民通过担任山区生态林管护员，实现了“绿岗就业”。[②] 这一成功经验值得各地借鉴。

二是公众的环境资源保护意识的整体觉醒。从长远看，环境资源保护是一项“人人为我，我为人人”的事业，成果大家共享、危害共同承担，任何人无法置身事外。全社会均应增强环境资源保护的危机感，强化保护意识并内化为自觉的行动，严格遵守、切实履行环保法规定的“一切单位和个人都有保护环境的义务”，“地方各级人民政府应当对本行政区域的环境质量负责”，“企业事业单位和其他生产经营者应当防止、减少环境污染和生态破坏”，“公民应当增强环境保护意识，采取低碳、节俭的生活方式，自觉履行环境保护义务”。习近平总书记在2020年9月22日联合国大会一般性辩论讲话中宣布，中国将提高“国家自主贡献”力度，采取更加有力的政策和措施，二氧化碳排放力争于2030年前达到峰值，努力争取于2060年前实现碳中和。这样一个具有雄心的目标，体现了中国在环境保护和应对气候变化问题上的负责任大国作用和大国担当。[③] 实现这一宏伟目标，需要更为完善的环境资源保护机制，也更需要全体公民的共同努力。

---

① 《北京市生态涵养区生态保护和绿色发展条例（草案）》（京政函〔2020〕158号），北京市人民代表大会常务委员会网，http：//www.bjrd.gov.cn/zt/cwhzt1524/hywj/202009/t20200925_208274.html。该草案第四十条规定：“本市建立区人民政府结对协作机制，通过给予财政资金、承接功能疏解、支持绿色产业发展、干部人才交流等多种方式，推动生态涵养区与其他区域优势互补、合作共赢。”

② 参见贺勇：《让看山护林保水的人增收》，《人民日报》2020年10月14日。

③ 参见《中方谈“于2060年实现碳中和”：体现大国担当，回应美国无理指责》，中国新闻网，2020年9月23日，https：//www.chinanews.com/gn/2020/09-23/9298331.shtml。

环境资源保护，宏观方面的方针政策已经确定，法律制度框架业已形成。很多地方已经与山东省东平县一样开始付诸行动，探索具体实施的途径和方法。在顶层设计的指引下，环境资源保护的运行机制将逐步健全完善；上级对下级的监测、考核、排名与奖惩在很多地方已成为常规工作的一部分。在中央和地方、政府与企业、组织以及全社会的共同努力下，环境资源保护启动困难、运行不畅及有始无终问题将得以逐步化解。

环境司法审判机制问题研究及对策建议

□赵涛*

摘要：环境问题一直是社会各界包括法学界非常重视的问题，绿色发展、循环发展、低碳发展是党的十八大提出的生态文明建设的重要任务。为了满足人民群众对美好环境的需求，习近平总书记提出“绿水青山就是金山银山”理论，体现了国家对于环境资源问题的关注。由于自身的隐蔽性和周期性的特点，环境资源问题不同于其他社会问题。环境资源案件的审判作为环境问题的最后一道关卡，更是有着举足轻重的作用。随着国家对环境资源案件的重视和投入，我国环境资源审判工作在审判机构专门化、审判人员专业化、审判程序制度化等方面取得了较好的成绩。但是，当前环境资源审判工作仍面临较多难题，如环境资源案件审判的机制、裁判尺度、诉讼主体等问题，仍然是影响环境资源案件审判的“拦路虎”。

关键词：生态保护；环境审判；机制改革；集中管辖

2018年7月10日，第十三届全国人民代表大会常务委员会通过关于全面加强生态环境保护、依法推动打好污染防治攻坚战的决议。2017年11月4日，全国人大常委会修订《中华人民共和国海洋环境保护法》。2018年10月26日，修订《中华人民共和国环境保护税法》。2021年1月1日实施的《民法典》也明确规定了民事主体从事的民事活动，应当有利于节约资源，保护生态环境。国家的各项政策和法律的实施，都显示了我国对于环境生态保护的重视。最高人民法院于2007年允许建立第一个专门的环境资源法庭，也标志着我国的环境资源审判工作更上一个新的台阶。截至2019年底，我国共有环境资源专门审判机构1353个。其中，环境资源审判庭有512个（包括26家高级人民法院、118家中级人民法院、

---

* 赵涛，山东省东平县人民法院环境资源法庭法官助理。

368 家基层人民法院），合议庭有 749 个，人民法庭有 91 个。[①] 另根据最高院 2019 年中国环境审判白皮书的统计，截至 2019 年底，全国法院共受理各类环境诉讼民刑一审案件 290216 件（其中，民事 202671 件、刑事 39957 件、行政 47588 件），审结 267931 件（其中，民事 189120 件、刑事 36733 件、行政 42078 件）。可以说，我国环境资源审判工作在审判机构、审判人员上已经完成初步的专门化和专业化，各类环境案件数量逐年递增。但不可否认的是，我们目前在环境司法审判方面仍旧存在着一些问题，这便需要我们针对这些存在的问题作出审判机制的改革和研究，以便促进我国审判机制的更加完善。

一、我国环境资源案件审判中存在的问题

1. 诉讼主体不够全面和明确

对于诉讼主体的问题，我国目前的现行法律体系中有若干规定，比如，《民法通则》第一百二十四条规定，违反国家保护环境、防止污染的规定，污染环境造成他人损害的，应当依法承担民事责任。《民法总则》第九条规定，民事主体从事民事活动，应当有利于节约资源、保护生态环境。但是，《民法通则》和《民法总则》中均没有指明能够提起环境诉讼的主体问题。在 2021 年实施的《民法典》第一千二百三十二条规定：侵权人违反法律规定故意污染环境、破坏生态环境造成后果的，被侵权人有权请求相应的惩罚性赔偿。同时，《民法典》第一千二百三十四条规定：违反国家规定造成生态环境损害，生态环境能够修复的，国家规定的机关或者法律规定的组织有权请求侵权人在合理期限内承担修复责任。根据《民法典》的相关规定来看，受到环境侵害的当事人可以要求侵权人承担侵权责任。同时，《民法典》也明确了国家机关和有关组织有权要求侵害人承担侵权责任。我国《海洋环境保护法》第五条规定：国家环境保护主管部门、海洋行政主管部门、海事行政主管部门、渔业行政主管部门、军队环境保护部门、沿海县级地方人民政府有关部门等有负责保护海洋环境和资源、防治污染损害的职责。根据这一法律规定，国家环境保护主管部门、海洋行政主管部门、海事行政主管部门等在海洋环境污染损害中都有

① 参见最高人民法院编：《中国环境资源审判（2019）》，人民法院出版社 2020 年版。

权提起索赔诉讼，但《环境保护法》对除海洋问题外的其他案件并没有作出规定，所以对于其他环境问题，有关的国家机关能否有权提出诉讼尚存疑问。另外，环境问题不但涉及某一个人、某一个区域，更是关乎大多数人的共同利益和权益。目前的相关法律中虽然规定了一些部门组织可以提起环境诉讼，也允许作为环境污染的受害人提起诉讼。但是，由于环境污染的隐蔽性和可持续性，对于环境污染的间接受害人或者非受害人是否可以提起环境诉讼的问题，如果可以的话，那么诉讼依据和程序将如何实现，现有的三大诉讼法和相关环境法律并没有对此作出具体的规定。可以说，诉讼主体问题是环境案件审判中的一个大的问题。

另外，涉及诉讼主体的比较热门的就是检察院提起环境公益诉讼的问题。根据《刑事诉讼法》第一百零一条规定：如果是国家财产、集体财产遭受损失的，人民检察院在提起公诉的同时，可以提起附带民事诉讼。这是检察院行使法律监督权的体现，但检察院能否根据这一规定直接提起环境公益诉讼，目前并没有明文规定。虽然在目前的审判实务中确实已经有检察院在环境资源案件中顺带要求被告人履行修复责任的诉讼，但仍缺乏法律支持。对于检察院能否作为原告提起诉讼，无论是《民事诉讼法》《刑事诉讼法》，还是《环境保护法》，即使是在2014年环境民事公益诉讼的司法解释中也仅仅规定了检察机关为支持起诉人，而不能直接作为起诉人。[①] 对于诉讼主体的问题，在审判实践中仍然存在，亟须制定相关法律予以完善。

2. 审理过程存在困难

对于环境案件在审判中存在的困难，主要是案件管辖混乱、案件取证困难。

(1) 案件管辖混乱

目前，我国在大多数的高级人民法院、中级人民法院、基层法院都设置了环境审判机构。但是，由于前述的环境案件影响范围广、持续时间长，一个环境案件可能会涉及众多区域和机构，再加上目前我国现行诉讼管辖制度的实际运行中存在着行政权对司法独立的制约、司法地方化等问题，地方政府的政绩冲动干涉了环保司法实践的正常开展，影响了诉讼职能作用的有效发挥，导致了各级环境审判机构对破坏资源环境现象制约不

---

① 参见周梦宇：《环境审判程序专门化研究》，扬州大学硕士学位论文，2015年。

够、制止不力的问题。法律对于管辖的规定过于僵化，这就导致环境问题发生无人管的现象，或者出现争着管的现象，这两者与环境纠纷需要及时处理的要求相违背。[①] 从纵向来看，环境案件管辖权混乱是影响环境资源案件审理的一个重要原因。同时，对于某一层级的法院来讲，环境资源案件存在的特殊性，决定了环境资源诉讼承接民事诉讼法、刑事诉讼法、行政诉讼法三大诉讼法而存在。在我们往常的其他诉讼案件中，对于新发的一个案件，可以根据它的性质、诉讼标的、诉讼内容对该案件进行划分，将其归入民事诉讼案件、刑事诉讼案件、行政诉讼案件，从而决定将其归入不同的业务庭审理。但是，由于环境资源案件的特殊存在、环境纠纷的复杂性和专业性，或者由于法律的滞后，民事、刑事与行政法上的交叉，法律没有相关的规定，或者不同法官对于该案件的不同理解，导致了法官对于涉及民、刑、行的环境问题审理困难。

（2）环境案件取证困难

案件审理以事实为依据。由于审判人员无法知晓事发的具体情况，审判人员要确定事实就需要证据。三大诉讼法都规定了诉讼的证据规则，实际上，取证困难普遍存在于各类司法案件中，诉讼取证困难导致无法获取证据，从而证明自己的诉讼请求，这是有些案件不被法院支持的原因。相对于普通案件来讲，环境案件的取证更加困难。根据《侵权责任法》的规定，对于环境污染形成的侵权案件，我国在立法上采取的是无过错原则，也是指由污染者承担举证责任。只有污染被证明符合法律规定的不承担责任的情形或者行为和损害后果之间没有因果关系，才能免除责任。虽然这种侵权行为的成立不以过错责任为主要的构成依据[②]，但是在实践过程中，不可否认的是，环境案件的取证是非常困难的。相对于国家机关，比如环境保护部门、检察院等司法机关可以通过一定的程序和设备对环境案件进行调查取证，企业是很难有相关的技术或者设备去固定证据，来证明对方有责或者己方无责的。更进一步来讲，普通群众无论是作为受害者或者污染者，基本上是无法完成取证的。诉讼主体无法完成举证，会导致案件事实无法查清，这与我们处理案件的原则相矛盾。所以，在审判实务中，环境案件取证困难是影响环境案件顺利进行和审理的重要因素。

---

① 参见李相波：《新民事诉讼法适用中的相关问题》，《国家检察官学院学报》2014 年第 2 期。

② 参见王美波、葛晓琳、李享：《环境司法审判问题与对策》，《河北农机》2020 年第 4 期。

3. 地方干扰在环境资源案件中存在明显

一般来讲，由于导致污染的源头主要在于一些地方企业，这些企业往往是当地的纳税大户，对当地的经济发展和民生就业有着举足轻重的作用，某些地方企业存在联合或者相互担保的利益纠扯。一旦企业出现了污染环境的问题，在有些情况下，按照正常的法律程序要求污染企业交纳巨额罚款甚至停业整顿，这势必会影响某一个企业甚至于某一个产业链条。当地政府或者有关部门为了自身的利益或者基于当地经济发展的需要，往往会利用行政权力对涉诉的环境资源案件进行干涉。这就导致司法权力无法对环境污染进行彻底的处理，而污染的当事人往往只是交纳部分的罚款或者维护费用，便可以继续营业。由于受行政权力的干扰，污染的环境没有治理，破坏的生态没有修复，最终结果是破坏了当地的环境，损害了司法权威，环境司法审判流于形式。

二、对于完善环境审判工作的一些建议

我国环境司法审判工作仍存在很大的不足，保护环境是我国的一项基本国策。为了更好地促进和改善我们现行的环境司法审判工作，笔者认为可以从环境审判的法律支持、理论支持、机制改革等方面着手，促进环境审判工作的不断完善。

1. 完善环境法规立法，促进环境诉讼法的立法工作

环境法律法规的相关制度和我国的经济制度息息相关，有关环境纠纷的内容大量缺失。在我国环境立法的过程中，相关的法律法规力度支持不够。因此需要在立法上进行完善。正如前文所述，环境诉讼的主体资格方面以及因果关系、举证责任的承担和相应的赔偿，环境案件审理程序等方面，没有明确或者专门的规定。因此，为了给环境审判工作提供法律支持，对环境方面的立法可以继续完善。对环境诉讼法的立法工作，笔者认为在适当的情况下也可以进行考虑，以便更好地促进环境司法审判工作的进一步开展。

2. 扩大环境审判工作人员范围，吸收专业化人员进入环境审判工作

推进环境司法专业化，要加强环境审判培训和组建专业审判队伍。法官队伍建设是人民法院工作尤其是队伍建设工作的重要组成部分。由于环境案件的专业性和技术性特点，审判人员不但要精通三类诉讼法的规定，

并具备审理案件的能力，还要熟悉城市规划、土地评估、环境科学、环境保护与环境评估、自然资源管理、建筑、工程、测量等领域的专业知识。[①] 从我国目前环境案件审判机构的建设情况来看，主要是抽调业务法官处理环境资源案件。这些法官在法律专业素养上可以说已经非常专业，但是往往不具备自然科学知识背景，最终会使得法官在处理环境案件时力不从心，影响到案件处理的公平公正。所以，在这种情况下，单纯的审判法官有可能无法满足环境审判工作对于环境专业知识的需要。反观欧美等西方国家，在选派环保法庭法官时大都将其知识背景和从业经历考虑在内。例如，在美国佛蒙特州环境法院，所有的法官必须具有一个法律职业博士学位和一个环境法硕士学位。[②] 因此，为了促进我国环境审判工作的进一步发展，我国可以借鉴和吸收欧美等西方国家的部分先进经验，并结合我国的审判实际，扩大环境审判工作人员的范围。比如，聘用专业知识和技能的专家、学者或环保志愿组织成员担任人民陪审员，以弥补法院陪审人员自然科学教育背景的不足和缺失。从人员组成上来看，法官是具备法律资格、经验丰富的法律从业人员，环境专家受过环境科技培训，并有环境事务的处理经验，熟悉国家的环境规定。二者相互配合，取长补短，共同为环境案件作出决定。当然也有其他的模式，比如，环境专家不参加合议庭，只是参加庭审，根据庭审的过程对相关环境案件给出一定的建议意见，这类的建议意见可以作为法官对案件进行裁判的参考。但是，无论是哪种模式，归根结底都是要提高审判人员的专业素养，吸收环境专业人才进入审判工作，而对于专业人才如何参加到具体的审判工作中，这又涉及前文所述的审判程序，甚至环境诉讼法的立法问题。

3. 多元探索，推进审判模式改革

目前，由于我国对环境诉讼的立法仍存在一定的不足，这导致我国目前环境审判模式的不统一。虽然我国建立有众多的环境审判机构，甚至专门的环境资源审判法庭，但是审判模式并没有形成一个统一的形式。东平县人民法院于2020年6月5日建立的专门的环境资源审判法庭，用以处理全县范围内的环境资源案件。由于环境资源审判法庭初建，东平县人民法

---

① 参见任洪涛、黄锡生：《我国环境审判的现实问题与制度完善》，2012年全国环境资源法学研讨会。

② 参见李擎萍：《美国佛蒙特州环境法院的发展及对中国的启示》，《中国政法大学学报》2010年第1期。

院环境资源案件的审判模式仍在探索。在审理一般简单的环境资源类案件时，东平县人民法院采取了一般模式，即刑事、民事和行政分离的审判方式或者巡回法庭的模式审理环境资源案件，也就是三大诉讼法规定的审判程序。但是，在采取一般模式的情况下，为了避免由于环境资源案件特殊性而出现的问题，东平县人民法院也建立刑事、民事和行政的“会商制度”，确保每一个环境资源案件都得到公平公正的审理。同时，东平县人民法院还积极探索采取“三审合一”的模式用于审理环境资源案件，也就是刑事、民事、行政环境资源案件集中在环境资源审判机构统一审理。

另外，其他地区的各级法院也都在积极探索各种审判模式。比如，福建龙岩法院以及贵阳法院还探索采取了“四审合一”的审判模式，即刑事、民事、行政、执行环境资源案件集中归口，由环境资源审判机构统一管辖。现在较为先进的审判模式是采取“三审合一”外加立案、执行的综合审判模式，称为“五合一”模式。南京市建邺区法院设立的环保法庭只在每周二审理环境案件，其余时间主要是负责审理和执行辖区内的环保行政案件。[①] 有些法院探索了立案、刑事、民事、行政、执行的综合审判模式，可以称为“五合一”模式。总之，无论哪种模式，都是各地法院在目前的法律规定下对各自环境案件的积极探索，都是为了更好更快地解决环境资源纠纷，达到保护环境的目的。在没有相关法律对审判模式进行规定或者限制的情况下，可以积极探索新的审判模式，形成自己的特色，为推进环境审判工作的开展奠定良好的基础，也可以为其他地区的环境审判工作提供借鉴，甚至可以推进环境诉讼法的立法工作。

4. 齐头并进，多部门协调联动促进环境资源审判

环境案件的特殊性以及单一部门在处理环境问题的专业性欠缺问题，导致了紧靠一个单位的“单打独斗”是很难达到预期效果的。所以，积极探索多部门联动的生态保护模式对于环境案件的审判具有很大的促进作用。目前，东平县人民法院积极探索了九部门联合办案模式，即政法委、法院、检察院、公安局、司法局、国土资源局、环境保护局、东平湖管理局东平黄河河务局、东平湖管理局东平管理局九个部门联合对涉及东平湖、黄河流域（东平）的环境案件及环境保护进行会商，就做好环境资源司法保护、畅通信息共享渠道、增强普法宣传实效等方面作出研究讨论。

---

① 参见韩德强：《多元探索，创新环境资源审判模式》，《中华环境》2015年第1期。

虽然这一联动会商制度可能仍存在某些不足，但不可否认的是，东平县人民法院创新探索的九部门会商制度在一定程度上解决了单一部门在处理环境资源案件时捉襟见肘的困境。

另外，多部门联动也不仅仅是政府有关部门之间的联动会商，对于环境诉讼更有其他的促进作用。正如前文所述，目前在环境资源审判实务中存在一个问题就是取证困难，而多部门联动可以在一定程度上解决这一难题。比如，在环境诉讼中，无论是国家某些机关或者个人提起诉讼，在面临取证困难的情况下，诉讼主体可以请求相关部门在诉前或者诉中协助固定证据，从而缓解诉讼主体在环境资源诉讼中取证困难的境地。当然，对于部门联动以及协助取证的程序等相关问题还应当由立法予以规定、保障。

5. 积极探索跨行政区域审判

笔者在前文中已经阐述，环境案件具有特殊性。比如，很多环境案件存在影响范围广、持续时间长的问题，仅仅以行政区划划分环境资源案件的审判机制无法满足环境审判的需要。对于许多环境案件尤其是涉企案件，特别是地方的命脉企业涉诉的话，为了当地经济利益，存在地方干扰的可能性非常大。司法机关在审判案件中往往会顾忌行政机关，出于对政绩的考量，司法公正会让位于经济发展，最终结果是司法权的独立性与中立性被侵蚀损害。如何破解上述难题，笔者认为，其中一个解决方式是积极探索跨行政区划的审判机构，实行对环境资源案件的集中管辖，保证审判机构的独立性和专业性。

对于跨区域司法管辖的问题，依据相关诉讼法以及相关司法解释的规定，法定的案件管辖类型中并不包括集中管辖制度。在理论界也有过各种讨论，但是由于各种原因，跨区域司法管辖并没有进入立法。但是，根据三大诉讼法的相关规定，上级法院对于某些特殊案件可以指定法院审理，这一规定可以说也是跨区域管辖的一个变通。另外，最高院在全国范围内已设立了巡回法庭，审理巡回区内一审、二审、再审相关案件。从效果上来看，最高院的巡回法庭就是破除地域管辖，进行案件集中管辖审理的一种模式。实际上，党的十八届三中全会就已经明确提出探索建立与行政区划适当分离的司法管辖制度，这与环境资源审判的特点正相契合。[①] 跨区

---

① 参见孙佑海：《当前环境资源审判面临的突出问题与司法改革》，《法学杂志》2015 年第 1 期。

域管辖既契合环境资源审判的特点，又符合中央明确提出的探索建立与行政区划适当分离的司法管辖制度的要求。最高院在2019年的中国环境审判白皮书中明确积极探索集中管辖机制，推进建立以生态系统或者生态功能区为单位实行的跨行政区域管辖模式。[①] 因此，在适当时机，应当积极探索设立以整个流域等生态系统或以生态功能区为单位的跨行政区划的审判机构，对该生态功能区内的环境资源案件进行集中管辖，逐步改变甚至破除目前以行政区划对案件进行管辖的模式，以解决生态环境的整体性与保护的分散性之间的矛盾，以及国家环境资源法治的统一性与执法司法的地方保护主义之间的矛盾。[②] 所以，虽然环境案件跨区域司法管辖在全国范围的实施没有立法支持，但是从目前我国的实际操作来看，积极探索环境案件的跨行政区域审判大有可为。

随着我国经济的不断快速发展、人民群众对于美好生活的要求也不断提高，对环境有更高的需求标准。党和国家为了顺应群众需要，保障公民的生存环境以及基本权利，明确生态文明建设是中国特色社会主义的重要组成部分，生态文明建设的实现不仅需要相应的理念和价值追求的更新，也需要完善的法律保障。环境资源案件的司法审判可以说是保障生态文明建设的最后一道关卡。虽然经过多年环境审判探索，我国的环境司法审判有了长足的进步和发展，但是目前的环境司法审判相对于欧美等发达国家仍然有不小的差距，甚至于无法满足人民群众对于美好生活的需求。针对我国目前环境司法审判中存在的若干问题，由于笔者理论和审判经验的不足，仅能针对性地提出一些理论上的解决方案。对于环境司法审判机制的改革和完善，仍需要进行积极探索，不断将环境司法审判同中国特色的生态文明建设相结合，形成对生态环境强大的司法保护，不断推进美丽中国的建设。

---

① 参见最高人民法院编：《中国环境资源审判（2019）》，人民法院出版社2020年版。

② 参见李宁：《环境诉讼管辖问题研究》，《山东审判》2016年第6期。

浅议生态环境损害赔偿诉讼中
磋商制度的适用

□刘宁*

从“限塑令”到巨额生态环境损害鉴定费用，从环境公益诉讼到生态环境损害赔偿制度，关于环境的热议从未停止。为推进生态文明建设，完善赔偿制度，2017 年，《生态环境损害赔偿制度改革试点方案》（以下简称《方案》）出台。2018 年 1 月，该方案正式施行，提出生态环境损害赔偿的基本原则，其中之一是“主动磋商，司法保障”。2019 年 6 月 5 日起实施的《最高人民法院关于审理生态环境损害赔偿案件的若干规定》再次明确磋商程序为生态环境损害赔偿诉讼的前置程序。生态环境损害赔偿磋商制度有何价值？如何科学地适用？怎样与其他诉讼制度衔接？磋商协议达成后，义务人不履行该如何处置？这一系列问题都亟待完善。因此，确定磋商主体、建立磋商与诉讼衔接制度、完善生态环境损害赔偿磋商程序等都需要进一步研究确定。

一、山东省内磋商制度运用案例

济南市章丘区“10·21”重大非法倾倒危险废物案：山东作为全国开展生态环境损害赔偿制度改革的 7 个试点省市之一，在 2017 年，济南中院受理一起省政府提起的生态环境损害赔偿诉讼案件。山东某新能源公司、某重油化工公司等 6 家公司委托无危险废物处理资质的人员将其产生的 640 吨废酸液、23.7 吨废碱液等有害物质倾倒至济南市章丘区一废弃煤井内，4 名涉嫌非法排放危险废物人员当场中毒身亡。根据《生态环境损害赔偿制度改革试点方案》，山东省人民政府确定山东省生态环境厅为具

* 刘宁，山东省宁阳县人民法院法官助理。

体工作部门开展生态环境索赔工作。经过了四轮磋商，终于在2017年2月和6月，山东省环境保护厅会同济南市章丘区政府分别与其中4家企业达成赔偿协议，签订了赔偿合同书，赔偿金额共计为1357.54万元。[①] 与某重油化工公司、某新能源公司磋商未能达成一致，后向济南市中级人民法院提起诉讼。

该案是《生态环境损害赔偿制度改革试点方案》探索确立生态环境损害赔偿制度后，我省法院最早受理的省政府指定工作部门提起的生态环境损害赔偿案件之一。该案在磋商与诉讼之间做到了很好的衔接，原、被告分别聘请专家辅助人，法院聘请咨询专家，从专业技术角度对案件事实涉及的专业问题充分发表意见，这一做法对划分污染者责任问题进行了有益尝试。同时，合理分配各自应承担的赔偿责任，并根据两公司主观过错、经营状况等因素，确定科学合理的赔付方式，既能让生态环境得到及时修复，也能维护企业正常经营，促进了经济社会的可持续发展。

在方案试点期间，山东选择了三个典型案例进行研究与实践，涉案金额共计约2.6亿元。其中，济南市章丘区“10·21”重大非法倾倒危险废物案件，鉴定评估生态环境损害赔偿金额为2.5亿元；山东某环保科技投资有限公司非法处置医疗废物事件生态环境损害赔偿案，鉴定评估生态环境损害赔偿金额为764.46万元；山东某新能源科技有限公司非法倾倒危险废物事件生态环境损害赔偿案，鉴定评估生态环境损害赔偿金额为229万元。[②] 在三个案例中，磋商都取得了较好的效果。但是，磋商的达成也不是一蹴而就的，而是需要各方配合，科学谈判，还要有程序、制度保驾护航，才能最终实现生态环境损害赔偿救济的效果。

二、生态环境损害赔偿磋商制度初探

目前，环境公益诉讼是解决大部分环境问题的主要诉讼方式。检察机关是提起此类诉讼的适格主体，一部分环境公益组织可以提起，但仍然存在很多限制条件。适用范围的限制必然会导致司法救济的滞后，不能及时修复生态环境。生态环境损害的法律关系与当今大多数法律关系有所不

---

① 《山东省政府首次提起环境损害赔偿诉讼追偿2.3亿元》,《法制日报》2017年12月23日。

② 《山东生态环境损害赔偿制度改革实打实》,《中国环境报》2017年12月27日。

同，它的受害主体为环境本身，而对于人身的损害可能是间接的，因而其救济方式不能简单地适用于传统民法中的侵权行为规则。《生态环境损害赔偿制度改革试点方案》的出台，就是通过“将生态环境损害行为和损害的范畴及领域明确化，明确赔偿权利人和赔偿义务人，并通过磋商或者诉讼的方式对生态环境损害进行救济”，破解“污染不买单”的困境，从而达到快速赔偿、及时修复的目的，真正保护生态环境和人居环境权益。《方案》中明确基本工作原则，其中一项为“主动磋商，司法保障”，并且提出“经调查发现生态环境需要修复或赔偿的，可就损害事实和程度、修复启动时间和期限、赔偿的责任承担方式和期限等具体问题与赔偿义务人进行磋商”，磋商的主体是国务院授权的省级政府和对生态环境损害负有赔偿责任的义务人。双方根据生态环境损害鉴定评估报告，围绕实际中的损害结果和损害水平以及何时开始整治、修复持续时间和限期等有关问题进行磋商，全方位地思量修复方案能否得到有效实施、成本最大化、赔偿义务人的承担能力等情况，达成赔偿协议。从本质上讲，磋商是一种民事性质的协议或者合同。在法律关系中，与损害环境的一方进行磋商的应该是赔偿权利人，赔偿权利人代表着受损的生态环境捍卫者，代表着公共利益[①]，双方通过平等的协商方式确定生态损害赔偿协议和修复方案，与传统的纠纷解决机制仲裁和诉讼相比，磋商更加尊重双方的意愿，是一种更为平等的排除对抗方式的纠纷处理机制。

三、磋商制度使用中的优势与不足

磋商制度使用中的优势主要包括三个方面：一是能够打破赔偿救济中的困境。在2011年云南发生的铬渣污染事件中，生态环境损害的鉴定费用高达700万元，因为高昂的鉴定费用，环保社会组织不得不停止诉讼。可见，通过诉讼途径解决环境损害赔偿纠纷存在鉴定费用高、举证难的困境；诉讼的周期一般较长，等到判决结果出来并生效后再对生态环境修复，可能为时已晚；即便是判决生效，真正修复生态环境还是要依靠执行阶段，此类案件的执行方式不确定、执行效率不高都会使得生态环境得不到有效的救济。磋商制度的建立，可以在此类案件进入诉讼阶段之前将一

① 参见王琨：《生态环境损害赔偿磋商问题研究》，吉林大学硕士学位论文，2020年。

部分纠纷通过磋商和解结案，可以极大地缩短诉讼时间以及相应的诉讼成本。磋商一旦达成，就能够降低具有生态环境赔偿义务一方的成本，使其参与到环境救济中来。

二是能够平衡各方利益。传统诉讼模式通过对环境进行监管，最终可能也会实现利益的平衡，但是要严格按照诉讼程序的要求，当所有诉讼程序完结后，环境保护就会有滞后性或者执行难。磋商程序则能兼顾各方利益和现实情况，政府可以统筹考虑生态修复方案的可行性、赔偿义务人的赔偿能力、第三方治理是否可行等因素，形成科学合理可行的赔偿方案，既能高效修复生态环境，又能让生态环境违法者积极配合生态修复方案的执行。

三是维持生态秩序稳定。磋商双方可以进行意见交流，相较于诉讼而言，磋商更侧重于以商量的柔性方式解决纠纷。双方基于共同目的发表各自意见，通过合作化解矛盾，最终修复生态环境。磋商协议的达成仅仅是第一步，而要真正实现环境修复的目的，还要真正把协议内容执行到位。作为一方协商者的被执行人，因为磋商协议是其真实意思的表示，也是自愿达成的，所以在执行时可减少一些利益冲突，防止一些无法预料的波动情况，使得生态环境修复能够顺利进行。

磋商制度相较于诉讼更具有灵活性，没有严格的起诉、受理、管辖、审理期限等要求。在2019年公布的20起磋商优秀候选案例中，磋商成功率高达100%。这其中有通过自行修复并支付履约保证金的制度保证磋商协议履行的案例，有对多个责任人承担连带赔偿责任的体系进行探索的案例，有通过适用简易评估认定程序提高磋商效率的案例，有尝试将赔偿金用于当地其他生态环境修复项目的案例。这些创新探索既有行之有效、可借鉴推广的经验做法，也存在需要进一步思考和完善的不足之处，主要体现在以下三个方面。

一是衔接机制不完善，救济程序不确定。磋商制度与诉讼之间缺乏明确的衔接机制，救济秩序就会不稳定。《方案》中规定："将磋商作为生态环境损害赔偿诉讼机制的前置程序"，并写明"磋商不成的，赔偿权利人及其指定的部门或机构应当及时提起生态环境损害赔偿民事诉讼"[①]。但

① 《生态环境损害赔偿将全国试行：环境有价 损害担责》，环球网，2017年12月18日，https://baijiahao.baidu.com/s?id=1587074844179670954&wfr=spider&for=pc。

是，《方案》并没有明确规定磋商与诉讼怎样具体衔接。首先，关于磋商机制与环境公益诉讼的衔接。《方案》出台前，环境民事公益诉讼以及环境行政公益诉讼是主要的救济途径。2015 年 1 月 6 日的《最高人民法院关于审理环境民事公益诉讼案件适用法律若干问题的解释》，没有对社会组织提起环境民事公益诉讼设置类似磋商的前置程序，也没有明确规定磋商与公益诉讼的关系。[①] 所以，在现实操作中可能存在以下问题：若在提起公益诉讼前，各方正在进行磋商，法院是否应该立案？如果立案，磋商程序是否还能正常进行，社会组织是否需要撤诉？如果社会组织撤诉，各方的磋商没有达成一致，社会组织是否可以再以相同的诉讼请求起诉？其次，磋商机制与环境刑事诉讼的衔接。如果各方已经达成磋商协议，但赔偿义务人已经触犯《刑法》，那么磋商协议中义务履行情况能否作为犯罪嫌疑人定罪量刑的情节？若磋商不成，检察院能否提出刑事附带民事诉讼，是否具有主体资格？这些问题如果没有相关规定，磋商制度就不能很好的适用。[②]

二是磋商主体的多重身份有碍磋商公平。《环境保护法》规定：省级政府应当对其行政区域内的环境质量负责。《方案》中规定，政府是生态环境资源所有者的代理人，一旦作为代理人，就要与环境损害赔偿义务人展开磋商；而且农业、林业等部门又被赋予环境行政监管义务，他们同时又是省级政府的组成部门。这样看来，政府部门既是赔偿权利人，又是监管义务人，其双重身份难免导致个别政府部门会利用其监管职权与赔偿权利人的双重身份进行“强制磋商”，通过“胁迫”的方式使得磋商的另一方接受相关赔偿条件，实现行政目标。如果政府部门在磋商中滥用权利，不能与赔偿义务人之间按照法律规定合作，必然会挫伤赔偿义务人配合生态环境救济的积极性，这样可能暂时会取得较好的环保效果，但从长远来看，磋商就很难成为一种常态机制。如果说磋商制度最终演变成政府以自己的权利迫使磋商另一方屈服，使得赔偿义务人不能正确地表达自身意愿，那么磋商制度就失去了其协商和平衡各方利益的功能。即便是达成磋商协议，也失去了其应有之意。

---

① 参见王腾：《我国生态环境损害赔偿磋商制度的功能、问题与对策》，《环境保护》2018 年第 13 期。

② 参见王腾：《我国生态环境损害赔偿磋商制度的功能、问题与对策》，《环境保护》2018 年第 13 期。

三是缺少必要监督，利益平衡得不到保障。在任何法律关系中，程序是保障公平正义的基础。一旦程序出现瑕疵，案件的审判执行就难以保证绝对公平，磋商程序也不例外。在生态环境赔偿诉讼中，因为生态环境资产所有权人为群众，所以政府要作为全民的代理人，代理国家与生态环境破坏者进行磋商并达成磋商协议，完成对生态环境损害的救济。① 也就是说，在磋商中，生态环境资产的所有权与救济权并非是统一的，政府部门仅仅作为代理人代为行使权利，委托代理关系中会存在风险。因为委托方与代理方在目的、责任、权利等各方面并不是完全相同，就如普通民事法律关系代理中，代理人代为行使权利时，并不一定完全符合当事人的意思表示。在磋商过程中，如果地方政府随意放弃或减少生态环境损失利益诉求或者不积极地行使赔偿权，就会有失公允。② 可见，磋商制度的程序设计十分必要。除此之外，监管缺乏也可能造成不公平现象的发生，比如，地方政府比群众拥有更多的关于生态损害的情况以及相关信息。也就是说，双方在磋商开始时信息资源就不对等，那么委托人对受托政府的监管就无从谈起，磋商行为也就处在无监管状态。另外，生态环境损害的案例涉及多个领域的知识，对于一些化学因素导致的污染，普通群众很难辨别清楚其中的因果关系，需要有资质的鉴定评估机构进行鉴定。然而，当前我国的评估机构较少，鉴定费用高昂，诸如天价鉴定费用问题、鉴定费用高于赔偿数额的尴尬问题，都会制约磋商的进程。因此，即便是群众参与的监督机制以后发展成熟，可能也无法达到良好的监督效果。

四、完善生态环境损害赔偿磋商制度

1. 确定磋商开始与结束的时间点

保证磋商能够公平的必要条件之一便是完备的程序设计，以此来保障公共利益。但是，《方案》中仅规定："生态环境损害发生后，赔偿权利人组织开展生态环境损害调查、鉴定评估、修复方案编制等工作，主动与赔偿义务人磋商。"也就是说，仅仅规定在提起诉讼之前双方可以选择进行

---

① 参见王腾：《我国生态环境损害赔偿磋商制度的功能、问题与对策》，《环境保护》2018年第13期。

② 参见王腾：《我国生态环境损害赔偿磋商制度的功能、问题与对策》，《环境保护》2018年第13期。

磋商，对磋商的具体时间却并没有明确的规定。由此可以看出，损害发生后，与赔偿义务人正式磋商前，还有调查、鉴定与修复方案编制的程序，这是了解生态环境损害状况，决定赔偿义务人、赔偿额度与方式以及下一步确定磋商策略的重要基础。比如，就鉴定程序而言，需要明确鉴定机构、鉴定时限、鉴定费用等内容。[①] 所以，首先要完善磋商启动前的调查、鉴定与方案编制程序，在一系列准备工作完成以后，便可以启动磋商程序，各方就损害赔偿方式、期限、内容等进行协商。当然，明确了启动磋商的时间，对于结束磋商的时间节点也应有明确规定。其一，在磋商过程中，若有一方请求放弃磋商或者双方均提出请求，则可以转为诉讼程序解决。其二，若赔偿权利人——行政部门滥用职权或者有徇私行为，则应对其进行相应处罚。其三，若磋商时间较长，双方也未能达成一致，继续下去将会错过环境修复的最佳期限。当然，不同损害的修复期限也会有所不同，相关规定则可以对不同损害程度设定不同的期限。

2. 保证磋商过程中的程序公开

除根据法律规定不得公开的事项，其他磋商内容必须向公民公开。要让公众能够清晰地了解到赔偿权利人——政府所达成的磋商协议的过程，做到程序公开透明，经得起群众的监督。在磋商协议时，还要考虑到达成的方案是否可行，是否真正做到了公平、合理。如果在不得已的条件下进行了让步，也应让群众知晓其中缘由。磋商达成后，形成的是一份民事协议。如果协议得不到履行，那么就是一纸空文，既不能对环境进行救济，也耽误了最佳的救济时间；所以，协议的履行才能真正算是磋商的完成，不然就是“行百里者半九十”。对于磋商协议达成后的履行问题，必须要有相应的解决方式，多方联动，强化监督，鼓励群众提供线索，保证程序透明，促成磋商目标的全面实现。监督仅仅是其中的一种方式，而且相对来说具有滞后性，关键还是要以法律的约束力来解决此类问题。以息烽县小赛坝大鹰田非法倾倒废渣案为例，在政府与赔偿义务人达成协议后申请了司法确认，如果义务人不履行相应的义务，就会有惩戒措施。除此之外，贵州省还率先成立生态环境保护人民调解委员会，在高级人民法院、贵州律师协会等有关单位的推动下，经贵阳市观山湖区司法局批准，成立

① 《贵州实施生态环境损害赔偿制度试点》，中国政府网，2016 年 11 月 8 日，http://www.gov.cn/xinwen/2016-11/08/content_5130265.htm。

了首家生态环境保护人民调解委员会，实现了与生态环境损害赔偿磋商、司法登记确认的无缝连接，既节约了司法资源，还使受损的生态环境得到及时修复。[①]

3. 要明确磋商协议的当事人

《方案》中明确规定了赔偿权利人，即国务院授权的省级、市地级政府（包括直辖市所辖的区县级政府），可作为本行政区域内生态环境损害赔偿权利人，可指定相关部门或机构负责生态环境损害赔偿的具体工作。生态环境损害赔偿磋商的赔偿权利人既要便于履行相应的生态环境保护职责，又要有相应的能力。对于政府作为生态环境损害赔偿磋商的赔偿权利人的问题，笔者认为，生态环境保护组织是可以作为赔偿权利人之一，因为在环境公益诉讼中，环保组织可以作为原告，也就是索赔主体。那么，生态环境保护组织必然具备有关环境保护类案件的经验积累，也会具备一定的法律知识和专业技术。同时，他们有救济环境的积极性，同时又能减轻被授权政府的工作压力。综上所述，环保组织可以作为磋商的适格主体。在生态环境损害赔偿磋商的当事人中，还应当包括赔偿义务人，可以适当地扩大生态环境损害赔偿责任人的范围，让生态环境损害的直接责任人和间接责任人共同承担责任。大量生态环境损害事件既有直接实施损害行为的责任者，也有因未履行自身特定环保义务而间接导致损害的责任者。如果仅追究直接责任人的责任，则不利于“污染者损害担责”原则的落实，也不利于对环境违法行为的打击。根据绿色发展的要求，除了对受损生态环境进行赔偿外，还可以将生态环境损害赔偿与各类保险相结合，让保险人、基金组织等主体也纳入赔偿义务人的队列。当然，在损害赔偿磋商的过程中，还可以引入中立第三方参与，如公众、权威专家、律师等，可以在相关的专业领域提供建议和技术指导，促进磋商的达成，实现生态环境修复的最终目标。[②]

4. 建立磋商与诉讼衔接制度

除磋商制度之外，生态环境还可以通过其他方式进行救济，厘清磋商制度与环境公益诉讼或其他救济方式之间的关系和适用规则，才能使得磋

---

① 参见张林鸿、葛曹宏阳：《生态环境损害赔偿磋商的法律困境与制度跟进——以全国首例生态环境损害赔偿磋商案展开》，《华侨大学学报》（哲学社会科学版）2018年第1期。

② 参见张林鸿、葛曹宏阳：《生态环境损害赔偿磋商的法律困境与制度跟进——以全国首例生态环境损害赔偿磋商案展开》，《华侨大学学报》（哲学社会科学版）2018年第1期。

商制度发挥功效，避免生态环境损害问题的解决陷入“击鼓传花”式的尴尬境遇。首先，磋商程序的启动并不仅仅是全部依靠指定的政府部门，还需要群众的助力。在关键时刻，社会公众要有作为监督者的责任感，发现环境受到损害的情况后，及时联系相关部门，成为有力的磋商程序启动的“推手”。其次，磋商与环境民事公益诉讼可能在运用时产生冲突，如果磋商已经开始，又有环境保护组织提起诉讼，两者同时进行的话，就会造成司法资源的浪费。所以在两者之中，可以磋商为先，在磋商不成的情况下，再提起生态环境损害赔偿诉讼。

5. *灵活运用多种方式*

首先，对于生态环境损害赔偿磋商制度的运用情况，要建立一个全国通用的数据库，做好各类磋商信息统计工作，并将相关数据与检察机关、环保部门、各个省份的行政部门等进行分享，互相吸取经验，总结规律。其次，在赔偿方式上，除了金钱赔偿，也可以引入其他赔偿方式，诸如恢复原状、修复生态污染区等。这样就可以省略很多的中间环节，而且污染者对于其中化学污染原因及如何修复较为清楚，节约资源的同时也能够提高效率。让排污者治污，在很大程度上可以减少磋商达成后赔偿金却难以到位的尴尬境地。在江苏泰州环境公益诉讼中，法院允许赔偿责任人用技术改造行为折算抵扣赔偿款。笔者建议，此类灵活的做法可以根据不同案情进行探索，有利于磋商协议的达成，也有利于快速修复被破坏的生态环境。

对于任何一个案件、任何一项制度与法律，惩罚都不是唯一的目的，更不是最终目的。以生态环境损害赔偿制度来说，修复受损的生态环境才是目的，生态环境损害事件本身具有复杂性，磋商制度仍须不断总结经验，为生态环境损害赔偿制度上升到法律层面做好充足的准备。

环境法庭发展的困境与出路

□王文良*

摘要：通过环境司法审判推进美丽中国建设和绿色发展是国家环境治理体系的重要环节。值得一提的是，基于这一时代背景，各地环境法庭已基本建立。当前，在建立和运作环境法庭过程中，仍面临着众多困难和问题。从我国当前环境司法审判现状来看，环境法庭在审判理念、审判管辖和审判队伍专业化三方面仍有诸多挑战，建立高质量环境法庭成为法律人需要思考和破解的实践困局。

关键词：环境诉讼；环境法庭；困境与出路

党的十八大将“生态文明建设”纳入中国特色社会主义事业“五位一体”总体布局，强调要加大自然生态系统和环境保护力度，努力建设美丽中国。如何协调经济发展与资源环境约束加剧之间的矛盾，如何发挥司法职能作用，服务生态文明建设，这是司法审判应有的职责与担当。通过环境司法审判推进美丽中国建设和绿色发展是国家环境治理体系的重要环节。值得一提的是，基于这一时代背景，各地环境法庭已基本建立。当前，在建立和运作环境法庭过程中，仍面临着众多困难和问题。根据我国当前环境司法审判现状，建立高质量环境法庭成为法律人需要思考和破解的实践困局。

一、环境法庭设立的必然性

1. 环境纠纷特殊性的必然要求

环境纠纷区别于传统的民事、刑事、行政案件，有其自身的特点。关于环境诉讼的具体概念属性界定，目前理论界和实务界均未形成一致观

---

* 王文良，山东省肥城市人民法院科员。

点。一般的环境诉讼被界定为公益诉讼，认为“它是公民、法人、社会组织等公共主体在环境已经受到或者可能受到污染和损坏的情况下，为维护环境利益，针对有关民事主体或行政机关等主体而向法院提起诉讼的一种制度”①。也有观点认为，“环境诉讼属于一种现代型的诉讼模式，其是建立在传统行政诉讼和民事诉讼的基础上，根据环境诉讼的特殊性，通过预防、激励、政策形成等功能，融保护公益、私益于一体的专门诉讼形式”②。

从环境法庭的审判视角而言，环境诉讼既包括公益性质，又包括私益性质。私益诉讼案件的审理内容和程序与传统诉讼的方式相差无几，在原有环境民事诉讼与行政诉讼程序上能够得到一定的解决，但并不能完全化解纠纷。所以，需要设立专门环境法庭，通过现有制度基础进行制度完善，形成新的环境纠纷审判理念，以保障目前未能解决的环境问题通过体系的制度进行规制。环境法庭是比普通法庭更专业的环境司法平台，能对不同地区不同环境问题有区分有侧重地进行全面了解。环境法庭的设立为公民寻求环境纠纷司法救济提供了新思路，也是国家环境立法的推进管道。

据不完全统计，2015 年开始，环境专门审判机构理念在全国各级法院推开，环境专门审判机构的数量开始明显上升。至 2016 年，各级法院建立环境专门审判机构约 558 个，其中，福建、海南、江苏、重庆等多地已基本形成完善的三级环境资源审判组织体系。2017 年上半年，全国环境专门审判机构的数量明显增长，已达到 956 个，且主要集中在中级人民法院，以合议庭的方式为主。③ 截至 2018 年 9 月，环境专门审判机构的设立已达 1271 个，环保法庭的建设可谓是遍地开花。

2. 司法专门化的必然结果

美国比较法学者亨利·埃尔曼曾说过：“法律制度的根本和发展的主要动力不应该在政府建立完善的司法制度中寻求，而应该扎根于社会实践中，在社会中去探求。”环境法庭的设立不仅是顺应时代发展趋势的产物，也是顺应司法改革的要求，实现司法专门化的必然结果。江必新也曾在全

① 邓一峰：《环境诉讼制度研究》，中国海洋大学博士学位论文，2007 年。

② 齐树洁、郑贤宇：《环境诉讼的当事人适格问题》，《南京师范大学学报》（社会科学版）2009 年第 3 期。

③ 最高人民法院：《中国环境资源审判（白皮书）》，2017 年 7 月 13 日。

国法院环境资源审判工作会议上提出："在未来的环境司法专门化工作中，要从构建包括专门机构、专门机制、专门诉讼程序、专门司法理论以及司法团队五个方面的专门化机制出发，为环境资源审判工作开立新的局面。"[①]

环境司法专门化是指为集中、专门化处理环境纠纷，而由国家或地方建立专门的审判机关、设立专门的审判机构或组织行为的理论概述，其设立的目的在于利用专设的审判机构和审判人员，对于环境类案件进行专门化、集中处理，在司法实践中，专门审判机关一般包括环境法院与环境法庭。[②] 目前，我国普遍存在的是设立环境法庭的形式。2015年底，最高院对于环境司法专门化这一理论概念进行了官方诠释，认为环境司法专门化是指环境审判机构、环境审判机制、环境审判程序、环境审判理论、环境审判团队"五位一体"的专门化。这一理念的界定，为环境法庭的专业化和专门化提出了明确的要求和指引。

二、环境法庭面临的困境

当前，我国环境法庭发展过程中存在着环境法庭审理理念落后、环境审判管辖混乱、审判队伍素质参差不齐、环境司法易受干扰等问题，成为环境法庭建设发展的制约因素。

1. 环境法庭审判理念落后

近年来，人民法院紧紧围绕党和国家工作大局，切实贯彻节约资源和保护环境的基本国策，全面加强和创新环境资源审判工作，审判职能作用日益彰显，体制机制改革稳步推进，机构队伍建设不断深化，监督指导成效显著，公众参与更加广泛，全社会保护环境观念和环境法治观念明显增强。但是，在环境资源审判工作实际中还存在诸多问题。有的法庭对环境资源审判工作的特殊性、重要性认识不足；部分同志担当意识不够，使命感不强；有的法庭对环境资源审判的任务不明确；有人对环境资源审判工作的目的和需求模糊；等等。这些问题的存在最终都导致环境审判理念不能紧跟时代需求，环境纠纷解决的效果不佳。

---

① 江必新主编：《环境资源审判指导》第2辑，人民法院出版社2016年版，第25页。

② 参见李泽川：《司法专门化境况下环境资源案件管辖模式探究》，山东师范大学硕士学位论文，2020年。

中共十九大报告提出了我国社会的主要矛盾“已经转化为人民日益增长的美好生活需要和不平衡不充分的发展之间的矛盾”这一重大政治论断，矛盾中的主要短板特别列举了安全、环境、公平、正义等方面内容，这些都与生态环境息息相关。这是对时代发展、人民期待的精准把握和呼应。环境法庭审判工作的主要矛盾也相应转化为人民群众日益增长的对美好生态环境和公正环境资源司法保障的需求与人民法院环境资源审判工作发展不平衡、人民群众环境权益司法保障不充分之间的矛盾。要充分认识中国特色社会主义进入新时代、我国社会主要矛盾发生历史性变化对人民法院工作提出的新要求，紧紧抓住人民法院新时代环境资源审判工作的主要矛盾，找准环境资源审判工作的新目标、新方向，不断完善审判理念、工作机制和裁判方法，推动环境资源审判工作科学发展。[①]

2. 环境纠纷审判管辖困境

管辖是诉讼程序的起点，正确的管辖选择对于环境资源案件的司法审判也是至关重要的。然而，环境纠纷的特殊性决定了它不同于民事司法、刑事司法和行政司法的目的，环境司法的目的在于促进恢复生态环境、保护环境，保护的法益是社会公共利益，其案件性质复杂、损害后果具有流动性，这就决定了环境纠纷案件管辖问题有其特殊性。目前，管辖模式的混乱不利于环境司法权的正确行使，也不利于社会公益的保护。

目前，环境纠纷在管辖方面首先面临着法律规定确定性不足的困境。就审判机构方面而言，跨区域管辖是环境司法专门化的基本要求，无论采取何种管辖模式及初审层级，都要求打破基于行政区划的司法管辖权。然而，即使环境司法的制度设计力求摆脱行政区划的影响，司法机关、司法人员等也依然难以摆脱行政区划的影响。环保法庭本身设立和存续的稳定性并不强，这也导致环境这一概念被扩大，致使受案范围扩大，管辖权范围过大。反观，在尚未设立环境法庭的区域，环境纠纷的解决通常依附于其他审判庭，容易导致案件界限混淆，管辖权难以确定的问题，这就失去了环境资源案件审判的专业性，也难以达到环境审判的常规性要求。

3. 审判队伍素质参差不齐

目前，我国在各地特别是在基层法院大都设有环境法庭。从法院和法

---

① 参见江必新：《新时代环境资源审判工作的方向与定位》，《中国地质大学学报》（社会科学版）2018年第2期。

官级别来看，不同级别的法官在自身的审判经验积累、法律法规的运用能力、学术理论功底及司法解释的解释权限等方面会有很大的区别。环境法庭作为新设立的法庭，审理案件具有特殊性和复杂性，只有拥有专业知识的法官才能适应相关岗位需求。法庭成员的设置也不能像普通审判庭一样，需要具有专业知识背景的法律人才担任。而基层法院的现实是既懂环境科学又懂法律知识的法官少之又少，且通常这样的专业人才并不愿意到这样的岗位上去，环境法庭审判队伍的专业化难以保证。

另外，环境纠纷案件的难点之一就在于案件本身的流动性大、涉及面广、取证调查难等，其难度均高于普通案件。其二是环境污染涉及专业领域的专业知识，因果关系、损害后果等事实的认定难度大，通常需要进行司法鉴定。合法的司法鉴定部门是审判团队审理案件的得力助手，利用科学证据是实现司法权威的前提条件之一。但我国目前司法鉴定机构存在司法鉴定资格规范不统一、鉴定机构数量少、与之互补的环境科学人才库机制欠缺等问题，这带来的直接后果是当事人对环境法庭审判结果的怀疑。[①] 因此，专业环境司法鉴定机构的缺失，也严重制约了环境法庭办案质量的提升。

三、环境法庭发展的出路

为了保障公民环境权、兼顾社会各方面利益，当前环境法庭的建设应明确环境法庭审判的工作方向和定位、理清环境纠纷审判管辖思路、建立专业化环境纠纷审判队伍，加强环境司法能动原则上的制约，以克制为前提，坚持合法性和合理性原则，提升环境法庭的专业化，保障环境法庭的实际运行效果。

1. 明确环境法庭审判的工作方向

通过环境法庭审判工作，落实严格的环境资源保护制度。习近平总书记多次强调："只有实行最严格的制度、最严密的法治，才能为生态文明建设提供可靠保障。"[②] "在生态环境保护问题上，就是要不能越雷池一步，

① 参见刘梦梦：《司法专门化视阈下对环境法庭再审视》，《洛阳理工学院学报》（社会科学版）2019年第9期。

② 《习近平谈治国理政》第1卷，外文出版社2018年版，第210页。

否则就应该受到惩罚。”[①] 要像对待生命一样对待生态环境，将科学处理人与自然的关系作为新时代中国特色社会主义的应有之义。要强化环境资源审判职能，保证国家保护生态环境的法律规范得到统一实施和贯彻落实。细化环境资源案件裁判规则，按照不同案件类型分类施策，统一裁判尺度，实现个案公正。围绕环境资源重点类型案件，及时制定司法解释和指导意见，完善法律适用规则，助力生态环境保护攻坚战，打赢蓝天保卫战。注重建立和利用环境资源案例指导制度，发现、培育和推荐典型案例并编选典型案例适用集等，明确案件审理的标准，提升环境资源审判的公信力。

通过环境法庭审判工作，推进环境资源法律制度完善。随着环境问题日渐进入公众视野，我国环境相关立法也日渐完善。目前已有三十多部环境与资源保护相关的法律，行政法规、规章及规范性文件也逐年增加，环境领域基本上形成了系统的立法体系。然而，要应对环境纠纷解决，当前的法律制度难免捉襟见肘，现行法律法规领域狭窄，侧重点为环境保护和资源的利用管理，环境修复则涉及较少。环境资源审判庭的法官可集中精力对环境司法实践中出现的新情况新问题进行系统化的研究，向立法机关制定或修改环境法律制度提供丰富的司法实践素材，在交流中为环境法律理论研究注入新的活力。环境法律制度的进一步完善，有利于环境司法审判理论研究的深入，反过来可以更好地指导环保案件的审理。[②]

2. 理清环境纠纷审判管辖

首先，明确环境司法诉讼管辖。环境问题的流动性和生态系统的整体性都决定了环境纠纷实行专属管辖和集中审理的方式会更加高效便捷。然而，实践中与行政区域挂钩会增加行政干预问题，影响案件的高质量审理。因而，在环境司法程序中增加对于环境案件审级管辖制度与跨行政区域管辖制度的研究势在必行。设立环境法庭对环境问题实行专属管辖，可以有效解决本行政区域内的环境纠纷。对跨行政区域、跨流域、跨领域案件，减少地方保护主义，避免地区之间行政矛盾的干扰，需要设立新制度。例如，可以分不同环境保护区设立跨省的区域环境法院，制定相应的司法裁判标准，区域环境法院负责审理所辖范围内的跨省纠纷。对同一行

---

① 《习近平谈治国理政》第1卷，外文出版社2018年版，第209页。

② 参见管仲：《试论环境纠纷审判机制的完善》，《攀登》2019年第4期。

政区域内的案件，可以考虑提级审判的方式，由管辖不同区域的中院审理等。

其次，明确环境诉讼的受案范围。环境法庭的具体受案范围既不能过大，也不能过小，要有相对明确的受案范围。基于环境资源案件的跨区域性和扩散性特点，有必要打破行政区划的约束，受案范围应当以生态区域为标准，以保证特定生态区域内的所有环境资源案件都由统一审判庭进行审判。这既能够保证案件的公平公正，也能培养法官的专业性，为该特定区域环境资源案件的处理积累经验。①

3. 建立专业化审判队伍

首先，培养复合型法官。环境诉讼的复杂性决定了综合性人才机制的完善是实现我国司法专门化的重要一环。环境法庭的审判工作需要结合当地的环境污染源、主要污染物及环境案件的频发类型来进行，只有选择同时具备法律科学知识和环保科学知识的复合型法官，才能应对审判工作。为增加可行性，在法官的培训考核之外，可以在环境法庭增设两名或两名以上的法官，由一名具有学科专业知识的法官共同审理案件。同时，各级法院可增开法官在环境法或行政法相关领域专业知识的学习、学术及实践经验交流等，提升整体专业化水平。

其次，通过资源整合发挥各方优势。在当前短时间内难以快速培养专业人才的形势下，可以充分借助社会各界力量，通过外聘确定一批拥有环境资源方面专业知识的人作为专家辅助人辅助审判，实现资源整合。例如，对于熟知当地环境并具有一定环境知识的人，以陪审人员的身份吸纳为环境审判合议庭成员，弥补审判组织在环境专业知识方面的不足。增加法官与专业人才的交流，听取专家学者的意见，将既熟知国际先进实践，又掌握国内标准做法的工程师、建筑师、规划师等技术专家引入作为外部智库等。可以结合司法责任制改革和环境资源审判专门化要求，定期对法官进行相关专业知识培训，邀请资深法官、专家学者围绕环境司法领域重要课题进行授课，增强业务能力。

---

① 参见李泽川：《司法专门化境况下环境资源案件管辖模式探究》，山东师范大学硕士学位论文，2020年。

环境司法鉴定制度的检视与完善

□张皓*

摘要：生态环境与人类生活生产关系密切，但是，随着我国经济的发展，很多企业或个人受金钱效益的驱使，不顾生态系统的整体性与相对稳定性，通过破坏生态环境来获取私利。在环境侵权事件发生时，环境诉讼中环境损害司法鉴定是解决环境纷争的核心技术保证，是判断环境侵权人承担环境侵害赔偿义务的主要根据，是确保环境司法裁判顺利进行的重要证据。本文主要通过对环境司法鉴定的理论概述，包括概念、特征及意义，分析我国环境司法鉴定制度的现状与困境，探寻改善途径。

关键词：环境诉讼；环境司法；鉴定；改善途径

2016年1月，司法部和环境保护部共同公布了《关于规范环境损害司法鉴定管理工作的通知》（司发通〔2015〕118号），将环境损害司法鉴定界定为："在诉讼活动中鉴定人运用环境科学的技术或者专门知识，采用监测、检测、现场勘察、实验模拟或者综合分析等技术方法，对环境污染或者生态破坏讼诉涉及的专门性问题进行鉴别和判断并提供鉴定意见的活动。"同时，该通知还明确了环境损害司法鉴定的范围，包括确定污染物的性质，确定生态环境遭受损害的性质、范围和程度；评定因果关系；评估环境污染治理与运行成本以及防止损害扩大、修复生态环境的措施或方案等。

一、环境司法鉴定的特征

环境司法鉴定主要从事"物证鉴定"。[①] 由于环境污染及生态损害自身

---

* 张皓，山东省肥城市人民法院科员。

① 参见黄卫：《环境司法鉴定机构建设初探》，《环境检测管理与技术》2010年第1期。

的复杂性、多样性、累积性和潜移默化性等特殊特征，环境损害司法鉴定工作的开展也具有特殊属性。与科学类、技术类鉴定相比，环境损害司法鉴定涉及领域颇多且鉴定要求严格，具有专业性、鉴定程序衔接性、鉴定证据易逝性等特征。

第一，鉴定活动专业性。环境损害及生态损害涉及专业且复杂的科学技术运用，仅凭肉眼辨别或者受害人受损描述是无法作出科学正确的判断，需借助专门鉴定机构及技术人员对其进行数据分析及综合比对，形成客观的鉴定意见作为证据使用。第二，鉴定程序衔接性。环境损害具有多样性、复杂性，依据致损程度，一个复杂的环境损害案件甚至会涉及侦查、环保等多部门联合执法。例如，井水投毒导致农田受损，在发现损害的第一时间，受害人首先委托鉴定机构或者请求环保部门对井水水质进行检测，进而确定是否具有有毒物质，同时对于农田受损还要请求农业部门进行鉴定评估。如果涉及犯罪，还需要公安部门介入对其追责。鉴定程序衔接性及各部门配合紧密度尤为重要，否则会错失最佳时间。第三，鉴定证据易逝性。易逝性主要涉及鉴定证据的采样时间、地点、证据固定等，如上述环境损害涉及方面广泛且具有连锁反应，证据若未及时收集或者与其他物质产生化学反应，这都会加大鉴定难度及对因果关系的判断。

二、环境司法鉴定的意义

环境损害司法鉴定对环境纠纷解决及环境公益诉讼工作的稳健开展具有重要的价值与意义，具体表现为以下三个方面。

第一，环境损害司法鉴定制度为环境诉讼提供重要的专业支持。《环境保护法》《民事诉讼法》等都对环境污染侵权行为应承担的责任予以了明确规定，但在司法审判实践中，审判人员往往不具备相关专业的环境科学知识，无法准确对环境污染损害程度、生态环境破坏状态等事实进行界定。通常，作为案件原被告也不具备相关专业知识。这导致环境侵权案件审判过程无法顺利开展。环境司法鉴定工作恰恰是为了司法机关审判环境侵权案件时提供专业的技术支撑，对侵害事实予以确认，切实维护受害人的合法权益，恢复生态环境机能。建立完善的环境司法鉴定机制，不但能有效维护公民、法人或其他组织的合法环境权益，更能优化环境行政管理。近年来，环境公益诉讼的快速发展也对环境司法鉴定提出了更高的要求，完善的环境司法鉴定制度同时也可以缓解目前环境损害赔偿难的困境。

第二，促进社会经济可持续发展。社会经济的可持续发展离不开生产性企业的贡献。长期以来，传统生产性企业靠高能耗、高污染换取利润的增长，给环境造成不可修复的损害。一直以来，企业污染造成的环境损害未被政府部门重视，在环境司法审判中也很少追究环境污染主体的法律责任。其中原因除了相关法律规定不健全外，环境司法鉴定制度不完善也是重要原因之一。要切实开展环境司法鉴定工作，明确环境污染损害造成的事实，量化环境损害程度，并将对应费用纳入环境损害赔偿范围，合理制定有效的赔偿金额与行政处罚措施。强化企业环境风险意识，规范企业生产过程，强化企业环境责任，从而在根本上解决“违法成本低，守法成本高”的突出问题，改变以牺牲环境为代价的经济增长方式，促进社会经济的可持续发展。

第三，有效保护自然环境。随着我国工业化和城镇化的快速发展，环境问题日益突出，国外工业革命后出现的环境问题在我国已逐渐显现，环境保护工作面临前所未有的挑战和压力。目前我国环境保护法律制度并不健全，相关责任事故追究机制未落实到位，对事故责任认定缺乏标准依据和定量分析，给环境污染损害的追责带来了障碍，致使环境侵权主体逃避法律责任追究。新的环境问题的出现对整体环境污染控制体系的发展提出了新的挑战。环境司法鉴定制度的建立和完善为解决我国突出的环境问题提供了有效的技术支撑，在日益严峻的环境形势下，只有建立并实施有效的环境司法鉴定机制，及时对发生的环境污染问题进行准确的衡量，全面追究责任主体应承担的责任，才能有效应对当前严峻的环境问题。

三、我国环境司法鉴定制度的现状

我国环境司法鉴定制度较其他发达国家起步较晚，目前尚处于探索完善阶段，主要体现在法律、技术标准规范等方面，尤其是在环境司法鉴定专业化、职业化、规范化等体系建设方面仍需要加强。当前，随着环境司法制度的不断健全与完善，与之相适应的环境司法鉴定制度建设也获得了一定的进展。

目前，从国内现存法律来看，我国尚未有一部完整规束环境损害司法鉴定工作事项的专门性法律，与环境污染损害相关的法律主要是指宪法、环境保护法、环境保护单行法、附属环境保护法等，但上述法律只是对环境保护做出原则性的规定或是对环境损害鉴定评估做出规定，并没有专门针对环境损害司法鉴定做出约束。与环境污染损害相关的法律主要体现在环境法部门和侵权责任法部门中。环境法部门包括《环境保护法》《水污染防治法》《海洋环境保护法》《固体废物污染环境防治法》等，而《侵权责任法》主要针对环境污染致人受损的受害人救济事项进行规定，第六十六条对环境污染纠纷的责任举证适用举证责任倒置。《环境保护法》对受害人救济赔偿的规定具有指引性，同时，《环境保护法》第六十四条规定：因环境污染和生态破坏造成的损害的，依据《侵权责任法》的有关规定承担责任。《环境保护法》条文中有9次引用“环境评价”一词，而未使用“环境鉴定”，此外，第五条和第六条针对环境损害责任确立损害担责原则。

1. 我国环境司法鉴定机构建设情况

2005年，中国环境科学学会成立了北京中绿科环境损害评估鉴定研究中心，该机构是全国首家向社会提供环境司法鉴定服务的研究性机构。我国环境司法鉴定工作机构数量不多，质量参差不齐，专业鉴定机构远远不能满足司法需求。2014年1月，环境保护部发布了《关于印发〈环境损害鉴定评估推荐机构名录（第一批）〉的通知》（环办〔2014〕3号），其中包含中国环境监测总站等12个单位。2016年2月，环境保护部公布了《关于印发〈环境损害鉴定评估推荐机构名录（第二批）〉的通知》（环办政法〔2016〕10号），包含中国环境科学研究院、环境保护部南京环境科学研究所等17个鉴定机构。上述名录的公布是在党的十八大和十八届三中全会发布实施最严格的损害赔偿制度、责任追究制度的大背景下，为充分发挥环境司法鉴定对环境司法、环境监督管理、生态环境损害赔偿磋商等工作的技术支撑作用。但是，目前该项工作的开展情况不容乐观，根据司法部司法鉴定管理局发布的2014年度全国司法鉴定情况统计分析，截至2014年底，全国依法设立的司法鉴定机构共4902家，较去年增长26家，办理业务共计1855429件。其中，从事环境损害类司法鉴定机构共89家，分布在15个省（区、市），其中四川省有35家，为全国最多。全年共进行环境损害类司法鉴定33件。2015年度全国司法鉴定情况统计分析报告显示，全国依法设立的司法鉴定机构共计4924家，共办理各类鉴定业务1933928件。

从事环境损害鉴定的机构 50 家，环境损害类鉴定 113 件。① 从上述官方数据可知，近几年我国环境司法鉴定机构数量未增反降，环境司法鉴定类业务占总业务类比例甚微。这足以看出，我国目前环境司法鉴定机构及环境司法鉴定业务刚刚起步，要走的道路还很长。

2. 环境司法鉴定制度建设情况

我国关于环境司法鉴定制度目前正处在一个逐步完善的过程中。2005 年，司法部发布了《司法鉴定机构登记管理办法》（司法部令第 95 号）和《司法鉴定人登记管理办法》（司法部令第 96 号），对普通司法鉴定制度进行了规范。2011 年 5 月，环境保护部对外发布了《关于开展环境污染损害鉴定评估工作的若干意见》。该意见对环境司法鉴定的重要性予以了肯定，同时提出了开展环境司法鉴定工作的原则、总体目标及阶段目标，把推动立法进程、制定技术规范、组建专业队伍、健全工作机制作为工作任务。2015 年 12 月，司法部、环境保护部联合印发了《关于规范环境损害司法鉴定管理工作的通知》（司发通〔2015〕118 号），对环境损害司法鉴定概念、发展规划、机构管理办法、工作制度做了进一步明确和规范，为我国环境司法鉴定提供了保障机制。

3. 我国环境司法鉴定技术支撑情况

从上文可知，目前我国环境司法鉴定机构多为环境保护科学研究机构，其科研实力较普通的司法鉴定机构强，对环境司法鉴定工作较其他普通司法鉴定机构更加专业。环境保护部、司法部、最高人民法院等部门从本部门的职能职责出发，相应地制定了技术规范指导原则，为本行政部门环境司法鉴定工作的开展提供了政策支持。

四、我国环境损害司法鉴定的困境

一直以来，国家虽然非常注重保护自然环境、发展绿色经济，也陆续发布了很多管理规定，但是在发展过程中，我国环境损害司法鉴定仍然存在很多困境和挑战亟须解决，特别是发生的各类突发性重大环境损害事故，暴露出我国环境损害司法鉴定还有很多方面需要完善。

---

① 上述数据均来源于司法部司法鉴定管理局网址公布的统计分析报告。

1. 环境损害司法鉴定机构个数少且区域发展不均衡

当前我国环境损害司法鉴定的机构和队伍的规模过小，全国范围内的相关机构寥寥可数，相关从业人员更是难寻，行业几乎不被社会大众所知晓。有研究表明，政府部门、司法机关以及社会大众对环境损害司法鉴定需求越来越多，对其专业化要求也更高，但环境损害司法鉴定机构以及人员却是“僧多粥少”，难以满足市场需求。[①] 近年来，全国环境案件数量总量巨大且持续上升，环境损害司法鉴定机构供不应求。一方面，我国环境案件总量巨大。自2014年6月成立环境资源审判庭至今，各级人民法院共受理各类环境资源一审案件1081111件。经计算，一审环境侵权民事纠纷案件占总量的71.8%，环境资源刑事犯罪案件占10.5%，环境资源行政一审案件占17.7%。[②] 我国环境案件总量巨大，这与我国地大物博和快速发展的经济密不可分。另一方面，环境案件总量展现出上升的走向。2018年，全国法院共受理生态资源刑事犯罪案件26481件，同比2017年受理数增加3752件，上升16.51%；该年全国法院一审环境民事案件数量同比2017年受理数增加14507件，上升8.17%；同年全国法院环境资源行政一审案件数量同比2017年受理数增加2893件，上升7.35%。[③] 从环境损害司法鉴定机构数量来看，环保部于2014年和2016年两个批次公布了环境损害鉴定评估机构推荐机构名录，第一批次为12家，第二批次17家，供有需求的政府部门、环境保护公益机构、法人或其他组织、公民进行选择。这两个批次的推荐机构一共29家，其中国家级的仅有5家，省级的有24家。在我国34个省级行政区中，平均每个省还不到1家，其中部分省级地方还未有推荐机构。显而易见，推荐名单里的机构覆盖面不够广，每个省份机构数量匮乏，对于需求量大的发达地区更加是“僧多粥少”。在这些已经公布的机构名单中，仅有9家是有指定合作单位的，占总数量的三分之一，其他推荐机构都只能单独运作，其鉴定的负荷和压力之大可想而知。2018年9月，政府部门下发准入登记的通知后，各地纷纷

---

① 参见王江：《环境损害司法鉴定：制度框架、现实困境与破解思路》，《中国司法鉴定》2018年第2期。

② 参见《最高人民法院环境资源审判庭成立五周年新闻发布会》，中国法院网，2019年7月30日，https：//www. chinacourt. org/article/detail/2019/07/id/4225078. shtml。

③ 参见《〈中国环境资源审判（2017～2018）〉〈中国环境司法发展报告（2017～2018）〉及生态环境保护典型案例新闻发布会》，中国法院网，2019年3月2日，https：//www. chinacourt. org/article/subjectdetail/id/MzAwNMgqMIABAA. shtml。

加快准入一批司法需要、群众关切的环境损害司法鉴定机构。截至 2019 年底，我国范围内由省一级司法部门核查准入的环境损害司法鉴定机构共计 103 家。[①] 相比前面 29 家环境损害鉴定评估推荐机构，数量上虽然有所增加，但是在全国环境案件总量巨大且持续增长的现状下，仍然是供不应求。很多地方起步较晚，如江西于 2018 年 11 月成立首批环境损害鉴定评估机构，内蒙古则于 2019 年初才实现零的突破，个别地方的环境损害鉴定评估机构仍未设立。

综上，我国环境案件数量巨大，且呈上升趋势，而专门从事环境损害司法鉴定的机构数量不足，且分布极其不均衡，开展的鉴定业务范围有限，部分经济落后地方的环境损害司法鉴定机构还未实现零的突破，不能满足庞大的环境诉讼案件的需求。

2. 环境损害司法鉴定成本高且收费标准不明确

在环境纠纷发生后，受害方寻求司法机关的帮助，有无环境损害司法鉴定意见成为重要的一个环节，但其收费不菲且没有成文标准，这无疑会打击当事人的积极性，进而阻碍诉讼进程。

一是建设环境损害司法鉴定机构成本高。2018 年 6 月，国家下发了《环境损害司法鉴定机构登记评审细则》（以下简称《细则》），《细则》附件三要求该类机构应有专门的实验室和配置相应的仪器设备才算合格规范。也就是说，成立一家有资质的环境损害司法鉴定机构必须得有雄厚的资本，必须对硬件设施进行较大的资本投入，毕竟没有驻地场所、优良器材、专门从业者等前期投入是没有办法开展环境损害司法鉴定事务的，这就导致其建设费用较高，也必然会推高后续的鉴定费用。有一定的经济实力是开展此类机构运营的前提，我国也以官方形式出台了此类鉴定机构的登记评审规定，即《环境损害司法鉴定机构登记评审办法》，其中第四条就提出了资本高于 100 万元人民币的才可以注册成立。

二是环境损害司法鉴定本身具有较强的专业性和复杂性，开展成本高。不同于其他类别的司法鉴定仅仅对单个对象进行判断，环境损害司法鉴定的费用多少是由鉴定事项所决定的，作为综合性的鉴定活动，其内容丰富，事项纷杂，还存在多个领域重合的情况，鉴定人员必须掌握复合型

---

① 参见《全国环境损害司法鉴定机构突破 100 家，为打好污染防治攻坚战提供了有力支撑》，司法部政府网，2019 年 1 月 8 日，http：//www.moj.gov.cn/Department/content/2019-01/08/612_226205.html。

知识。所以，环境损害司法鉴定的费用要比传统司法鉴定要高。从具体案例来看，蓬莱19-3油田先后发生两起溢油事故，国家海洋局等部门组织专业人员对事故污染情况进行调查，通过卫星遥感监测、船舶巡航、水下机器人探测、溢油雷达监控等高科技手段，支出费用超过百万元。[①] 又如，某全国性民间环保组织诉云南JDXY有限公司一案中，鉴定评估费总额需300余万元，原告需要预交一半即150万元，高昂的鉴定成本成为环境诉讼的强大阻力。还有因为鉴定费用高于当事人的承受能力而错失打赢官司良机的案例，如在云南曲靖铬渣污染案件中，需要支付鉴定的费用高达100余万元。虽然司法部在2019年6月下发了《关于进一步做好环境损害司法鉴定管理有关工作的通知》，通知的第三点提出“及时推出一批检察公益诉讼中不预收鉴定费的鉴定机构”，“每个省份原则上至少报送1家在检察公益诉讼中不预先收取鉴定费的环境损害司法鉴定机构”。这表明，政府开始关注到环境损害司法鉴定费用高的问题，鼓励支持那些实力雄厚的机构及时受理环境公益案件。但是，这只是限定了在检察公益诉讼中开展不预先收取鉴定费。在环境案件中，检察公益诉讼只是环境诉讼的一小部分，环境诉讼中原告多为自然人，即使作为环境民事公益诉讼原告的社会组织，其作为非营利性组织，也大都缺乏经济实力。繁杂的鉴定程序以及昂贵的鉴定费用成为他们诉讼的沉重包袱，这就造成很多公益组织决定不提起诉讼、无力承担鉴定费用而申请撤诉或败诉的结果。

三是环境损害司法鉴定收费标准不明确。国家至今尚未出台相关收费规定或者制定收费指导性目录，往往由鉴定机构自行决定费用的多少，这方面有很大的自主空间。如在常州市环境公益协会诉CWQ、常州市BSE物资再生利用有限公司等土壤污染民事公益诉讼案中，调查评估费用就为35.97万元，而某全国性民间环保组织与CL有限公司等土壤污染环境纠纷案中，鉴定费用则高出百万元。收费高低截然不同，又缺乏国家层面的硬性规定，可见尽快出台科学的环境损害司法鉴定收费标准势在必行。

3. 环境损害修复费用难以鉴定

环境损害司法鉴定的内容包含了确定生态恢复方案和措施，计算环境损害修复的费用。传统民事损害对象单一而明确，损害时间为一时性的，容易确定赔偿数额，而环境损害则不同。其损害结果常常跨越时空、损害

① 参见庄琳：《对环境损害司法鉴定的若干思考》，《环境保护》2018年第17期。

对象多样繁杂，所以在环境损害修复费用鉴定上更具复杂性和难度。在环境损害修复费用司法鉴定中，诉讼双方常因修复范围、鉴定方式、鉴定损害修复计算方法而存在分歧和争议，从而引起第二次甚至多次的环境损害司法鉴定。例如，在江西省抚州市人民检察院诉时某、黄某某民事公益诉讼案中，抚州市人民检察院依据鉴定评估报告诉请法院判决两被告依法共同承担生态环境污染的修复费用 68.62 万元。然而，抚州市中级人民法院审理时对该鉴定评估报告提出质疑，因该案中电子垃圾并没有完全焚尽，鉴定报告采用虚拟治理成本法计算修复费用不够客观，没有考虑到实际的焚烧状况。最终，法院判定被告承担生态修复费用为 16 万元。在该案中，法院并未采纳虚拟治理成本计算法。而江苏省泰州市环保联合会与 6 家化工企业环境污染侵权案中，江苏省环境科学学会出具了评估技术报告，采用虚拟治理成本方法进行鉴定评估，泰州市环保联合会依据该报告向法院诉请环境修复费用 1.6 亿元。常隆农化有限公司等则辩称：如泰运河、古马干河水质已经恢复，无须再进行人工修复，泰州市环保联合会根据虚拟治理成本计算损失是不合理的。[①] 法院认为，不能以被污染水域的水质因为自净得到恢复为由，就否认侵害者曾经对水域造成的损害行为，免除侵害者应当承担的环境修复责任，故而采纳虚拟成本计算法，同意泰州市环保联合会的诉求。上述两案均对是否采用虚拟成本计算方法存在争议，不同的是法院采纳结果不同。正是因为环境损害的复杂性，才会呈现这一结果。这也更让鉴定机构和鉴定人员在进行环境损害修复鉴定、相关诉讼当事人提请诉求时，对采用何种环境修复计算方法存在疑虑和困惑，但又没有统一规定，这无疑是实践中的一个难题。

此外，我国缺乏关于环境损害修复范围和标准的具体规定，仅有原则性的表述。例如，2015 年 1 月 7 日施行的《最高人民法院关于审理环境民事公益诉讼案件适用法律若干问题的解释》第二十条明确了生态环境修复费用的合法地位。但是，对于修复费用如何确定、采用什么方法确定均没有规定，仍有待于探索和总结。[②] 因此上述规定过于原则性，司法实践中环境损害修复费用的确定难免会出现法律适用问题。例如，北京市朝阳区

---

① 参见《泰州市环保联合会与江苏常隆农化有限公司、泰兴锦汇化工有限公司等环境污染责任纠纷二审民事判决书》(〔2014〕苏环公民终字第 00001 号)。

② 参见顾金才、蔡鹏:《浅析生态环境损害赔偿诉讼案件审理的三大要点——评江苏省人民政府诉安徽海德化工科技有限公司生态环境损害赔偿一案》,《法律适用》2019 年第 20 期。

自然之友环境研究所、福建省绿家园环境友好中心与谢某某等人环境侵权诉讼中，原告委托北京中林公司进行评估，福建南平市中级人民法院在认定生态修复项目总费用和生态损失、服务价值部分仅阐述鉴定评估机构具有资质，因而该部分款项的认定合理，因而予以支持，并没有对采用何种环境修复标准以及合理性进行说理。[①] 可见，因缺失明确的标准作为依据，法院在裁判被告应承担的环境损害修复费用时困难重重，不利于及时修复受损的环境。

五、我国环境损害司法鉴定制度的完善路径

1. 建立健全环境损害司法鉴定法律制度规范体系

（1）细化法律原则相关规定

健全的环境损害司法鉴定法律规范体系是促进环境司法活动顺利开展的法律依据及必备的上层设计，针对目前我国环境损害司法鉴定法律规范规定抽象模糊、交叉冲突、环境介质覆盖不全面等缺陷，应当加快完善法律体系，明确不同部门法的交叉界限及环境要素种类，并对其作出明确规定。

具体而言，要细化法律原则性规定。首先，对《环境保护法》第五条“损害担责”概念进行精准厘清，明确对“损害”范围限定，“损害”是否包括因环境污染这一行为引发的人身、财产、环境生态的损害，环境享受权益损害是否应明确列入《环境保护法》“损害担责”，建议可采取司法解释及最高法检司法案例指导形式对相关概念进行精准厘清。其次，把缺位的对环境要素草原、湿地、森林等环境监测和修复等纳入《环境保护法》第三十二条，并作明确规定。同时，各部门加强沟通协作，对所属部门涉及的环境标准法律法规进行梳理，检查存在的冲突、竞合和空白等问题。最后，环境损害司法鉴定的合理正当性离不开行政监管和司法监督的推动，行政监管和司法监督须做到有法可依。从长远发展来看，《环境保护法》应明确环境损害司法鉴定监督机制中行政监管与司法监督的区别，一则可以肯定环境损害司法鉴定监督机制于环境损害司法鉴定的重要性，有

① 参见《北京市朝阳区自然之友环境研究所、福建省绿家园环境友好中心与谢某某、倪某某等侵权责任纠纷一审民事判决书》（〔2015〕南民初字第38号）。

利于环境法下行政法规、规章对环境损害司法鉴定监督机制的具体构设的顺利实现。二则通过明确两者在内容、方式、责任上的区别，为厘清环境监管部门行政执法和司法监督的监督范围、监督内容等提供法律依据。

（2）制定专门的环境损害司法鉴定法律制度

环境损害司法鉴定是在法律指导下的实践活动，有法可依是确保环境损害司法鉴定活动的合法性前提。现阶段，我国还没有一部完整的环境损害司法鉴定的法律对环境损害司法鉴定技术手段可解决何种环境损害突出问题进行明确，也不存在综合性的高效、快速、便捷的针对重点的环境特异性造成的环境破坏、人身损害、财产损害等采用救济方式的应急机制。基于此，制定专门的一部具有高效指导力和威慑力的环境损害司法鉴定法律规范，形成高悬于环境司法实践工作的利剑指导，对环境诉讼日益高涨的当下是极其必要的。

制定专门的环境损害司法鉴定法律制度需要从以下三个方面进行思考。一是要梳理不同位阶的法律文件，由立法机关制定环境损害司法鉴定制度的基本法律，基本法律的制定需要对其性质、概念、主体、对象、适用范围及其他具体制度进行明确。立足环境保护、环境权正义立法理念，兼顾程序法与实体法，结合诉讼法部门规定其相关内容，推动对环境侵权责任、生态赔偿责任等实体法的立法工作。二是要加强部门协作，进一步厘清生态环境、农业、水利等部门的责任承担。在立法过程中，立法部门应积极与环境损害司法鉴定相关的环境监管部门、司法部门及受新制定法律法规影响较大的部门积极进行沟通和听取相关汇报，审查现行法律法规，避免立法中法条的交叉、重复和冲突等问题。三是设立公众参与机制，积极调动群众、企业、环保社会组织等民间力量的参与，对重大环境损害事故的鉴定进程、评估修复、治理等信息应及时公开披露。四是采取一种兼具实体法和程序法的立法模式，对涉及的司法鉴定主体、鉴定机构、鉴定范围、鉴定技术方法、鉴定程序、鉴定认定、司法鉴定监管、责任承担等进行全面规定。

2. 完善我国统一的环境损害司法鉴定管理制度

要建立统一鉴定技术标准。环境损害司法鉴定工作的核心是对环境损害司法鉴定质量的控制，这影响着环境司法的效率与公平公正。司法实践中存在的重复鉴定结论不一致、鉴定结果意见遭到质疑等情况，与鉴定标准多样化、鉴定方法混乱等存在密切联系，而解决此问题的关键就是对环境损害司法鉴定技术标准及鉴定方法进行修正统一。

首先，立足我国环境损害司法鉴定现状，借鉴国外先进经验，重点突破面临的环境基准标准、因果关系判断等困扰。结合多类型环境损害事故发生的实践，注重对发生特征的总结及对比，尤其涉及突发性水污染、场地污染等常见的环境事故，以可操性和动态性为原则，分类建立相应的鉴定标准及鉴定方法，并且定期进行修正。

其次，建立技术导则体系。技术导则体系作为司法鉴定的技术依托，利用科学技术建立与之关联的鉴定技术模型、评估软件、损害再现场景模拟等，且提高其使用效率。再者，生态环境部门应通盘考虑国内现存的环境损害司法鉴定标准的适用情况，对各部门出台的技术不规范弊端予以排除。同时，借鉴国外先进的环境修复、财产估价等技术，进而建立具有系统性、前瞻性司法鉴定技术规范。

最后，环境及生态损害导致的人类法益健康的损害鉴定标准应纳入环境损害司法鉴定标准中。因为环境污染的发生对附近人的健康甚至生存产生直接或间接的不利威胁，受影响的可能是单个的人也可能是大规模不特定主体，对其造成的身体健康问题，行为人应依据一定的标准进行赔偿，这是环境正义的要求。因此，有必要将人类法益损害的鉴定囊括其中，鉴定事项可以包括对受害者健康程度的判定。例如，是否构成轻伤、重伤抑或后遗症，是否会导致人体器官中毒，分析人体受损发病与环境污染物的作用机制等进行鉴定。虽然在鉴定技术上会存在很多棘手的问题，但这不能成为人类法益损害纳入环境损害司法鉴定范围的“拦路虎”。

环境问题已成为全球重点关注的命题。面对日新月异的环境污染、生态破坏的多样性和复杂性，环境诉求与诉求实现的矛盾愈加凸显，而环境损害司法鉴定作为环境诉求实现的关键证据获取对法官作出公正、合理、有效的司法裁判发挥着重要作用。环境损害司法鉴定制度的完善是一项复杂系统性的工程，需要在实践中不断摸索前进。

我国环境民事公益诉讼的困境与对策

□刘玲*

摘要：我国2012年修订后的《民事诉讼法》增加了环境民事公益诉讼制度，将污染环境等损害社会公共利益的行为纳入公益诉讼受案范围。2015年，最高人民法院颁布了《关于审理环境民事公益诉讼案件适用法律若干问题的解释》。该文件第十一条明确规定了人民检察院可以依据我国《民事诉讼法》第十五条的规定，通过提供法律咨询、提交书面意见、协助调查取证等方式支持社会组织依法提起环境民事公益诉讼。我国2017年修订后的《民事诉讼法》第五十五条确立了检察机关直接提起民事公益诉讼制度，并再次明确了检察机关支持民事公益诉讼的条件。自此，一系列环境公益诉讼立法为司法实践的顺利开展提供了立法保障。但是，检察机关提起环境民事公益诉讼制度仍存在不足之处。本文主要讨论检察机关提起环境民事公益诉讼存在的困境，并提出解决对策。

关键词：环境民事公益诉讼；制度困境；完善对策

随着我国经济的发展，保护生态环境、减少环境污染的重要性日益凸显。党的十八以来，我国对生态环境保护的重视程度不断提高、力度不断增强，以习近平同志为核心的党中央提出了创新、协调、绿色、开放、共享“五大发展理念”。绿色发展作为处理好人与自然和谐关系的基本指导原则由此得以确立，党的十九大报告也进一步强调“加快生态文明体制改革，建设美丽中国”①。同时，我国对环境污染行为的法律规制也日益完善。环境民事公益诉讼的出现是我国环境法治的一大进步，取得了良好的效果。检察机关提起环境民事公益诉讼以法律手段促进生态环境治理，是

---

* 刘玲，山东省肥城市人民法院科员。

① 习近平：《决胜全面建成小康社会　夺取新时代中国特色社会主义伟大胜利——在中国共产党第十九次全国代表大会上的报告》，人民出版社2017年版，第50页。

生态环境资源的保障，也是贯彻绿色发展理念、坚持人与自然和谐发展及推进依法治国的应有之义。环境民事公益诉讼制度在我国经历了长足的发展，在司法实践的推动下，经多方努力，检察机关提起环境民事公益诉讼的制度体系已基本建成。

但是，我国环境民事公益诉讼在诉讼主体资格、程序启动、诉讼费用、损害赔偿及执行效果等方面仍面临一些问题。笔者将针对我国环境民事公益诉讼制度面临的问题，提出相应的优化对策。

一、环境民事公益诉讼概述

1. 环境民事公益诉讼的概念

环境民事公益诉讼属公益诉讼范畴，其目的是保护公共环境资源免受损害、受损害时得到修复和救济，以及维护与环境有关的生态文明秩序。概括来讲，环境民事公益诉讼是指符合特定条件的主体，当环境受到或可能受到污染和破坏的情形下，依据法律规定而提起的诉讼。区别于私益诉讼，环境民事公益诉讼旨在通过司法手段维护环境公益，起诉主体突破了直接利害关系的原告资格理论，可由不具有直接利害关系的主体提起诉讼。[①]

2. 环境民事公益诉讼的特点

(1) 公益性目的

环境民事公益诉讼的目的是保护和改善环境，合理利用自然资源，防治污染和其他公害。如此可以看出，环境公益诉讼的目的既不是维护私权，也不是维护公权，其主要目的是保护环境。当然，对于环境权益来说，环境民事公益诉讼实际上是有公益和私益双重属性。在保护环境公共利益的同时，也有可能对环境私益起到了保护作用。即使存在同时保护了环境私益的情况，也不会改变其保护环境的目的。因此，只有把握了环境公益诉讼的目的，才能够真正找准定位。

(2) 主体范围广

一般而言，诉讼当事人是直接利害关系人。环境民事公益诉讼则有所

① 参见彭星云：《浅析环境民事公益诉讼实践困境与对策》，《长江大学学报》(社会科学版)2020年第3期。

不同，从现有规定来看，检察机关以及符合条件的社会组织，可以提起环境民事公益诉讼。其原因在于，该类诉讼具有公益性，涉及社会公众利益。如果提起环境民事公益诉讼的主体仅限直接利益相关者，则会限制公益诉讼程序的启动，影响公益诉讼作用的发挥。此外，我国法律中对于公民个人是否有权提起环境公益诉讼的问题还没有作出明确的规定，而且司法实践中也鲜有此类案例发生。笔者认为，赋予公民个人提起环境公益诉讼是具有可取性的，这样的做法不仅能够提高公民环境保护的意识，而且还能够让更多的公民参与到环境保护当中。在具体制度设计过程中，公民作为环境公益诉讼的原告主体也必须要受到一定的限制，否则将可能出现公民滥用诉权的情况，造成不必要的司法资源的浪费。当然，就目前而言，诉讼费用是公民个人提起诉讼时面临的一大难题。

（3）预防性理念

环境污染所造成的不利后果往往是较为久远的，并且难以恢复。因此，若等到环境遭受实际损害之后才通过诉讼制止，此时可能为时已晚。首先，环境公益诉讼还要树立预防为主的理念，预防性应是环境公益诉讼制度考虑的首要因素。其次，追求通过诉讼寻求救济。①

公益诉讼制度是司法制度的重要内容，其本身要在司法制度的框架内构建。与司法机关相比，相关环境保护行政机关在环境保护方面显然更具有专业性和灵活性等特点。基于此，在具体制度的构建过程中，要坚持行政优先的原则，即环境司法必须要保持对行政权的谦抑。

二、环境民事公益诉讼的理论背景

1. 环境权

环境权是指社会各主体对环境所享有的权利，包括对环境的知情权、使用权以及损害赔偿请求权。环境权理论形成于 20 世纪 70 年代，在世界各国引发较大的反响。关于环境权是一种私权还是公益权的问题，目前仍有争议。笔者认为，环境具有可共享性，环境状况不仅关系个人利益，也关系民众的公共利益，将其看作公益权更为适宜。无论怎样，环境权对环境民事公益诉讼制度的发展具有重要的推动作用。

---

① 参见许莉：《我国环境民事公益诉讼制度优化研究》，上海师范大学硕士学位论文，2020 年。

我国现行法律虽然没有对环境权作明确规定，环境保护立法的侧重点在于对环境的保护与治理上，关于环境权利的规定更是缺乏。《环境保护法》第六条明确规定：一切单位和个人都有保护环境的义务。环境权作为人类生存和发展的重要权利，是一项不可缺少的权利。

2. 诉讼信托

所谓诉讼信托，是指委托人将债权等实体权利及相应诉讼权利转移给受托人，由受托人以诉讼当事人的身份，为实现实体利益进行诉讼，产生的诉讼利益归于受益人的一种信托制度和诉讼当事人形式。根据“公共信托”理论，环境资源属于人类共同所有的财产，为了更好地实现公共利益，通过信托方式将环境资源交由国王或者是政府合法持有。美国学者约瑟夫·萨克斯（Joseph Sax）于1970年在《密执安法律评论》上发表的《自然资源法中的公共信托理论：有效的司法干预》一文中，将公共信托理论与环境保护结合起来进行研究，探讨了公共信托理论应用于环境保护领域的可能性。环境资源并不是私人所有的财产，而应当是全体国民的共同财产。国民可以将这些财产通过一定的形式委托给政府进行管理。一旦这些公共财产遭受侵害，国家有义务采取措施停止侵害，避免这些财产遭受进一步的损害。如此一来，就逐渐形成了国家的环境管理权或环境监管职能。对于国民来说，他们难以真正实现对环境的有效保护。因此，国民将其所享有的保护环境的诉权以信托的方式交给国家，于是就产生了信托诉讼。从国家角度来说，由检察机关或者是相关的组织具体提起诉讼；对于国民来说，为了保护信托财产，他们可以根据公共信托和诉讼信托理论提起诉讼，因诉讼所得利益应当由相应的环境权人共同享有。

三、我国环境民事公益诉讼的现实困境

1. 诉前程序功能受限

检察机关提起的环境公益诉讼设有诉前程序，根据《人民检察院提起公益诉讼试点工作实施办法》第一条的规定：在没有适格主体或者适格主体不提起诉讼的情况下，可以向人民法院提起民事公益诉讼。除此之外，在《关于审理环境民事公益诉讼案件适用法律若干问题的解释》中同样也对诉前程序作了规定。尽管检察机关提起环境公益诉讼诉前程序有明确的法律依据，在实践操作中也存在这种做法，但是诉前程序的作用并没有得

到很好的体现。从立法目的的角度来分析，设置诉前程序主要是为了促使检察机关督促有关行政机关或者是社会组织承担起环境保护的职责和义务，将检察机关提起诉讼作为最后的手段。在诉前程序中，检察建议是一个十分重要的环节，但是检察机关并没有充分利用好检察建议。一方面是检察机关与行政机关和相关社会组织之间没有建立完善的沟通机制；另一方面是检察机关在发出检察建议之后，没有进行有效的后续跟踪督促，检察建议无法落地生效，无法有效督促相关组织在规定时间内提起环境公益诉讼。在这样的情况下，检察机关面临严峻的环境保护形势，不得不自己提起诉讼，从而使得诉前程序作用难以得到发挥。此外，目前法律并未对社会组织提起环境公益诉讼作诉前程序规定。①

根据 2020 年 5 月最高人民法院发布的《中国环境资源审判（2019）》数据显示：2019 年，全国法院共受理社会组织提起的环境民事公益诉讼案件 179 件，审结 58 件，同比分别上升 175.4%、262.5%。受理检察机关提起的环境公益诉讼 2309 件，审结 1895 件，同比分别上升 32.9%、51.4%，其中，环境民事公益诉讼案件 312 件，审结 248 件；环境刑事附带民事公益诉讼 1642 件，审结 1370 件；环境行政公益诉讼案件 355 件，审结 277 件。从上述数据可以看出，目前检察院成为提起环境民事公益诉讼的主要力量。从立法本意来看，检察机关的诉权应当是起兜底作用，但实际情况是检察机关成了提起环境民事公益诉讼的主导力量。笔者认为，应严格遵循诉前程序的规定，在环境民事公益诉讼的启动主体上讲求顺位性，促进资源的合理配置。

2. 社会组织提起环境公益诉讼条件严苛

根据《民事诉讼法》的规定，有关社会组织可以向法院提起环境公益诉讼。但在实践中，社会组织提起环境公益诉讼具有一定局限性。主要体现在以下三个方面。

首先，社会组织中专业人士缺乏。在社会环保组织中，环境和法学专业的人才缺乏。由于环境公益诉讼涉及许多环境、法律等方面的专业性问题，对于提起诉讼人员的素质要求非常高。然而，社会组织中缺乏相关的专业人才，很难独立提起环境公益诉讼。

其次，社会组织对提起环境公益诉讼缺乏积极性。对于很多社会环保

① 参见温馨：《检察机关提起环境民事公益诉讼诉前程序研究》，安徽大学硕士学位论文，2019 年。

组织来说，他们作为公益性组织，不具备营利性特点，资金有限。环境污染往往需要进行专业鉴定，相关的鉴定费用非常昂贵。因此，很多社会环保组织没有足够的资金来提起环境公益诉讼。同时，他们虽然可以提起公益诉讼，但是无法获得相应的补偿。因此，社会环保组织提起此类诉讼的积极性不高。

最后，社会环保组织提起环境公益诉讼的条件较为严苛。现行法律制度对社会环境保护组织提起环境公益诉讼设置了严格的条件。第一，社会环保组织必须要经过设区市级以上民政部门进行登记注册；第二，专门从事环境保护公益活动连续五年以上且无违法记录；第三，不得通过公益诉讼谋取经济利益。我国社会环保组织发展较晚，符合条件的较少，这导致由社会环保组织提起环境公益诉讼的案件数量增长缓慢。

3. 诉讼费用过高

从诉讼费用方面来考虑，提起环境民事公益诉讼需要支付一笔案件受理费。除此之外，还可能需要聘请律师并支付一笔费用。环境诉讼涉及的内容非常多，往往需要对环境污染造成的损害以及损害的原因等进行评估和鉴定，调查取证的难度非常大，同样需要支付相关的费用，这些费用相对不低。因此，有关组织往往很难承担。从司法实践来看，诉讼费用过高是限制适格诉讼主体提起环境公益诉讼的重要原因。

4. 赔偿标准不明确

关于环境损害赔偿，我国在2015年颁布了《生态环境损害赔偿制度改革试点方案》，对赔偿范围进行了规范，包括治理污染费用、修复生态费用、相关的鉴定和调查评估费用等。但是，该规定在实践操作中也面临着很多难题，可操作性并不强。环境污染造成的损害后果是多方面的，且相关的损害后果要在相当长一段时间后才能显现。在损害后果的评估方面，评估人员水平参差不齐，难以实现精准评估。因此，法律很难规定一套具体的损害赔偿标准。在司法实践中，往往会引入专家辅助人制度，这些专家提供的建议在经过双方当事人的质证后，将会作为认定损失的一个重要依据。

笔者认为，要完善损害赔偿的具体标准，尽量统一司法尺度，使案件得到公平处理，从而树立司法权威。

5. 赔偿金的管理不明确

关于环境民事公益诉讼损害赔偿金的归属，目前我国还没有十分明确的规定，各地方也是操作不一。有的地方归属于生态环保部门；有的地方由组织机构保管，并作为环保专项资金使用；还有的地方将赔偿金上缴国库。这些机构或组织仅仅是作为赔偿金的保管机构，并不拥有对赔偿金的所有权。之所以出现这种情况，很重要的原因就是此类诉讼的原告并非直接利害关系人，他们提起诉讼主要是为维护环境公共利益。因此，法院在判决中很难具体认定赔偿金该归谁所有，只能够交由相关部门或组织代为管理。

6. 缺乏惩罚性赔偿机制

传统民事诉讼赔偿是补偿性赔偿，以受害人的损失为限。由于生态环境的损害后果较难确定且显现时间可能较为漫长，再加之违法成本远远小于因违法所获利益，所以侵权人所承担的不利法律后果实际较轻。由于赔偿责任较轻，缺乏惩罚性赔偿机制，侵权人的违法行为得不到有效遏制，破坏生态环境的行为更加猖獗。同时，法院所作裁判也难以对社会上其他主体起到威慑作用。

7. 执行缺乏操作规范

在实践中，环境民事公益诉讼判决的执行缺乏可操作性，其原因主要包括以下两点。第一，赔偿金管理不明。目前，对于环境民事公益诉讼判决财产的执行，各地做法不一。有的判决支付给法院指定账户；有的判决被告支付费用后，由法院移交给相关行政机构进行管理；有的将生态修复资金支付给当地环境公益专项基金账户；有的判决将罚金和生态修复赔偿金上缴国库。损害赔偿金如何处置，直接关系到公益诉讼目的能否实现。例如，云南省第一起环境公益诉讼案，由被告支付的环境生态修复资金400余万元，在进入当地环境公益专项基金账户后仍原封不动，这些资金到目前为止仍没有用于当地生态环境的修复。所以，环境污染损害赔偿金的管理责任亟须明确。

第二，执行效果缺乏持续监督。环境民事公益诉讼案件裁判生效后，具体由谁监督执行，每个地方的情况都不一样。有的地方法院委托本辖区的相关环保行政机构进行监督，督促破坏生态环境的主体在法定期限内尽快履行修复生态环境等民事责任；有的地方法院审判庭对判决结果进行一定时间的跟踪了解，发现被执行人未在法定时间内履行生态修复义务，审判庭则通知执行局对该案件的判决执行结果进行跟踪；有的地方由当地环保部门和公益组织对环境民事公益诉讼的裁判执行情况进行监督。很多判决书上并没有对污染企业进行生态修复的期限、经费使用情况、具体标准及监督机构等作详细规定，缺乏可操作性。[①]

四、我国环境民事公益诉讼制度的完善对策

1. 诉前程序的完善

相对于法定机关维护环境职责而言，环境民事公益诉讼制度是一种补充与监督，不能够反客为主。所以，有必要对环境民事公益诉讼设定诉前程序。到目前为止，对除人民检察院以外的其他诉讼主体，我国在相关司法解释中并未进行诉前通知程序的设置，而仅对受理起诉后法院需承担的告知义务进行了规定。

在环境民事公益诉讼前置程序的设置上，可以将美国采取的做法作为借鉴，起诉之前要受到诉前通知和勤勉执法的限制。社会组织提起诉讼前给予负有环境与资源保护职责的行政机关一定的诉前通知期间，其间不得发起诉讼。被通知的行政机关需要对自身职责予以积极履行，对案件问题进行处置与解决。如果行政机关对职责不予履行，或是持明确拒绝态度的，或是案件问题在履行职责后仍未能够得到解决的，社会组织方可提起诉讼。同时，要规定在发生重大环境事件或是出现紧急状况时，社会组织无须向行政机关通知的例外情形。检察机关自己提起的环境民事公益诉讼要严格遵守诉前程序规定，加强内部程序监督，使诉前程序的作用落到实处。

2. 放宽原告资格条件

前述提到，对于社会环保组织提起环境民事公益诉讼的条件较为严苛。笔者认为，应当放宽环保组织等社会组织作为原告的条件，这是环境公益诉讼领域的发展走向。例如，适当减少对社会环保组织的年限要求，甚至只要是在民政部门合法登记注册的，都可以提起环境民事公益诉讼。

3. 减轻诉讼费用负担

《人民法院审理人民检察院提起公益诉讼案件试点工作实施办法》中明确提到，检察院提起公益诉讼，可免除受理费。笔者认为，既然检察院

---

① 参见章钰：《检察机关提起环境民事公益诉讼的现实困境与对策》，江西财经大学硕士学位论文，2019年。

提起公益诉讼可免除受理费，那么有关社会组织提起的环境公益诉讼也应当享受同样的待遇。这是司法公平公正的要求，也是平等参与司法程序的体现。对于同一类案件，应适用相同的规定。比如，由败诉方承担案件受理费，明确可以减交、缓交或免交的情形，等等。通过对诉讼费用的合理分配，以此来减轻原告的诉讼负担，激发相关社会组织提起环境民事公益诉讼的积极性。

4. 完善损害赔偿标准

我们可参考国外其他国家针对明确赔偿损失方面的相关立法，再结合我国实际进行融合。例如，参照美国的生态污染类型划分，可以对我国生态环境污染进行分类，扩大赔偿范围，明确不同类型的生态污染赔偿金的计算标准。[①] 在确定侵权人赔偿责任的同时，我们还要注重社会经济的发展和对侵权人利益的平衡，可以综合考虑侵权人的经济实力、履行能力等因素，使经济发展与环境保护共同进步。

5. 明确赔偿金的管理

由前文可知，当前我国的环境损害赔偿金没有一个特定的部门进行统一管理，这也导致了损害赔偿金的利用效率较低。笔者认为，有必要明确某一部门或机构对赔偿金进行管理，并建立专项资金管理机制。对于资金的收入及支出情况，要进行网上公开，接受社会公众监督。同时，为了更大程度地发挥该资金的效用，资金管理部门应针对修复环境损害制定详细的修复计划。

6. 建立惩罚性赔偿机制

在惩罚性赔偿制度下，法院判决赔偿数额要远远超过实际损失，能够有效地实现对侵权人侵权行为的打击和遏制，并且能对其他主体起到警示作用。关于惩罚性赔偿，就我国现有的规定来看，《消费者权益保护法》中规定了惩罚性赔偿条款。例如，根据该法第五十五条规定：如果经营者以欺诈手段提供服务或者是产品，消费者可以要求经营者进行赔偿，并且可以申请支付对价三倍的赔偿金。这种方式能够让受害者在获得更多补偿的同时，也更有助于打击经营者的欺诈行为，更好地维护社会经济秩序，维护社会公平正义。从环境污染方面来分析，治理污染的成本往往要大于企业或个人污染环境的违法成本，加之环境诉讼具有补偿性特性，导致很

---

① 参见许莉：《我国环境民事公益诉讼制度优化研究》，上海师范大学硕士学位论文，2020 年。

多企业面临的经济惩罚过低。这进一步使得公共环境权益的救济得不到有效保障，无法有效遏制环境侵权人的侵权行为。基于此，将惩罚性赔偿制度引入环境民事公益诉讼中有着非常重要的意义。

7. 加强裁判执行监督

首先，检察机关是法律监督机关，要对环境民事公益诉讼的整个诉讼过程进行监督，所以说检察院应作为环境民事公益诉讼判决执行的监督主体。监督内容主要是法院裁判生效后生态环境赔偿资金和修复资金的管理情况，是否实际运用于生态环境修复，是否达到了预期的效果，被执行人是否又再次实施了环境破坏行为。如果执行效果不佳，检察院可以向法院和有关部门发出检察建议。环境修复是一项专业、复杂的工程，因此必须制定一个专业详细并且具有可行性的修复方案，由检察机关组织专家对修复方案的执行效果验收，进行后期跟踪和执行回访。

其次，社会环保组织也应被纳入监督队伍。应当完善对社会环保组织的管理，加强对社会环保组织工作人员的培训，掌握与环境保护相关的法律法规。社会环保组织也可以聘请专家进行辅助，对后期环境的修复效果进行监督，对相关情况积极向司法机关进行报告和举报。

再次，在裁判生效后，法院也要对生态环境的修复情况进行不定期的跟踪回访，也可以进行不定期的抽查，督促义务执行人及时依法依规不打折扣地完成生态修复的责任和义务，只有这样才能将办理公益诉讼案件的法律效果和社会效果相统一。①

最后，直接利益相关人员及社会公众也可以对环境修复情况进行监督，充分发挥人民群众对司法的监督作用。

近年来，我国经济飞速发展，经济发展与生态保护之间的矛盾突出。相当一部分企业和人员以牺牲环境为代价，疯狂发展经济。同时，由于环境对人类的影响，人们也愈加注重保护公共利益，环境公益诉讼制度也应运而生。环境民事公益诉讼对于环境保护起到了显著的效果，但我国的环境民事公益诉讼制度还处于不断探索的阶段，在制度构建方面仍有一些不足之处，需要进一步加以完善和优化。例如，文中提到的诉前程序功能受限、社会组织提起环境公益诉讼条件严苛、诉讼费用过高、缺乏统一的定损标准、赔偿金归属和管理不明确、缺乏惩罚性赔偿机制、执行缺乏操作

① 参见王治国、王地、张灿灿：《最高检首提检察监督体系》，《检察日报》2016年7月21日。

规范等问题。笔者亦提出了自己的一些建议和对策。例如，强化诉前程序、放宽原告主体资格、减轻诉讼负担、统一定损标准、明确赔偿金的管理、建立惩罚性赔偿机制、加强裁判执行监督等。笔者相信，通过丰富环境民事公益诉讼的理论基础，不断积累实践经验，环境民事公益诉讼制度将会愈加完善，进一步发挥保护生态环境的功能，更加推动环境司法的进步。

替代性修复的环境司法逻辑展开

□魏龙*

摘要： 环境污染、生态破坏有时候具有不可逆性，当被损害的某处生态环境确实无法复原，部分或全部无法原地原样恢复，替代性修复就具有全面修复的效果。替代性修复方式分为相同地区不同地点、相同功能不同种类、相同质量不同数量、相同价值不同等级等多种情形，通过相同与不同的辩证恢复切入角度，力求将受损害的生态环境恢复到受损害之前的生态功能、生产质量和环保价值。替代性修复本身的修复特点及主体的能力局限性使其难以得到广泛适用，并进而在司法适用环节生发出一系列困难和问题，更进一步限制了替代性修复在司法实践中的适用。

关键词： 替代修复项目；修复费用；罚金

一、生态环境视角审视下的替代性修复方式

1. 我国替代性修复的肇起

2015 年最高人民法院出台的《关于审理环境民事公益诉讼案件适用法律问题的解释》（以下简称《解释》）第二十条规定："原告请求恢复原状的，人民法院可以依法判决被告将生态环境修复到损害发生之前的状态和功能。无法完全恢复的，可以准许采用替代性修复方式。"替代性修复第一次走进司法视野，但该司法解释并未从一个具体化的概念角度定义替代性恢复方式，引起学界对于其概念的广泛讨论和深入探究。通过该解释，我们可以显而易见地看出两个概念：生态环境修复和替代性修复。虽然《解释》并没有作出概念定义，但是这二者必然不同。生态环境修复包括自然修复和人工修复。自然修复就是指无须人工协助，只是依靠自然演替

* 魏龙，山东省东平县人民法院法官助理。

来恢复已退化的生态系统；与自然修复相对应，人工修复更注重个人主观能动性的作用，通过人的参与将生态环境修复到损害发生之前的状态和功能，司法解释中偏重的就是人工修复。自行修复和替代性修复是人工修复的两个侧面，通过人力使生态环境恢复到被破坏前的状态是自行修复的表现方式；当生态环境完全被损害，则无法通过人力修复，只能通过替代性的方式，在其他方面补偿生态环境的损失是替代性修复的表现方式。自行修复和替代性修复相辅相成，是人工修复的主要体现。我国环境资源类法律主要通过对人工修复的规制来达到保护生态的目的，最高人民法院环境资源审判庭更是将替代性修复方式分为相同地区不同地点、相同功能不同种类、相同质量不同数量、相同价值不同等级等多种情形，通过相同与不同的辩证恢复切入角度，力求将受损害的生态环境恢复到受损害之前的生态功能、生产质量和环保价值。① 被损害的某处生态环境确实无法复原，部分或全部无法原地原样恢复，这是替代性修复的适用情形。相同地区不同地点是指在相同的生态环境区域，被污染被破坏的地点区域无法全部或者部分恢复原状，可以另外选择适当的地点进行补充种植和覆木造绿等。

2. 我国替代性修复的发展

自 2015 年最高人民法院出台的《关于审理环境民事公益诉讼案件适用法律问题的解释》施行以来，全国各级法院积极创新环境资源审判和执行的方式，提出探索补种覆绿、增殖放流、替代性修复等恢复性司法裁判内容。

比较有代表性的就是 2018 年，浙江省诸暨市创立了首个由 8 家环境违法企业共同出资建设的生态警示公园。起因是 2017 年 3 月，诸暨市环保局、检察院、公安局等几家单位在联合进行突击检查时发现，有 8 家企业存在非法排放含有重金属废水污染厂房周围环境的违法行为。在几家单位的联合查办过程中，8 家企业主动提出通过替代性修复的方式来恢复受污染的生态环境，并将此作为建议提交给办案人员。他们提出建议的依据是 2017 年 8 月浙江绍兴出台的《绍兴市关于建立生态环境司法修复机制的规定（试行）》，此规范性文件明确规定：涉及生态环境损害的刑事案件发生后，对不符合现场修复条件，且有替代性修复必要的，司法机关应引

① 参见奚晓明主编：《最高人民法院关于环境民事公益诉讼司法解释理解与适用》，人民法院出版社 2015 年版。

导、督促犯罪嫌疑人、被告人与负有监督管理职责的行政主管部门签订书面生态环境赔偿修复协议，依照协议对替代性修复项目的生态环境进行治理，努力恢复生态环境的存量和容量，并对积极修复生态环境的犯罪嫌疑人、被告人依法酌情从轻处罚。之后，经过绍兴市科技服务中心进行生态损害赔偿评估，8家违法企业共同出资115万元建设生态警示公园，将原来的垃圾堆放处改造成便民服务的公园，命名为“山前生态环境修复公园”。这一环境资源案件在中国替代性修复发展历程中具有重要的标志性意义。

环境污染、生态破坏在很多时候具有不可逆性，不可恢复或者不必恢复，或者修复的成本过于巨大，因此替代性修复方式应运而生，并且在法律中予以体现。替代性修复在那些无法完全修复和难以完全修复的环境污染案件中发挥了重要作用，甚至可以达到全面修复的效果。

二、借鉴——反观美国替代环境项目发展

1991年，具有里程碑意义的第一个环保政策文件在美国环保局诞生，规定有环境违法行为的企业通过履行替代环境项目，甚至可以获得百分之百的折扣。[①] 1995年，美国环保局通过了“临时订正替代环境项目”政策的一部分，鼓励在环境修复和解协议中多使用替代环境项目。该政策文件中规定：“如果没有处罚，企业就不会有动力履行环保义务，更可能选择延迟遵从，直到它们被发现并被强制执行。处罚不仅能使环境合规行为蔚然成风，并能对未来的违法行为防微杜渐，还可以将其他可能的违法者拒之千里。建立国家层面的竞争环境，确保违反者不至于获得不公平的经济优势，使得遵纪守法的竞争者被置于不利地位。此外，处罚也鼓励环境违法者（包括监管者）实施污染防治措施和循环利用，以减少污染物的排放，避免可能的法律责任。”这样的规定将有效替代环境项目放在合规的语境下，强调了替代环境项目和金钱挂钩的必要性。美国的替代环境项目具有浓厚的协商色彩，违法当事人的意愿在很大程度上需要被尊重，这一方面与美国的契约文化色彩相暗合，另一方面也给替代环境项目的权威性

---

① Edward H. P. Brans, *Liability for Damage to Public Natural Resources: Standing, Damage and Damage Assessment*, Hague: Kluwer Law International, 2001.

带来很大挑战，引起人们的合理质疑。1998 年，美国又出台新的政策文件，试图弥补之前的不足。可见，替代性修复是一个不断发展演变的过程。

三、替代性修复的实践困境

替代性修复本身的修复特点及其主体能力的局限性，使其难以得到广泛适用，并进而在司法适用环节生发出一系列困难和问题，更进一步限制了替代性修复在司法实践中的适用。我们可以看到，替代性修复在很多环境司法部门生效的法律文书中只是单调的存在，具体实施修复于被告人来说多少有点“拔剑四顾心茫然”。使被破坏的生态环境得到恢复，是司法机关行使权力的初心和使命，生效法律文书中的修复费用也将运用到替代性恢复项目中去。一些环境司法者认为，裁决了修复费用就等于完成了替代性修复的裁决，这看似是一劳永逸，然而使受损生态环境得到修复这一根本矛盾性问题并没有得到有效的解决。将修复费用和替代性修复责任等量齐观在法学原理上是说不通的，在解决实际问题的过程中也是行不通的。在一般社会认知中，替代性修复与环境违法行为相辅相生，如果对责任范围没有厘清，就导致因果关系归责的归责基础陷入羸弱之境，甚至被过分扩大范围，替代性修复沦为权力寻租的工具。环境诉讼中被告人通过技术改造等环保措施能否可视为替代性修复方式，并予以抵扣修复费用，不同法院、机关的观点相去甚远。当然，我们通过一些裁判文书也可以看到，并不是所有环境司法者都对替代性修复方式的存在采取视而不见的态度，用恢复费用来掩人耳目。一些环境司法者对替代修复方式持笼统采用的态度，忽略结果价值的存在，似乎更加追求一种形式价值，不可避免地落入“空有其表”的窠臼。众所周知，相对于其他污染对象，水资源由于具有流动性、扩散性等特点，在一些水资源环境案件中，很难认定损害程度。这时，替代性修复责任的适用具有得天独厚的条件。对于这类案件，仅仅从生效法律文书中看不到具体的操作步骤、恢复流程等，大部分情况下沦为环境诉讼中被告人“纸上的义务”。究其根本，合理考核机制在替代性修复领域的缺失，以及罚金履行方式的简洁明了，让替代性修复无真正的用武之地。另外，替代环境项目的各环节并没有形成制度性做法，环境违法者也未必具备替代修复能力，项目的执行有较大的不可控性，这也是重要原因。替代性修复的真正落地不仅有利于环境正义的实现，对于提升环境司法权威和司法公信力也大有裨益。[①]

四、替代性修复的实践困境纾解

回顾环境司法实践历程，修复方案在法院生效裁判文书中的欠缺，在一定程度上使得替代修复方式陷入形式主义的泥沼。为了真正达到生态修复的目标，让生态修复费用真正发光发热，环境司法部门需要细化生态环境替代性修复方案，增加其可行性、合理性、科学性、可操作性等功能价值，甚至促使替代环境项目在制度层面有所建树。一条合理性道路的选择就不可避免地需要借鉴其他有益经验或者汲取失败教训，生态环境修复的替代性项目也不例外。美国作为替代环境项目发展比较成熟的国家，环保行政机构完全主导替代项目在规范意义上令人诟病，但环保行政机构的角色定位却值得借鉴。具体而言，环境行政主管部门具有天然的专业优势，在替代性修复方案的出台过程中扮演着协调者的角色必然是游刃有余，而环境司法部门只需要履行必要的审查职能，如此通过职能定位的分工协作，可以使工具价值发挥到理想状态。针对矛盾特殊性，还需要做到具体问题具体分析。对于简单类修复案件，可由鉴定机构出具评估意见或者由鉴定人员提出专业意见；而对于复杂生态修复案件，可考虑鉴定机构和行政机关联合提起，一分为二式地处理避免了“一刀切”的弊端。另外，为了缓冲生态破坏带来的集体愤怒，也为了集腋成裘式地汲取民智民慧，在确定修复方案时，不妨通过网络信箱、公众号留言等现代化方式征求民众的意见建议。当然，对于相关利益方可以直接通过电话、短信函询，显得更有针对性。“常州污染案”就是集民智纾民怨的典型案例。环境司法部门将三套方案公示在受污染场地，并到现场以发放问卷的形式收集公众意见。这些前所未有的实践不仅践行了环境法的原则，也为后来者提供了蓝本。笔者相信，一种理想修复方案的确定必然是充分考虑相关利益方、原告和被告以及社会公众的结果，而不能是垄断利益的诉求甚至是一家之言。作为被告的企业站在营利以继续生存的立场，但是需要进行一次绿色提升，即通过增加成本去提高排放标准。由于其职能特点，环境司法机关

---

① 参见吕忠梅、窦海阳:《修复生态环境责任的实证解析》,《法学研究》2017年第3期。

很难接触到被破坏的生态环境，并不存在制定一套切实可行方案的优势。环境司法案件不同于其他民事、刑事、行政案件，环境司法者更多的是以中立者的姿态展现。因而，需要环境行政主管部门根据日常工作及其内在的逻辑处理系统，带头制定生态环境替代性方案，把最终审查的职能留给环境司法部门。“把权力关进制度的笼子”，要求对环境司法部门的审查予以限制。概言之，法院在拟采用替代性修复方案进入生效法律文书中之时，不仅需要注意听取环境保护机构和环境违法人的意见，更要尊重环境部门和当事人的意见建议，以求取修复效果的最大公约数。[①] 此外，法律原则的坚定性和具体运用的灵活性需要在审查过程中合理展开。借鉴美国的阶梯式豁免金钱罚款制度，环境主管部门对替代环境项目进行验收，对于优质的项目则可以全面免除罚金，相应的保证金予以退还；对于特别优质的项目，还可以建议地方政府予以奖励，从而激励环境违法者用心管理替代修复项目。

受制于经验匮乏和实践发展，过去生态环境恢复成本方法在我国环境司法领域的运用，在一定程度上扩大了替代性修复的概念外延和适用范围，在结果价值上背离生态环境恢复的初心目标。自由裁量权作为法院的“正义之剑”需要合理划分生态环境修复和替代性修复的适用范围，将恢复生态学基本原理和生态环境鉴定评估技术政策作为车之两轮，不断契合规范价值，真正驶向生态环境修复的康庄大道。

① 参见张梓太、李晨光：《生态环境损害赔偿中的恢复责任分析——从技术到法律》，《南京大学学报》（哲学·人文科学·社会科学）2018 年第 4 期。

关于生态修复性司法的探讨

□钱爱菊*

摘要：近年来，党和国家对生态文明建设日益关注，人民的环境保护意识日益增强，环境公益诉讼案件日益增多。因环境侵权的特殊性，生态损失事件的结果均较为严重，严重影响了人民的生活。法院成了保护人民环境权益、生态法益的最后一道绿色防线。环境案件的审理与一般的民事案件不同，应避免简单的一判了之，注重对生态环境的修复。法院审理环境案件应坚持绿色能动司法，积极构建生态修复性司法的运行模式，体现在具体的案件审理中就是要针对案件的具体情形积极适用生态修复的法律责任，并通过探索联合机制、多种实现方式、设立专项资金账户等保证生态修复法律责任的实现。

关键词：生态侵害；生态修复性司法；生态修复；法律责任

党的十八大把生态文明建设纳入中国特色社会主义事业“五位一体”总体布局中，人民对生态与环境的关注日益提高。从司法层面来说，更多的人投入到环境公益诉讼中，法院受理的破坏生态环境的案件也日益增多。

一、生态修复性司法的基本理论

1. 生态修复的含义

关于生态修复的含义，有学者认为，生态修复是指在人工主导下生态环境破坏方对生态环境本身予以修复，并且对由此带来的生态环境受损方环境权益以及生存和发展权予以赔偿和补偿的行为。[①] 有的学者使用了环

---

* 钱爱菊，山东省宁阳县人民法院磁窑法庭副庭长。

① 参见吴鹏：《浅析生态修复的法律定义》，《环境与可持续发展》2011 年第 3 期。

境修复的提法，但笔者认为，生态包含的范围明显要大于环境这一提法。所谓生态修复的概念，可从其主体、客体、内容等方面综合分析，其法律关系主体是该权利的最终享有者，应是全人类，包括当代人与后代人；其客体不同于传统的财物、给付行为、智力成果、人格利益，而是生态利益，这是由环境一体化和不可逆性决定的；其内容包括权利的享有者和义务的履行者，生态修复的权利享有者是全人类，其义务的履行者是指政府或者其他破坏环境者。因此，生态修复是指政府或者环境破坏者采取一定的措施为了全人类在稳定平衡的生态系统中生活而对受损的生态环境进行修复的行为。

生态修复包括自然修复和社会修复两个方面的内容。一方面要求通过人为措施修复受损的生态系统，另一方面要求通过社会资源的合理配置实现人类社会的可持续发展。

2. 生态修复性司法的含义

所谓生态修复性司法，是指行为人实施了破坏生态的行为导致生态损害结果的产生，运用司法手段对生态损害进行的法律救济，包含了环境修复和社会修复双重目标。生态修复性司法应以“绿色司法”理念为指引，既要求人民法院通过审判处理好因生态资源的开发利用引起的各种纠纷，实现人的正义，同时又对生态环境要素予以足够的重视和保护，实现自然正义。①

生态修复性司法主要包括三种模式：政府运行模式、法院运行模式以及第三方市场运行模式。所谓政府运行模式，是指由政府代表国家或者社会公众将环境诉讼所得的赔偿款或者环境专项资金用于生态修复的运行模式。该模式的理论根源是公共信托理论，公共信托理论发端于罗马法，是指空气、水流、海岸、荒地等均是人类的共同财产，为了公共利益和公众利用之目的而通过信托方式由国王或政府持有。② 社会大众享有平等的环境权，当环境权受到侵害的时候，政府部门有权代表人民进行诉讼，并将诉讼获得的赔偿款项用于修复受到侵害的环境，以保证人民的生活环境。所谓法院运行模式，是指法院审理环境诉讼案件中，判决侵权人支付的赔偿款由法院负责用于生态修复的模式。这是能动司法理念在环境司法中的

① 参见卢维善、丁斌：《论生态环境审判的修复机制》，《人民司法》2015 年第 23 期。

② Gerry Bates, *Environmental Law in Australia*, Butterworths, 1992, p. 373.

具体体现，其理论基础是美国的司法审查制度。所谓第三方市场运行模式，是指法院审理环境公益诉讼案件后，判决被告支付一定的赔偿款，由第三方市场主体将该部分赔偿款用于修复生态环境的模式。该种模式是由独立的第三方代表社会公众接受赔偿款，然后通过市场方式委托市场主体对被破坏的环境进行修复。

二、生态修复法律责任在法院案件审理中的体现

1. 生态侵害与环境侵害

大自然的山水林田湖是一个生命共同体，具有完整性和互相依存性。环境污染和生态破坏是环境侵权行为的两种表现。关于环境侵害，学者有不同的观点，环境侵害是指人为的活动致使生活环境和生态环境遭受破坏或污染，从而侵害相当地区范围内不特定多数人的生活权益或其他权益的事实。[①] 由此看出，环境侵害具有社会性、价值性、复杂性和缓慢性的特征。吕忠梅教授认为，环境侵害是对社会利益和个人利益的双重侵害，是对环境资源多元价值的侵害，是一种社会风险或者必要代价，是一种复杂性侵害。她认为环境侵害远超出了传统侵权法的法理及制度架构。[②] 徐祥民教授认为，人类的环境行为所造成的对环境的消极影响和由受影响的环境引起的包括人的利益损害在内的各种损害为环境侵害，环境侵权是环境侵害的一个组成部分，甚至只是一个小部分。[③] 根据以上学者的探讨，笔者认为，环境侵害的范围要大于环境侵权。所谓环境侵害，应是人类行为污染或破坏生态环境，造成生命、身体、健康、财产、环境等多种权益损害的法律事实。环境侵害的特征包括：人为性；侵害对象的广泛性，包括人身权、财产权、社会秩序、社会公益及人类的环境法益及生态法益；超过环境容量性；损害后果危及生态和谐和可持续发展。

2. 生态侵害责任的承担方式

根据现行法律规定，人民法院在处理环境侵害案件主要适用的责任承

---

① 参见陈泉生：《环境侵害及其救济》，《中国社会科学》1992年第4期。

② 参见吕忠梅：《环境侵权的遗传与变异——论环境侵害的制度演进》，《吉林大学社会科学报》2010年第1期。

③ 参见徐祥民、邓一峰：《环境侵权与环境侵害——兼论环境法的使命》，《法学论坛》2006年第2期。

担方式包括民事责任、行政责任及刑事责任。这些责任方式都是从制止行为人的侵害行为、赔偿受害人的利益角度出发的，没有考虑到环境侵害案件的特殊性。因此，在具体的环境案件审理过程中，应引入环境侵害的生态责任承担方式，也就是生态修复法律责任。

所谓环境侵害的生态责任承担方式，是指从环境侵害的对象出发，环境加害人对侵害对象负责，消除对侵害对象的损害状态。[①] 生态修复法律责任不同于传统民法中的恢复原状，是立足于环境法自身特点的民事责任承担方式，是在人为的行为下修复受到破坏的生态环境，既包括原有生态系统的恢复，也包括人文生态的修复，以实现可持续发展的状态。

3. 生态修复法律责任的概念及适用条件

关于生态修复法律责任的概念，学界有不同的观点。一是认为生态修复法律责任应当是一种独立的法律责任形态，而不应将其视为一种民事的侵权损害赔偿法律责任。[②] 二是认为生态修复责任是恢复原状的生态化表达，恢复原状作为环境污染和生态破坏侵权责任承担方式可逐渐上升为立法政策。[③] 笔者认同第一种观点，即生态修复法律责任是保护环境权和生态利益的需要，是民事责任生态化的体现，现有的恢复原状无法涵盖生态修复责任。因为，生态修复责任的对象是生态、环境、资源，不同于传统的物。同时，其注重对生态利益的保护，而非狭隘的人身和财产利益。再者，有些被破坏的环境生态是难以被恢复原状的。可以说，生态修复法律责任是在综合恢复原状、赔偿损失等传统侵权责任基础上在环境公益诉讼中融合而成的新型责任承担方式。

生态修复责任的主体包括：一是生态损害行为人，其承担责任的基础是实施了污染环境或者破坏生态的行为。生态损害行为人不仅包括个人、社团法人、财团法人等民事主体，当国家机关工作人员的过失造成环境损害，或因国家和地方政府管理分配监督生态资源失职的，国家和地方政府也应当作为环境侵权人承担相应的生态修复责任。二是国家或者地方政府，其承担责任的基础是作为主要自然资源的所有权人，国家和地方政府对资源负有管理、分配、监督的义务。在生态环境遭受损害时，为维护社会公共利益，国家和地方政府将承担不可推卸的生态修复责任。

---

① 参见刘鹏：《论生态修复的环境法属性》，《政法学刊》2016 年第 2 期。

② 参见吴鹏：《生态修复法律责任之偏见与新识》，《中国政法大学学报》2017 年第 1 期。

③ 参见胡卫：《民法中恢复原状的生态化表达与调适》，《政法论丛》2017 年第 3 期。

生态修复责任的适用条件是环境侵权行为造成了生态损害事实。第一，环境侵权行为是违法行为，包括作为和不作为两种形式。作为形式的环境侵权行为，指行为人侵权行为直接侵害了生态法益；不作为形式的环境侵权行为，指负有先前义务行为人在能够履行的情形下拒不履行该义务而造成生态损害。间接侵害生态法益的行为，主要是开发资源等建设项目未落实环保措施等。第二，生态环境损害结果的存在。生态环境损害的存在就是因为损害生态环境的行为侵害了环境法益。由于生态环境拥有一定的自我恢复能力，并不是所有的生态环境损害均需适用生态修复责任。法院在审理环境案件中，应当依据个案生态环境损害特性选择适用具体的环境责任类型。第三，损害生态环境行为与生态环境损害之间的因果联系。生态修复责任的环境本位要求决定了其因果关系证明应当更为不易，扩大责任适用范围以更好地保护人类赖以生存的生态环境。因果关系推定原则可以在生态修复责任的因果关系中适用，我国生态修复责任可以取消相关责任人损害生态环境行为与生态环境损害的因果关系证明。只要生态环境损害发生，就推定生产者、排放者、运输者等责任人应当对其损害生态环境的行为承担生态修复责任。生态修复责任的适用除了以上必要条件之外，因生态法益的特殊性，还应该考虑生态修复是否具有可行性。可行性直接决定了生态修复责任能否直接适用。对于某些特定的环境损害，当生态修复不可行时，则无法适用生态修复责任，取而代之的是其他环境责任。是否满足生态修复可行性，应由专业人员结合相关生态修复的约束条件进行综合判定，由生态修复的约束条件决定，这主要包括环境条件允许、技术条件可行、经济投入合理。

三、法院审理环境案件中生态修复法律责任的实现模式

环境资源审判是提升生态环境治理法治化的动力。环境资源案件的审判在一定程度上可以增强人们的环保意识，弘扬绿色价值观的完整意义，实现公平正义。法院在审理环境资源案件中应该注意思考、探索与创新，活用生态修复法律责任，保证在修复中有惩罚，修复中有方法，修复中有保障，修复中有发展，作出兼顾眼前利益和长远利益的专业判断。

1. 探索发布环境保护令，推行环境保护禁止令制度

所谓环境保护令，是指明确在紧急情况下，被告污染、破坏环境行为

具有可能严重危及环境安全、造成环境难以恢复、加重对环境破坏的情形时，法院审查申请人申请内容后认为确有必要时，可以作出裁定，禁止实施环境污染和破坏行为。这就意味着法院在审理案件过程中，要坚持注重预防，发挥主观能动性，采取积极的司法措施预防，减少环境损害和资源破坏，通过事前预防措施降低环境风险发生的可能性及损害程度。环境保护禁止令是保护在先、预防为主，预防和惩治并重的体现。当环境损害尚未出现或仅存端倪时，司法活动就介入这个阶段，为预防事态进一步发展或及时明确地就案件责任发出警示，往往起到事半功倍的效果。“法律不只是作为条文而存在，是作为一种原则和精神而存在”，这是司法活动的一个境界，而环境资源审判就必须达到这个境界。环境侵权行为具有侵害方式的复合性、侵害过程的复杂性、侵害后果的隐蔽性和长期性等特点，尤其环境损害结果往往难以逆转或者修复成本高、周期长，所以，要求司法活动提前介入能够在被动性的基础上保持能动性。

2. 探索建立联动新机制，创新生态修复模式

生态问题具有复杂性、时间的长期性、致害的潜伏性、损害的广泛性的特征，这些决定了生态修复性司法制度任重而道远。生态修复的目的是实现社会整体公正，这就要求法院在审理环境案件中用个案正义保证社会整体公正。同时，这也需要生态修复参与主体的共同推动，建立对生态环境全方位参与的系统性保护机制，将各方力量汇聚到生态修复性司法实践中，即要求司法机关、环保行政机关、第三方市场主体以及其他组织之间的互相补充和促进，实行各部门联合作战。在实际的操作中，法院可以牵头政府环保局、检察院、公安机关等，建立环境保护联动执法机制，同时制定相应的机制运行规则，为生态修复法律责任的落实提供制度保障。

3. 探索建立生态修复协议模式

协议修复模式是一种实用主义的民主方式，是一种生态损害与纠纷解决的制度创新，是调解机能与价值的转化与改进，蕴含着强烈的价值考量。所谓的生态修复协议模式，是指在生态损害事件中，损害的责任主体与有关监管单位或受害者及其利害关系人就生态修复的相关事项，通过协商达成书面协议，并依据该协议进行生态修复及其监管的一种生态损害救济途径。责任主体主要是指因其行为，或者其法定义务，而应就其生态损害结果承担法律责任的主体。协议修复模式主要是基于修复方案与修复践

行的特殊性而形成的概念。在协议修复中，修复方案及其践行路径是基于有关主体通过协商而确定的，而非通过司法裁判来确定的。根据司法程序的阶段性不同，协议修复模式可以区分为诉前修复协议、诉中修复协议以及诉后修复协议三种样态。

4. 转变审判思维，确立绿色司法的理念

法院在处理环境案件过程中，应坚持生态利益为重，注重生态修复的司法目的。在当事人仅要求就个人利益或部分权益进行诉讼请求时，可以主动向当事人行使释明权，提示受害主体，其提出的诉求并不仅限于损害赔偿，还可以请求侵害者停止侵害或进行生态修复，这样可以避免“一赔了之”的粗暴的裁判方式。生态损害牵扯到生态利益和个人利益，法官在实际处理案件中需要运用利益衡平能力对案件进行全面考量，保障发挥生态司法化的真正价值和功能。在具体的环境案件裁判中，法官可以创新性地采用多种生态修复责任的实现方式。当生态损害具有可修复性时，应在判项中详细写明生态修复责任实现方式的具体操作，保证判决的可执行性。如在案件审理过程中委托相应的专业机构制作合理可行的生态修复方案，并将该修复方案附在判决书后，与判决书一同送达。如果生态损害不具有可修复性时，不能简单地不加处理或者是予以罚款，应该采用替代修复的实现方式，如异地补偿修复，或者设置专门的诉讼生态修复区等。

5. 探索设立生态修复资金专项账户，做到专款专用

生态受到损害之后，生态修复过程中花费的人力、物力都是巨大的。法院在审理环境案件中判决适用生态修复法律责任，但为保证生态修复法律责任的实现，需要规范生态修复专项资金的运行机制。为保证生态修复资金的合理利用，应该联合各部门设立专门的资金账户，生态修复资金账户的资金主要来源于国家的专项补贴、地方政府的财政补贴、法院判决环境侵权人承担的赔偿款或修复费、社会组织及各界人士的捐赠、资金存款利息等。为了规范生态修复基金账户中资金的有效运行，可以考虑设立专门的生态修复基金会，由该基金会采取市场运行模式，统一管理使用资金。生态修复资金的使用既包括法院判决的生态修复责任实现的执行，又包括前期对环境公益诉讼的启动支持，也应该包括在生态修复过程中的宣传、制定修复方案等其他支出，应做到分账管理、专款专用。

生态环境的日益恶化，严重影响着社会的可持续发展，修复受损的生

态环境刻不容缓，需要社会各界的共同努力。法院作为保护人民合法权益的最后一道防线，主要就是保证能动绿色司法。对于生态损害的后果，法院可以活用诉前调解、诉中审理、诉后执行的机制，也可以与其他部门建立联动机制，探索生态修复法律责任的实现模式，为国家的绿色发展提供司法保障。

浅析环境侵权民事责任归责原则调整思路

□展振军[*]

摘要： 环境侵权案件是特殊侵权案件，其侵权责任归责原则不同于一般侵权的标准。我国环境侵权民事责任的归责原则是无过错责任原则，即不论侵权者有无过错，都应对其造成的损害承担侵权责任。然而，随着科学技术的迅猛发展以及人类知识水平的不断提升，越来越多的环境污染致害机理和后果逐渐明确。在此情形下，继续笼统地用无过错责任的归责原则是否可取，学术界对此有越来越多的声音，新形势、新变化下环境侵权民事案件归责原则应予以调整，但具体应如何操作，各方学者多有分歧、莫衷一是，本文试做简单分析。

关键词： 环境资源司法改革；环境侵权民事责任；无过错责任

一、我国环境司法的现状

2014年，最高人民法院成立环境资源审判庭，我国的环境资源审判走上了专门化发展道路，系统的环境资源审判专门化改革拉开序幕。自此以来，司法机关始终将中国特色的环境司法作为国家治理体系与治理能力现代化建设中的重要一环，服务和保障生态文明建设的大局，以专业化审判为目标、司法实务研究为基础，探索中国特色绿色司法理念，走出了一条结合中国司法制度实际的绿色司法之路。

我国环境司法现已形成传统环境侵权诉讼和环境公益诉讼、生态环境损害赔偿诉讼并行，专门化与专业化交织的诉讼模式。建立了环境刑事案件与行政处罚的诉罚衔接、环境民事案件和公益诉讼案件的诉调衔接、生态环境损害赔偿案件的诉商衔接机制，同时也探索运用行政调解、人民调

* 展振军，山东省泰安市泰山区人民法院民三庭法官助理。

解等诉讼替代机制解决环境资源纠纷。各方面工作成绩显著，开辟了环境资源司法改革的良好局面。与此同时，在环境司法审判过程中也存在诸多难题，刑事、行政、民事等各领域自身均存在不足与缺陷，本文仅就环境资源民事审判中的民事侵权责任归责原则进行探讨。

二、环境侵权民事责任归责原则的时代之问

环境侵权民事责任归责原则是确定行为人是否应该承担民事责任的基础，也是解决环境民事纠纷的前提。环境侵权民事责任分为环境污染民事责任和环境破坏民事责任。关于环境破坏民事责任，理论界争议不大。在我国近年来受理的环境侵权案件中，环境污染侵权案件占比最高，因此，本文所称环境侵权民事责任归责原则仅指环境污染侵权案件。

在我国司法实践中，环境侵权民事责任的归责原则一直采用的是无过错责任原则，即在受害人遭受损害、污染者的行为与损害结果之间有因果关系的情况下，不论污染者有无过错，都应对其污染行为造成的损害承担侵权责任。也就是说，该归责原则不以行为人的过错，而是以已发生的损害后果为承担民事责任的判断依据，其价值取向是保障受害者得到及时、有效的救济和补偿，以实现社会公平，这一原则在《民法通则》《侵权责任法》《环境保护法》中均有所体现。基于环境侵权案件类型自身的特性以及该领域法律规定的法律价值考量，无过错原则的存在具有其合理性与必要性，其适用情形存在以下特点：(1) 加害人的过错难以证明；(2) 污染行为具有高度危险性，其危害后果难以防范；(3) 受害方和加害方力量对比悬殊。立法上要综合考虑上述因素，对受害一方加以倾斜，力图体现公平价值。相当一部分学者主张应当继续沿用无过错原则，认为该原则是最适合我国环境司法环境的。

随着科学技术的迅猛发展以及人类知识水平的不断提升，越来越多的环境污染致害机理和后果日渐明确，具有简单因果关系的案件数量越来越多，环境侵权案件类型也日益丰富，单一的无过错原则不能适应社会发展对法治建设的需求。同时，无过错责任原则在确定加害人责任时，不需要揭示其过错，这便给公众造成一种印象，即加害人是在没有过错的情况下承受责任后果，这显然不利于发挥法律的教育作用。在此情形下，越来越多的学者认为，继续笼统地适用无过错责任归责原则不仅无益于环境侵权

现象的预防和救济功能的实现，甚至可能存在起到相反作用的危险。

三、新形势下各方对环境侵权民事责任归责原则的争议

在新形势新变化下，环境侵权民事责任的归责原则究竟应如何变化，各方学者观点不一。笔者选择几种有代表性的学说进行陈述与分析，以期能找到最为合适的解决路径，具体如下：

1. 全盘否定说

部分学者认为，在我国无过错责任归责原则的使用背景下，致害人的过错并没有被排除，只是这种过错在环境侵权民事诉讼中不需要受害人予以证明。① 所以，实际上侵权行为人在客观上是存在过错的，因为一个需要排放污染物的主体，其主观上对其所排放污染物的危害性应当是明知的，所以该主体有很大的注意义务去避免其排污行为侵害其他主体的利益。如果其没有尽到这种注意义务，只要出现了损害他人利益的情形，其侵权行为必然是有过错的。这种过错是客观存在的，只是在无过错主义归责原则支配下的环境诉讼中不去关心侵权人是否有过错。也就是说，环境侵权行为人的过错是可以忽略的，是免于证明的，是被推定存在的。从这个角度来认知，这种无过错主义的归责原则就是过错推定原则，而过错推定原则究其本源还是过错主义原则。因此，该种观点认为，在当前环境侵权民事责任中，运用的依旧是过错主义归责原则，只不过是变相的过错主义归责原则。

笔者认为，这种学说无疑从根本上否定了无过错原则存在的基础，过于偏激，并不足取。从《民法通则》到《侵权责任法》，再到《环境保护法》，我国法律规定中关于环境污染责任均采用无过错原则，这是一种独立的责任划分架构，其存在具有自己的理论支撑，亦具有自己的法律价值指向，并不能将其简单地划归为过错原则的衍生而否定其价值。受害人在寻求法律救济时，不必证明加害方的主观状况，加害人也不能以主观上无过错为自己免责的抗辩理由，它对受害人的支持上是过错推定原则和过错原则所不能完全取代的。因此在对归责原则进行调整时，笔者认为应以无

---

① 参见林晶：《关于环境资源审判有关问题的研究》，大庆市中级人民法院，2019年5月10日，http://dqzy.hljcourt.gov.cn/public/detail.php? id=6823。

过错原则为基本要求，在此基础上进行探讨和展开。

2. 多元归责体系

其实，不论是我国现行的环境法律规定，还是上述理论在对归责原则进行讨论时，均忽略了一个重要问题，即没有区分污染行为是合法还是违法，而是片面地从损害结果出发去分析，这样多少有失偏颇。在现行法律规定下，只要行为人造成污染，除法律规定免责外均要承担责任，这样单方面保护受害一方的权利，在一定程度上忽视了致害者合法的诉讼权利，同时也加重了侵权企业的负担，不利于发挥司法对经济发展的积极推动作用。同时，一味地保护受害者一方，不利于激发其维护自身权利的积极性，也不利于营造积极向上的法治环境。当然，我们所说的是否合法指的是行为的合法性而非结果的合法性。当侵害行为发生时，我们以行为的不法性为出发点去认定侵害方是否应当承担责任。从这一角度考虑，环境侵权责任归责原则需适应时代发展的新变化与新要求，不应简单地使用无过错原则进行处理，应具体情况具体分析。对那些违反法律规定、危害后果严重、因果关系较为复杂的环境污染侵权案件继续适用无过错责任原则，而对于因合法排污而产生的环境污染侵权行为以及具有简单因果关系的环境污染侵权案件，侵害人对自身行为所造成的损害后果不能因其行为合法而免责，但也不能笼统地适用无过错责任，让加害方承担巨额赔款。对此，我们或许可以将侵权归责原则中的其他归责原则纳入环境污染侵权的归责体系之中进行综合调整。[①]

（1）从环境学角度分类

学界对于丰富环境侵权归责原则的意见是统一的，但如何去细化升级，使其更具有可操作性，目前并未形成统一意见。较为合理的观点认为，鉴于环境侵权的特殊属性，应从污染的环境学分类角度对环境污染侵权行为进行类型化区分，将环境污染划分为物理性污染、化学性污染和生物性污染。其中，物理性污染可直接对人身和财产造成损害，而化学性污染和生物性污染需要以环境媒介作为中转，间接侵害人体健康和财产安全。在法学界，前者被称为实质型污染，后者被称为拟制型污染，相对应的环境侵权行为可分为实质型污染侵权行为和拟制型环境污染侵权行为。

---

① 参见苗延波：《论环境污染侵权责任的归责原则及其具体类型》，全国环境资源法学研讨会，2006 年。

考虑到危险责任、危险控制、损失分担以及受害者在诉讼上存在结构性弱点等因素，实质型污染侵权应适用无过错归责原则，拟制型环境污染侵权本质上是一种超标排放行为，行为人对此存在主观过错，适用过错责任归责原则具有合理性和必然性。这一观点在方向上是正确的，但可操作性不高，需要进一步细化。

（2）环境学角度的二次细分

部分学者对拟制型环境污染侵权行为和实质型环境污染侵权行为进行了二次划分。① 按照污染行为与环境行政管理之间的关系，即以侵权行为是否符合行政管理规定为划分标准，将其划分为符合环境行政管理要求的拟制型环境污染侵权行为、不符合环境行政管理要求的拟制型环境污染侵权行为、符合环境行政管理要求的实质型环境污染侵权行为、不符合环境行政管理要求的实质型环境污染侵权行为四种类型。就归责原则来看，持该种观点的学者认为，实施符合环境行政管理要求的拟制型环境污染侵权行为人无须承担侵权责任，实施不符合环境行政管理要求的拟制型环境污染侵权行为人需要承担过错责任；实施符合环境行政管理要求的实质型环境污染侵权行为人需要承担无过错责任，实施不符合环境行政管理要求的实质型环境污染侵权行为人需要承担过错责任。从环境学角度进行二次细分，笔者是比较认同的，在可操作性和依据上都较为充分，但对于其具体划分标准，却不甚认同。

3. 归责原则调整意见

首先，现代侵权行为法的归责原则应当是多元的，其社会功能也是多方位的，既有惩罚加害人、补偿受害人的合法利益的作用，同时也应具备平衡当事人的物质利益关系、营造公平的法治环境与司法权威的作用。从这个角度考虑，“二次细分说”认为实施符合环境行政管理要求的拟制型污染侵权行为人无须承担责任，该观点是值得肯定的。目前，规制拟制型污染的相关单行立法均将该行为排除在“污染”行为之外。既然不构成污染行为，也就不应当再要求其承担侵权责任，并未造成实际伤害，不存在侵权也就不存在受害人。如果要求其承担责任，既违反法治理念，也不利于维护公平正义。另外，对于不符合环境行政管理要求的拟制型污染侵权

---

① 参见王雨彤：《环境污染侵权的归责原则：争歧、反思与调整》，《绵阳师范学院学报》2020年第1期。

行为人应当承担过错责任的观点，笔者亦予以认同。因为该种情形中的侵权行为人本身就违反了行政法规，其主观上存在过错，所以在对其侵权责任进行选择时，采用过错归责原则较之于无过错归责原则而言更具合理性，并且选用过错责任还为受损方提出惩罚性赔偿、精神损害等要求提供了合法空间。

其次，对于实施符合环境行政管理要求的实质型污染侵权行为人要承担无过错责任这一结论，笔者并不认同。民事法律行为的原则是“法无禁止即自由”，对于符合环境行政管理要求的污染行为，侵权者的侵权行为固然存在，但法律规定并未对其进行禁止，发生侵权行为后要求其承担责任，不利于树立公平正义的法治理念，也不利于维护司法权威。然而，加害方也不能因其行为不具有违法性而免责。笔者认为，对于这种行为应采用过错推定行为，以平衡公平正义和当事人的合法权益。另外，对于实施不符合环境行政管理要求的实质型污染侵权行为，该学说主张适用过错原则，笔者亦不予认同。该种行为违反国家保护环境免受污染的法律、法规，导致环境污染侵权事件发生，对环境造成了实质性污染，其行为应当认定为具有违法性，属于传统意义上的环境侵权行为，应采取严格的责任归责原则，也就是以无过错原则为宜。

综上所述，笔者的观点是在环境学角度二次细分的基础上进行一定调整，以确定不同类型侵权行为的归责原则适用标准，即符合环境行政管理要求的拟制型环境污染侵权行为人无须承担侵权责任，实施不符合环境行政管理要求的拟制型环境污染侵权行为人需要承担过错责任；实施符合环境行政管理要求的实质型环境污染侵权行为人需要承担过错推定责任，实施不符合环境行政管理要求的实质型环境污染侵权行为人需要承担无过错责任。总的观点就是，在我国现行法律规定之下的环境侵权责任适用无过错责任的基础上进行一定的丰富，针对不同的情况，将过错责任原则、过错推定原则纳入环境侵权归责体系中，弥补无过错责任原则在保护上的单方性和惩罚上的绝对性的不足，以适应新的时代要求，发挥司法对经济发展的推动作用。

浅析环境司法专门化面临的问题及出路

□朱丽娜*

摘要：环境司法专门化是指为集中、专门化的处理环境纠纷，由国家或地方建立专门的审判机关、设立专门的审判机构或组织行为的理论概述，其目的在于利用专设的审判机构和审判人员，对于环境类案件进行专门化、集中的处理。环境司法专门化对于促进解决环境纠纷方面有积极的作用。在实践中，环境司法专门化仍面临环境公益诉讼的原告主体资格受限、审判人员专业知识水平欠缺等问题，应当以公益性、恢复性审判理念为指导，通过推动环境司法的公众参与、设立专业化审判团队、完善案例指导等方面保障环境司法专门化的运行。

关键词：环境司法；专门化；公众参与；审判团队；案例指导

适宜的生态环境是社会经济可持续发展的必要条件，21世纪以来，这已成为社会的共识。生态环境的重要性早已引起国家的重视，习近平总书记多次在会议中强调："青山绿水就是金山银山。"党的十八大以来，我国更是将生态文明建设提高到国家战略高度，为保障社会经济的可持续发展，强调必须建立起系统完整的生态文明制度体系，用具有社会主义优越性的制度为生态环境保障保驾护航。司法在环境与资源保护领域具有重要的作用，国内现有的实践活动已证实：司法的作用在环境与资源保护中不可替代，推行环境审判的专业化是环境司法的本质要求，也是构成近年来我国司法改革的重要内容。

一、环境司法专门化的概念及必要性

环境司法专门化是指为集中、专门化的处理环境纠纷，由国家或地方

* 朱丽娜，山东省泰安市泰山区人民法院法官助理。

建立专门的审判机关、设立专门的审判机构或组织行为的理论概述，其目的在于利用专设的审判机构和审判人员，对于环境类案件进行专门化、集中的处理。在司法实践中，专门审判机关一般包括环境法院与环境法庭。根据语义理解，可以认为环境司法专门化是司法专门化总体进程中涉及环境资源案件的部分。[①] 2015 年全国法院环境资源审判工作会议中，最高人民法院党组副书记、副院长江必新提出，环境司法专门化在内容上应该包括审判机构、审判机制、审判程序、审判理论、审判团队五个方面；强调要积极推进环境司法专门化改革，将其全面应用到实践中，深入体现了绿色的生态理念。

我国先有环境立法后有民事立法，而环境立法采取管理法模式，给司法提供的依据很少。[②] 环境案件多以行政监管为主，环境案件的复杂性、专业性、不确定性等特性，使得该类案件很少以诉讼方式来解决，从而使寻常的司法处理中的解决方式和方法及程序无法适用于环境纠纷。环境案件涉及的水污染、大气污染、噪声污染等，多具有涉及范围广、流动性强、侵害公共利益具有整体性的特点，往往会突破行政区划，根据传统行政区划的法院进行管辖将难以适应实际的需求。同时，环境司法案件对专业理论知识要求更高，除了具备较高的法律素养以外，还需要具备环境资源方面相关的专业知识。面对生态文明建设提出的新要求、新挑战，环境司法必须重新做出选择，走专业化的道路，成立专门的环境审判机构。

环境司法专门化促进解决环境纠纷。由于环境法是综合性规范，环境资源司法中面临的案件一般都会涉及多重法律关系。[③] 在传统审理模式上，环境纠纷案件由刑庭、民庭、行政庭进行审理。但是，环境纠纷案件涉及多重法律关系的现实，增大了案件审理的难度。如果由刑庭、民庭、行政庭对同一案件分别审理，会耗费大量的诉讼时间和诉讼资源，而且环境问题无法得到及时迅速的解决。同时，刑事诉讼、民事诉讼、行政诉讼的规定也不一致，无法形成统一的审理标准，审理过程中难免产生矛盾冲突。环境司法专门化就是化解这一矛盾的办法。

---

① 参见王树义：《论生态文明建设与环境司法改革》，《中国法学》2014 年第 3 期。

② 参见吕忠梅：《环境法回归路在何方？——关于环境法与传统部门法关系的再思考》，《清华法学》2018 年第 5 期。

③ 参见吕忠梅：《新时代中国环境资源司法面临的新机遇新挑战》，《环境保护》2018 年第 1 期。

二、环境司法专门化面临的问题

环境司法专门化作为一个新生事物，经历了从无到有、从存在各种不足到不断完善的过程。面对因单方面追求经济利益，不顾环境资源所造成的生态问题，从最高人民法院到基层人民法院建立环境资源法庭或环境资源合议庭或巡回法庭，这些都是在实践中检验标准及理论，对实践中的各种问题深入分析，不断完善，不断摸索，进而推进环境司法专门化的进程。从环境法的理论研究到实务操作，标准和理论还不够成熟，实践中观点不一、操作不一、后果不一的现象非常突出。归纳起来，环境司法专门化在实践中面临的问题体现于以下方面。

1. 环境公益诉讼的原告主体资格受限

环境公益诉讼是环境司法专门化的突破口和着力点。环境司法专门化的目标有三个递进层次：首先是保护环境本身，其次是实现当代人以及后代人的环境权益，最终是实现人类的可持续发展。因此，专门化的实现路径应当以保护环境公益和可持续发展为逻辑起点和价值追求。[①] 然而，就受案数量看，公益诉讼案件远没有制度设计之初所预想的繁荣。通过目前的立法来看，除了检察机关以外，我们无法明确知道具有原告主体资格的组织。《民事诉讼法》第五十五条对于公益诉讼作出了规定，检察机关、法律规定的机关、有关组织和人民检察院，有权提起环境公益诉讼。在实践中却因为对公益诉讼适格原告的严格限制，严重制约了环境公益诉讼制度的发展。《环境保护法》第五十八条对于可以提起环境公益诉讼的组织作出了规定："对污染环境、破坏生态，损害社会公共利益的行为，符合下列条件的社会组织可以向人民法院提起诉讼：（一）依法在设区的市级以上人民政府民政部门登记；（二）专门从事环境保护公益活动连续五年以上且无违法记录。"

因环境案件的复杂性、专业性，涉及范围广，成本花费高等问题，在立法上，法律并没有赋予公民环境公益诉讼的主体资格。但是，公民是环境类案件损害后果的最终承担者，立法上的缺失使得公民难以切实维护自身权益，法律应保障公民维护自身利益的权利。

2. 审判人员专业知识水平欠缺

环境司法专门化的目的之一是发挥其专业性来实现环境司法案件的专

---

① 参见宋宗宇、郭金虎：《环境司法专门化的构成要素与实现路径》，《法学杂志》2017年第7期。

门化审判。由于环境案件的突出特点就是专业性和技术性较强，在因果关系的判断、损害程度及范围的确定、未来或许产生环境影响的评估、环境问题最佳解决方案的制定等方面，我们国家能符合审理环境案件条件要求的法官较为欠缺。仅凭法官个人的能力和知识储备，并不能妥善处理好所有的问题。法官在裁判决断时面临进退两难的境地，甚至从某些方面导致环境案件受害人的权益无法得到很好的维护。① 由于环境诉讼的特殊性、公益诉讼原告资格的特殊性，以及地方对公益诉讼的重视程度不同，环境公益诉讼案例的地域分布主要集中在部分省份。从现有的环境类案件的裁判文书来看，环境类案件判决书的解释法律、说理上还不够完整，特别是遇到环境公益诉讼案件，法官处理相关问题的经验较少，存在“多说多错”的思想，在书写裁判文书时就法律适用问题一笔带过。同时，裁判文书的质量在不同地区差距明显。在环境司法一体化开展工作较早地区和试点地区，裁判文书在说理方面相对较好；在一些环境问题严重，亟须有力的裁判文书作为参考的地区，裁判文书在说理论述上反而有些薄弱。

三、环境司法专门化问题解决对策

1. 积极推动环境司法的公众参与

公民是环境类案件损害后果的最终承担者，环境权益或者个人权益遭受侵害时，个人往往比检察机关及社会环境公益组织更能够及时察觉。《民事诉讼法》第十五条对支持起诉作出了规定：“机关、社会组织、企业事业单位对损害国家、集体或个人利益的行为，可以支持受损害的单位或者个人向人民法院起诉。”公民在发现权益受损时，可以借助检察机关或社会环境组织来维护自身的合法权益。但是作为个人，很难去知悉哪些结构具有环境案件的原告主体资格。可以明确规定，有原告主体资格的机构在法院备案，当个人前往法院诉讼时，法院可以及时告知其前往相关社会组织，借助检察机关或社会组织进行维权。

2. 加大引进专业人才，设立专业化审判团队

环境案件的专业性和特殊性，对环境审判提出了建立专业化审判团队的要求。要建立专业性审判队伍和陪审队伍，应从法院的内部和外部两个

① 参见徐寅杰：《我国环保审判庭设立依据、现状及建议》，《江苏警官学院学报》2009 年第 4 期。

部分同步着手。就其内部而言，通过线上和线下定期举办相关的培训活动，可以让法官适时地接受环境科学以及环境法律方面知识的培训，以全面提高法官的业务能力。在法官培训网站及时更新最新的环境、生态等方面的知识，供法官及时学习。就外部而言，应加大引进环境法学专业人才的力度，通过聘请具备环境科学等方面专业知识的专家人才加入审判队伍，加强与高校、研究机构、环境专业机构的联系，在一定程度上弥补法官专业方面的不足。例如，福建省高级人民法院于2014年在我国率先聘用12位生态环境审理技术咨询专家①，2017年颁布了《关于完善专家参与生态环境司法工作机制的意见》，建立覆盖林业、环保等范畴的生态环境资源研究专家库，为生态环境资源审判提供司法决议参考和专业技术支撑，全省共选任93名专家为陪审员，在认定环境资源技术事实方面发挥了重要的作用。②

3. 完善指导性案例的发布制度，发挥案例指导功能

我国环境司法专门化现在还处于探索阶段，裁判标准和理论还不够成熟，极有必要加强对环境公益诉讼指导性案例的研习。一是对疑难案件具有指导意义的案例；二是对新类型案件具有指导意义的案例。通过指导性案例，指导法官在环境案件中的事实认定方法、证据规定、法律适用等；传达环境司法中“节约优先、保护优先、自然恢复为主”的司法理念。同时，建立有效的激励制度，鼓励法官进行环境资源案件研判，及时报送优秀案例。所谓“术业有专攻”，环境法庭专门解决环境问题，熟悉环境案例，能发现有价值的环境公益诉讼案例。因此，由环境法庭选送环境公益诉讼指导性案例最为合适。③

环境司法专门化是环境司法的有益探索，在推动环境纠纷解决法治化、提升环境审判专业化方面，其作用已初步彰显。然而，实现环境司法专门化更需要全社会的共同努力。同时，各级法院尤其是成立了专门环境资源审判机构的法院，应不断探索构建环境司法专门化的新途径与新模式，建立专业化审判团队。只有坚守保护环境本身，维护可持续发展这一初心，才能在环境司法专门化的路上继续前进。

---

① 参见马新岚：《构建生态司法保护“福建样本”》，《人民法院报》2015年11月4日。

② 参见张艺、柳建闽：《浅析环境司法专门化及其完善》，《长春理工大学学报》（社会科学版）2019年第3期。

③ 参见吕忠梅、张忠民：《环境司法专门化与环境案件类型化的现状》，《中国应用法学》2017年第6期。

绿色金融的现实困境及其应对

□李龙飞　侯圣贺*

摘要： 绿色金融兼具公益性与经济性特征，其作为我国绿色产业发展的推动力量，主要有绿色信贷、绿色保险以及绿色证券等类型。绿色金融在我国仍处于初步发展阶段，存在较多的不足，在社会发展中遇到众多现实挑战。目前，绿色金融处于市场发展困境、政策扶持困境以及产业升级困境等诸多困扰之中。通过建立强制环境责任保险制度，明确金融机构与企业等相关主体的环境责任以及设立专门的绿色金融政策银行等应对对策，可以有效缓解当前的现实问题。

关键词： 绿色金融；环境保护；现实；困境

工业革命以来，人类在享受环境红利的同时，也不断透支着环境承载力，使得后代人承受着前代人酿下的环境恶果。面对环境压力的持续增长与社会经济的飞速发展，把环保作为一项政府责任和公益事业已经不能满足社会需求，环保逐渐演变为一个具有创新精神的产业，绿色投资便应运而生。绿色金融在《里约环境与发展宣言》和《21世纪议程》后被人们所熟知，并迅速风靡全球。我国引入绿色金融的时间并不晚，但直至2016年中国G20杭州峰会才首度将绿色金融列入议题并形成会议文件。① 2016年，在央行等七部委联合发布的《构建绿色金融体系的指导意见》之后，绿色金融才开始进入学界视野，成为经济领域关注的焦点，这也预示着绿色金融成为今后一段时期内的热点话题。通过对绿色金融的现状及其演变过程的分析不难看出，绿色金融仍然存在市场局限性、法规与政策扶持脱节以及产业升级关注度低等诸多不足，为促进绿色金融的良好发展，

---

* 李龙飞，山东滨州人，西南政法大学经济法学院环境与资源保护法学博士研究生，主要研究方向为环境法、海洋环境法。侯圣贺，山东梁山人，山东农业大学公共管理学院讲师，主要研究方向为环境法、民商法。

① 参见刘乃贵、吴桐：《绿色金融法律保障机制研究》，《财经科学》2017年第10期。

亟须寻求相关对策加以应对。

一、绿色金融的内涵及其类型

绿色金融是为支持环境改善、应对气候变化和资源节约高效利用等经济活动，对环保、节能、清洁能源、绿色交通、绿色建筑等领域项目的投融资、项目运营、风险管理等提供金融服务的活动。为有效解决环保产业融资难的艰难处境，同时为更好地改善生态环境和促进产业升级，可以通过金融的形式对绿色产业加以扶持，促进绿色产业发展，不断带动环境质量的改善，使得绿色金融成为兼具公益性与经济性的金融新方向。绿色金融存在的目的是通过资本的力量帮助在环境改善、气候变化、提高资源的有效利用等方面的产业进行融资，是对该方面产业的金融服务。其实质是通过绿色金融，将环保事业纳入资本市场之中。绿色金融一方面说明了环保不仅是政府的责任，也变成了一个初具雏形的产业；另一方面也印证了在环保等领域的融资金融服务是十分匮乏的。

学界高度认同绿色金融，对其内涵也有着高度的共识。绿色金融应该覆盖各种金融机构和金融资产，是能产生环境效益以支持可持续发展的投融资活动。这些环境效益主要体现为减少对自然环境的污染，降低温室气体排放，提高资源的利用效率，减缓和适应气候变化并体现其协同效应等。发展绿色金融要求将环境外部性内部化，并强化金融机构对环境风险的认知，以提升环境友好型的投资和抑制污染型的投资。绿色金融既要利用公共资金，也要动员私人资本，其涉及整个金融体系对环境风险的有效管理。绿色金融根据划分内容的不同大致可以分为绿色信贷、绿色保险和绿色证券三大类。

1. 绿色信贷

绿色信贷，也称“赤道原则”，其要求金融机构在提供金融服务时，在评估阶段就要对该项目可能产生的环境影响加以考量，利用金融杠杆加强企业的环境保护力度。① 绿色经济目前已经成为经济发展的新方向，赤道原则是传统金融业为适应环境友好型经济所作出的政策调整。2012年，银监会在制定的《绿色信贷指引》中，对绿色信贷的特点以及服务方向做

① 参见光琳、徐倩、王慧：《基于赤道原则的我国商业银行绿色信贷发展策略研究》，《武汉金融》2017年第10期。

出了解释：绿色、低碳、循环的可持续发展；防范环境风险，服务实体经济，促进产业结构调整升级。该指引文件从银行业务流程的角度作出规范，在银行业务的根本出发点上纳入了节能环保的绿色理念，从顶层设计的高度上推动了绿色信贷的发展。

2. 绿色保险

绿色保险的内涵在我国较为狭窄，其特指一种保险产品——环境污染责任保险。环境污染责任保险可以保障保险机构在污染事故对第三者造成损害时，依据保险合同进行理赔。[①] 从该角度上来讲，绿色保险是环保在金融领域内的延伸，企业的保险支出在一定程度上可以视为是对高环境风险的企业变相征收环境税的行为。从中央到地方，环境因素已经成为一个不得不考虑的着重点，中央与地方针对环境保险都做出了一定的政策推动，与之配套的环境评估体系等环境责任保险制度也随之健全，主要包括环境风险评估技术规范和环境污染损害责任认定与鉴定评估机制两个方面。

3. 绿色证券

绿色证券是证券业坚持绿色发展、循环发展、低碳发展的理念，将环保核查、环保绩效评估和环境信息披露纳入证券市场指标体系，通过证券基础制度、监管体制等的创新与内涵式发展，推进物质文明、精神文明、生态文明全面、协调、可持续发展的现代证券模式。[②] 绿色证券将环境因素纳入证券业的考量之中，通过提升金融服务的成本，促使企业走向环境友好的道路。

二、绿色金融的现实困境

我国对绿色金融的研究相对较晚，虽然近年来绿色金融在我国发展迅速，但是在其发展的初期阶段，凸显出了众多的不足之处，遇到了诸多现实困境，需要我们加以正视，并积极寻求对策加以完善。

1. 绿色金融的市场发展困境

绿色金融作为金融的一种形式，其本身就具有金融市场固有的弊端。作为一种新型的金融形式，绿色金融缺陷的一部分是由它所针对的对象决

---

① 参见田辉：《中国绿色保险的现状问题与未来发展》，《发展研究》2014 年第 5 期。

② 参见王起国：《绿色证券法制研究》，《西南政法大学学报》2013 年第 3 期。

定的，也就是说其缺陷的根源来自自身的局限性。众所周知，绿色借贷面临着融资难的困境，目前大多数的金融机构针对的都是信誉好、发展前途明朗的大型企业，这一类企业有着较强的实力和风险承受能力，在现有的金融体系之下，通过融资能够实现企业的良性发展。相反，中小型企业的融资难度要大得多，融资难的固有弊病在绿色金融之中也得以体现。

绿色金融的市场局限性可以从以下众多方面得以彰显。首先，企业试图降低环境风险的努力，因其投资并不会产生明显的利润，在金融市场之中并不会将这种投资视为“优质资产”。其次，企业改进生产，降低环境污染而产生的费用在很大概率上难以从资本市场之中实现融资。再次，环境友好的努力固然值得称道，但“巧妇难为无米之炊”，缺乏相应的融资支持，也使得企业承受着一定的资金压力。在现有的征信体制之下，虽然有政策鼓励，但商业银行与企业很难就环境投资达成一致。最后，由于绿色金融是一个新兴产物，而环保产业是一个有着技术高度的产业。对于资本市场而言，对这个产业特性的了解并不深入，对于环保企业和环保产品的熟悉程度较其他的高新产业较低。因此，在金融产品的设计与运营之中难免产生偏差。

2. 绿色金融的政策扶持困境

绿色金融具有经济性和公益性的双重特性。在经济性方面，绿色金融能够促进资源利用率提升，促进环保设备、新能源以及环保技术的发展，成为经济发展的新增长点，在经济上能够带动投资、创造就业岗位，实现绿色金融与环保产业的互相支持。在公益性方面，对于环境友好型产业的建设，在一定程度上减轻了政府与社会的支出，借力于绿色金融的扶持，环保事业与环保产业能够蓬勃发展，新能源、新技术、新资源能够有效缓解经济发展带来的环境压力，也可以促进环境的恢复。环保已经成为社会共识，绿色金融促使市场更多地考量环保因素。

政策扶持绿色金融正如政策扶持环保产业一样，是无须多言的。我国的政策导向大多集中于新技术、新能源领域，行政政策的扶持力度能够在短期内实现相关产业的发展，对相关产业的推广应用同样有着积极意义。对环境治理方面的政策力度相较于新能源、新技术而言，显得较为匮乏。①我国目前已经制定了部分与绿色金融相关的法律法规，但大多是纲领性的

---

① 参见夏天添、李明玉：《环保投入、政策扶持与绿色金融效率》，《技术经济与管理研究》2019年第7期。

文件，绿色金融的法律法规仍然不健全。一方面是由于在环境领域由政府主导而产生的依赖惯性，另一方面源于私有制的市场经济中对于环保产业有着投资长、见效慢的忧虑。基于维护金融安全和保护投资者利益的考量，有必要明确认识绿色金融的风险，并构建和完善相应的风险防范制度，以保障绿色金融体系的安全和有序运行。

自 1995 年以来，我国就已经着手制定关于绿色金融的政策、法规，构建了我国绿色金融的法律规范。但是，我国的绿色金融规范大多是集中于金融信贷领域的纲领性文件，要求央行和商业银行在提供信贷服务的同时将环境因素纳入信贷考量之中，用金融的杠杆推动企业走向节能减排的道路，这一点与赤道原则不谋而合。但是，相较于金融信贷而言，我国对于绿色证券、绿色保险等其他金融类别的政策与法规的扶持相对较少。

3. 绿色金融的产业升级困境

我国《环境保护法》的立法理念与内容是基于 20 世纪 80 年代产生的，注重污染后的治理，是一种“节流”的做法。随着经济社会的发展，环保产业与环保事业也可以成为一个开源的重要支点，这也是绿色金融存在和发展的根基。[①] 绿色金融体系通过改变不同类型项目的融资成本与可获得性，引导社会资本逐步从一些高污染、高耗能的重工业行业退出，进入到环保和低污染的服务型行业，将有助于缓解中国产业结构“过重”的问题。为企业提供基于节能减排、降低环境风险的融资服务，是绿色金融的重要使命。以金融工具促使企业脱离高环境风险的原始发展，促使产业结构升级，促使企业在经营之时将目光不仅仅放在盈利上。重视环境污染的治理，不仅是改革开放以来环保工作的思维惯性使然，也夹杂着地方保护主义等各种非环境问题的因素。面对落后的高环境风险产业，一方面，对企业来说，转型缺乏技术支持和融资支持；另一方面，对地方而言，关停企业意味着就业减少的风险。

三、绿色金融的规制对策

为有效解决绿色金融在发展过程中凸显的诸多弊端，有效应对在现实实践中遭遇的诸多困境，可以通过建立强制环境责任保险制度，明确金融

---

① 参见安同信、侯效敏、杨杨：《中国绿色金融发展的理论内涵与实现路径研究》，《东岳论丛》2017 年第 6 期。

机构与企业等相关主体的环境责任以及设立专门的绿色金融政策银行等具体措施加以应对。

1. 建立强制环境责任保险制度

环境责任保险是以企业发生污染事故对第三者造成人身伤亡或财产损失依法应负的经济赔偿责任为保险标的的保险。该保险可以有效应对企业生产经营过程中可能产生的责任事故，缓解环境责任事故造成的影响，保护企业生产与再生产的顺利进行，避免出现“企业污染，民众受害，政府买单”的现象。[①]

从企业角度来看，若投保相关的环境责任险种，就可以用少量确定性的保费支出来减少未来的不确定性赔款等费用的支出，即在发生因环境污染造成第三方损失的保险责任事故时，企业可以将自己的损失赔偿转移给保险公司，从而保证企业生产经营的持续进行。针对这一问题，《环境保护法》第五十二条明确规定：“国家鼓励投保环境污染责任保险。”从该条文来看，将责任保险制度写入环境法，仅仅停留在“鼓励”层面，并没有其他具体详细的规定。环境责任保险不仅会受到政策扶持不力的影响，还会受到地方立法与资金支持等方面的诸多限制。应当将高污染的高环境风险企业纳入强制保险制度之中，通过强制的方式将绿色保险的范围扩大，鼓励促进绿色保险的发展。对我国保险业而言，从实务界到监管机构，均应当拓展对绿色保险的认识深度，全面评估保险业在可持续发展中能够发挥的作用，并评估气候变化及相关的风险对行业自身可持续发展的影响，不是将绿色保险局限于环境污染责任保险这一较为狭窄的领域，而是把可持续发展的理念贯穿到保险经营和服务的全过程。

2. 明确相关主体的环境责任

第一，明确金融机构的环境责任。《关于贯彻信贷政策与加强环境保护工作有关问题的通知》和《关于加强产业政策和信贷政策协调配合控制信贷风险有关问题的通知》这两份导向型文件，从政策角度收紧了金融机构对高环境风险的企业提供融资借贷服务。《商业银行法》第七条和第八条规定的“严格审查借款人的资信”，“不得损害国家利益、社会公共利益”，确定了商业银行发放贷款时的必要审查义务。环保作为商业银行对

---

① 参见欧阳丹丹：《中国推行环境污染强制责任保险的正当性探析——从法经济学的视角》，《金融发展研究》2018年第7期。

借款人资信考察的一个方面，要求商业银行在日常业务之中考量环境的因素，而未明确金融机构在为高环境风险企业提供借贷之时的责任问题。金融机构尤其是商业银行，受到企业法人制度的规范，同样应“遵守社会公德、商业道德，诚实守信”，要求作为企业法人的商业银行，应对社会负有责任。商业银行在金融法等部门法之中都存在着应负的企业法人的社会责任，是否能够将商业银行也纳入环境侵权归责的主体之中需要加以考量。商业银行由于未能在信贷业务之中审查高环境风险企业的环境因素，向造成环境污染的企业提供了信贷，在某种程度上构成对环境污染的帮助行为，对环境污染造成的结果应承担相应的责任。明确商业银行的环境责任也能够促使商业银行将环保纳入信贷决定的考量因素，通过侵权主体的扩大，使商业银行能够通过一定程度的监管企业资金流的形式，促使企业承担相应的环境责任，在源头上防止环境污染的发生。

第二，强化企业的环境责任。建立合理的绿色金融法律体系，才会对我国的企业产生积极的引导作用。明确企业的社会责任，在现代企业的组织结构中对环境因素加以考量。ISO 质量管理体系、6T 管理法等一系列的企业管理理论都或多或少地提出了对环境友好的建设，不断体现企业的环境责任，在绿色金融的规范之中，要明确写入企业的环境责任。《公开发行证券的公司信息披露内容与格式准则第 1 号——招股说明书》（2015 年修订版）对此也作出了相应的规定，要求企业履行一定程度的信息披露义务。信息披露的范围包括：对存在高危险、重污染情况的，应披露安全生产及污染治理情况、所受处罚、近三年相关费用成本支出以及未来的预期支出情况、对是否符合国家的环保规定的说明等。这些制度需要组合强化，成为绿色金融产品应用于企业的重要参考。[①]

3. 设立专门的绿色金融政策银行

建立环境风险评估机制是绿色金融的一个重要话题。环境污染风险评估可以为绿色保险提供产品设计的基础信息，也能够为绿色信贷、绿色证券的运营提供充足的信息支持。环保是一项具有高度技术性和创新性的行业，依靠传统金融的知识与经验储备，在政策制定与对口扶持方面很难做到准确的对接需求，建立绿色金融的政策银行便成了可鉴之策。从发展绿

① 参见刘盛：《新的时代背景下中国对金融机构社会责任国际立法的参与路径及战略探究》，《江西财经大学学报》2019 年第 2 期。

色经济的角度来看，我国应当制定专门的绿色政策性银行法，对政策性银行设立宗旨与目标、设立程序、业务范围、组织机构、业务规则等内容作出具体规定。根据法律的具体规定，建立政策性银行的组织机构，依法进行业务运营活动。成立政策性银行能够贯彻执行政府在绿色金融领域的经济政策和意图，在绿色金融的领域内间接进行政策性融资。政策性银行的成立有助于绿色金融领域法律法规的完善。环保是一项公益事业，资金需求巨大，商业银行铺开绿色金融的产品有着承接公共风险的隐患，成立政策性银行即可视为政府对环保的投资，体现对绿色经济的重视。

改善生态环境不仅要依靠强有力的末端治理措施，还必须采用财税、金融等手段改变资源配置的激励机制，让产业结构、能源结构、交通结构变得更为清洁和绿色，在资源配置中，资金（即金融资源）配置的激励机制将发挥关键的作用。运用金融的力量可解决资源配置效率低的问题，促进落后产业的淘汰。绿色经济的正当性来自其作为一项切合全民利益的经济因素，已然成为一项具有社会福利性质的措施加以推广。通过金融的资源配置作用，有效引导金融资源的流向，促进产业结构的调整，加速增长模式的转变，能够化解产能过剩，减少环境资源的约束。

国际投资争端预防机制与中国选择*

□刘万啸**

摘要：随着投资者与国家间争端的不断增加，国际投资协定中的ISDS制度对国家管制权构成严峻挑战，许多国家开始重新审视ISDS制度。处理投资者与国家间投资争端的最好时机应当是在投资纠纷升级到国际投资条约项下的争端之前，最佳方法是国家实施有效的投资争端预防政策，建立投资争端预防机制。投资争端预防机制的主要制度设计包括：建立系统的投资争端预防和管理机构体系，建立信息收集和沟通系统，确认并监控敏感行业，建立政府机构责任制度等。中国应尽快建立系统有效的投资争端预防机制，并利用“一带一路”合作平台，加强与“一带一路”沿线国家在投资争端预防机制方面的合作，共同探讨建立投资争端预防和解决协调机构。

关键词：ISDS投资争端；预防投资争端；预防政策；预防机制

一、国际投资争端预防的意义和优势

1. ISDS制度对国家管制权的严峻挑战

过去十年国际直接投资（FDI）增长迅速，通常被认为是国际经济增长和发展的动力。[①] 一方面，东道国政府采取措施吸引外资；另一方面，随着环境保护、公共健康、经济危机等问题的凸显，东道国政府同时也加强了对外资的管控，采取环境保护、资源管理、健康保护、紧急经济管理

---

* 本文系教育部人文社科研究规划基金项目“强力治污背景下外国投资者与我国政府投资争端预防机制的构建”(14YJAZH049)的阶段性成果。

** 刘万啸，山东政法学院教授、法学博士。

① UNCTAD, “How to Prevent and Manage Investor-State Disputes: Lessons from Peru”, http://unctad.org/en/Docs/webdiaepcb2011d9_en.pdf., last visited on 31 August 2019.

等方面的措施。然而，这些措施难免会对外国投资者的利益产生影响。[①]往往东道国与投资者母国订有国际投资协定（IIAs）[②]。全世界目前共有国际投资协定总计3324项。[③] 传统国际投资协定的目的和宗旨都是保护投资者的利益，一般都规定了投资争端解决（Investor-State Dispute Settlement，ISDS）。东道国政府往往采取一些管理措施而使投资者利益受到影响。此时，投资者往往会根据这些国际投资协定向东道国政府提出索赔要求，根据国际投资协定启动投资争端解决程序。国际投资仲裁是目前国际投资协定中解决投资者与国家间投资争端的最主要方法。近些年，投资者与国家间的国际投资仲裁数量总体呈上升趋势。2017年，国际投资仲裁案件新增65件，截至2017年底，投资者与国家间投资仲裁案件已累计达到855件。[④]

公正高效是仲裁的内在价值目标，是仲裁得以作为一种争端解决机制存在的基础。[⑤] 由于近年来投资者与国家间争端案例不断增加，时常伴随着不同仲裁庭对国际投资协定条款的解释不一致，各国对现有ISDS制度合法性的关注与日俱增。[⑥] 国际投资仲裁本身存在诸多缺陷，比如费用高昂、耗时长、仲裁结果难以预测以及会给败诉方带来不良声誉等。[⑦] 无论是作为被诉方的东道国还是作为申诉方的投资者，都要面临这些问题。尤其对东道国政府而言，其只能作为国际投资仲裁的被诉方，不仅要承担巨额赔偿或者面临巨额赔偿的风险，而且实施经济管制的主权权力受到严峻挑战。因此，许多国家开始重新审视国际仲裁这一解决投资者与国家间争端的方法。一些国家已经采取或加强了措施，以防止或减少国际投资仲裁案件的发生。有些发展中国家退出《解决国家与他国国民间投资争端公

---

① 参见刘万啸：《气候变化背景下国际投资规则的发展趋势及我国对策研究》，《政法论丛》2014年第2期。

② 国际投资协定（international investment agreement，IIAs），包括双边投资协定（BITs）、区域投资协定以及自由贸易协定、经济合作协定和其他国际协定中的投资部分等，均可称为投资条约。

③ 数据来源于UNCTAD网站，http：//investmentpolicyhub. unctad. org/IIA，2018年1月2日访问。

④ See UNCTAD，“Investor-State Dispute Settlement：Review of Developments in 2017”，unctad/diae/pcb/inf/2018/2.

⑤ 参见周清华、程斌：《第三方资助下仲裁员潜在利益冲突披露的体系建构》，《海商法研究》2018年第4期。

⑥ 参见张庆麟：《论国际投资协定中东道国规制权的实践及中国立场》，《政法论丛》2017年第6期。

⑦ Silvia Constain，“Investor-State Dispute Prevention Strategies”，Asia-Pacific Economic Cooperation，June 2013，p. VII，http：//perma. cc/7CTH-SGWM，last visited on 8 September 2019.

约》（简称ICSID公约），ISDS制度遭遇了前所未有的危机。目前，国际社会已经达成共识，认为有必要改革现有的国际投资争端解决制度。联合国贸易与发展会议（简称“贸发会议”或者UNCTAD）制定的《国际投资协定改革路线图》及其投资政策框架提供了这方面的政策选择。[①] 越来越多的国家正在根据国际投资协定的新趋势修订其国际投资协定范本。[②] 大多数新订立的国际投资协定在规定保护投资者利益的同时，还增加了旨在保持东道国管制权的规定，并改进了ISDS制度。[③] 然而，绝大部分现存国际投资协定仍然为传统国际投资协定，其规定的解决投资者与国家间争端的主要方法仍然是国际投资仲裁。如何避免国际投资仲裁，已经成为各国重点考虑的重要议题。

如前所述，国际投资仲裁方式存在许多缺陷。国际投资仲裁实践表明，通过投资仲裁的方式解决投资争端已经不是最佳的解决方式，对东道国政府而言尤其如此。[④] 有关国家和国际组织正在探究更加高效、可预见的投资争端解决方式，比如，协商、调解、调停等替代性争议解决方法（ADR）。再比如，欧盟提出设立常设投资法庭和上诉法庭，以取代传统国际投资协定中的投资仲裁。尽管调解、协商等ADR方法可以友好地解决投资者与国家间的投资争端，但是ADR方法往往可能失败，而且即使成功解决，仍然会耗费大量的人力和财力。欧盟倡导的常设投资法庭和上诉法庭目前并未得到广泛认可，其效果尚未可知。因此，处理投资者与国家间争端的最好时机应当是在投资纠纷升级到国际投资协定项下的争端之前，最好的方法是东道国政府提前采取有效争端预防政策（Dispute Prevention Policies，DPPs），建立投资争端预防机制，防止投资纠纷升级为投资协定下的投资争端，有效预防和处理投资者与国家间争端。

2. 投资争端预防政策的优势

投资争端预防政策并非试图完全阻止争端的发生，而是及时发现潜在的争议，以便尽早地进入解决通道，以避免争端升级为国际投资协定项下

---

① See UNCTAD, *World Investment Report 2015: Reforming International Investment Governance*, New York and Geneva: United Nations, pp. 127-129.

② See UNCTAD, *World Investment Report 2014: Investing in the SDGs: An Action Plan*, New York and Geneva: United Nations, p. 165.

③ See UNCTAD, “Investor-State Dispute Settlement: Review of Developments in 2015”, IIA Issue Note, No. 2, 2016, p. 38.

④ 参见胡德胜：《中国应该如何对待〈能源宪章条约〉》，《政法论丛》2017年第6期。

的国际投资仲裁。[①] 预防投资争端的产生或者升级为正式争端解决程序，是投资者和东道国的共同利益所在，投资争端预防政策有着其自身独特的优势。[②]

第一，DPPs最大的优势就是通过争端预防政策，将投资者与国家间的问题、不满或者冲突消灭在萌芽状态，防止其升级为投资争端。[③] 这样可以避免当事双方进入投资仲裁或者诉讼，保持东道国与投资者之间的良好关系，最终实现经济、社会、环境的协调可持续发展。

第二，与ADR相似，DPPs还可涵盖除经济赔偿之外的议题。在许多投资争端案件中，赔偿之外的议题对投资者而言比从东道国获得经济赔偿可能会更加重要，比如更多更佳的投资机会。另外，相对于投资仲裁，DPPs对东道国措施本身的影响可能会更大，其实施过程和解决方案能够一并解决全部问题，而不仅仅是经济赔偿。DPPs的实施和方案可以提升国家对投资的整体管理水平，因为在程序结束之后要审查国家的措施或法律，或者审查国家的政策措施是DPPs的一部分。[④]

二、国际投资争端预防的国际实践

许多国家对DPPs的重要性认识不足。秘鲁等部分国家制定了法律，采用了系统的投资争端预防措施，而大部分国家还没有类似的法律和措施。原因之一是，有关国家对这一重要问题缺乏足够的认识。[⑤] 秘鲁、哥伦比亚、墨西哥等一些国家在UNCTAD帮助下已经实施了投资争端预防

---

① Susan D. Frank, "Challenges Facing Investment Disputes: Reconsidering Disputes Resolution in International Agreements", in Karl P. Sauvant (ed.), *Appeals Mechanism in International Investment Disputes*, Oxford University Press, 2008, p. 160.

② UNCTAD , *Investor-State Disputes: Prevention and Alternatives to Arbitration*, United Nations Publication, pp. 31-35.

③ UNCTAD, *Investor-State Disputes: Prevention and Alternatives to Arbitration II*, United Nations Publication, p. 7。在投资者与东道国政府之间的纠纷中，不同解决往往用不同的术语来表述。首先是在外国投资过程中因政府措施而可能发生"问题""不满""关切"；之后，如果"问题""不满""关切"没有得到矫正或解决，它将可能成为"冲突"；如果"冲突"得不到有效管理，将演变成更为正式的"争端"。

④ 参见李可：《利益衡量的方法论构造——以司法性利益衡量为中心》，《上海政法学院学报》2017年第2期。

⑤ UNCTAD, *Investor-State Disputes: Prevention and Alternatives to Arbitration II*, United Nations Publication, p. 63.

政策，并且已经成功防止了一些投资纠纷升级为国际投资条约项下的争端，积累了一些成功经验。[①] 根据某些国家和UNCTAD等国际机构总结的经验，东道国投资预防政策一般包括建立系统的投资争端预防和管理机构体系、建立信息收集和沟通系统等，形成一整套完成系统化的投资争端预防机制。

1. 建立系统的投资争端预防和管理机构体系

ISDS案例可能涉及多个政府当事方：IIAs谈判者（中央政府）、国会、宪法法院（一些国家要求事先进行合宪性审查）、采取ISDS下受到挑战的措施的机构（可能是任何级别的政府或政府部门）、政府辩护团队等。投资争端的处理，涉及政府内不同部门之间的权力分配以及不同权力部门（如立法、司法、行政等部门）之间的权力分配问题。[②] 鉴于案件涉及角色数量众多，而且涉及部门之间的权力分配和协调，因而进行争端预防、处理和辩护时都要求有适当准确的信息，需要各政府部门间的有效协调。拥有强有力的ISDS管理框架，可加强政府有效处理投资者与国家间争端的应对能力。有效预防投资争端最重要的就是建立一套各部门协调合作、完整有效的应对体系，否则国家难以有效协调不同级别政府和不同部门之间的行动。当国家同时面临几项投资争端时，其管理ISDS案件的能力显得愈加重要。哥伦比亚、哥斯达黎加和秘鲁政府正式成立了管理投资者与国家间争端所必需的有效机构体系。[③] 秘鲁的投资争端反应系统由协调机构、专门委员会（Special Commission，SC）和所有各级政府机构中与投资者谈判的条约或合同中含有“发生投资争议时通过国际仲裁解决投资者与国家间争议”内容的机构组成。SC负责在任何投资争论、冲突或争端中代表国家，是该系统的中央领导机构，包括四个常任成员——经济财政部、外交部、司法部、秘鲁私人投资促进委员会。除此之外，视具体案件，SC还可包括非常任成员，包括对外贸易和旅游部及采取了触发投资争端的相关责任机构。经济财政部是该系统的协调机构，在其网站上提供了直接链

---

① UNCTAD, *Investor-State Disputes: Prevention and Alternatives to Arbitration*, United Nations Publication, pp. 65-66.

② See Lise Johnson and Brooke Skartvedt Guven, “The Settlement of Investment Disputes: A Discussion of Democratic Accountability and the Public Interest”, http://ccsi.columbia.edu/files/2017/03/ITN-The-Settlement-of-Investment-Disputes-Mar-13-2017.pdf., last visited on 31 August 2019.

③ Silvia Constain, “Investor-State Dispute Prevention Strategies”, Asia-Pacific Economic Cooperation, June 2013, p. 35, http://perma.cc/7CTH-SGWM, last visited on 8 September 2019.

接，供投资者登记他们的有关关切和投资问题。法律和法规特别要求相关机构和任何公共实体在规定时间内提供SC所要求的任何信息，并要求该机构负责人保证该信息及时提供。如有需要，相关机构必须与SC合作并确保其官员能够参与该解决程序。另外，知悉或者参与该纠纷有关行为的政府职员都有义务配合SC。SC这种多机构组成的专门委员会的优点是可以获得关于纠纷的综合性全面认知，但其缺点是各机构往往不容易达成一致意见。因此，如果采用多机构模式，就必须有关于案件决策的明确指导方针，并指定一个具体权威机构作为协调人以协调各机构的观点和意见。①

关于机构体系的具体设计，各国一般根据各自情况，建立适合各自国情特点的争端预防和管理机构体系。在某些国家，负责国际投资协定谈判的机构也负责预防和管理投资争端，而在另外一些国家，负责投资协定谈判的机构与负责预防和管理投资争端的机构则是分离的。② 哥斯达黎加和秘鲁政府从应对投资仲裁的临时机构设置过渡到由法律法规直接规定的具有预防和管理职能的正式机构设置，墨西哥政府在现有机构安排中引入了信息培训和分享政策。③

2. 建立信息收集和沟通系统

(1) 建立IIAs信息处理中心

为吸引和促进外资，国家在投资条约中承诺了大量对外资保护的义务。IIAs虽然是由中央政府谈判的，但它适用于任何各级政府。在外国投资的日常实践中，直接与外国投资者打交道的相关政府部门对国家要承担的这些义务和承诺知之甚少或者根本无从知晓，这些具体机构并未被告知在与外国投资者打交道时该做什么、不该做什么，而外国投资者却被广泛详细地告知，即他们根据投资条约所享有的一切权利和所应获得的保护。这就容易导致直接与外国投资者打交道的政府部门所采取的有关具体措施和政策可能会违反国家所承担的条约义务，对外国投资者利益造成影响。UNCTAD的一项调查显示，接近半数的通过解决投资争端国际中心(ICSID)解决的案例是由于省市级官员或者负责具体行业的那些未参与条

---

① UNCTAD,"How to Prevent and Manage Investor-State Disputes: Lessons from Peru", http://unctad.org/en/Docs/webdiaepcb2011d9_en.pdf., last visited on 31 August 2019.

② Silvia Constain, "Investor-State Dispute Prevention Strategies", Asia-Pacific Economic Cooperation, June 2013, p. VII, http://perma.cc/7CTH-SGWM, last visited on 8 September 2019.

③ Silvia Constain, "Investor-State Dispute Prevention Strategies", Asia-Pacific Economic Cooperation, June 2013, p.35, http://perma.cc/7CTH-SGWM, last visited on 8 September 2019.

约谈判的官员的决定引起的。[1] 因此，包括省市及中央政府各个部门的官员以及在日常工作中与外国投资者交往的各级官员们应了解和掌握 IIAs 中的内容和义务，这对预防投资争端非常重要。国家应当经常组织信息交流会，以便让各级官员掌握这些重要的条约条款和义务。因此，国家应建立 IIAs 信息处理中心，增强对 IIAs 条款的认识和处理能力。在投资条约谈判阶段，各政府机构更广泛地参与和协商，以及条约订立后对相关政府机构官员进行信息培训，会减少这些机构在后期采取违反条约的措施的风险。国家所有各不同部门间（立法、司法和行政部门）和各级政府部门间（中央、地区、市）应广泛传播有关国际投资条约相关义务和承诺的信息。传播工具有发布指南等出版物，建立专门用于国际投资协定的网站、培训和讨论国际投资条约的平台，包括它们如何影响政策制定以及可能影响投资者的措施的设计。[2]

（2）建立完善的信息沟通系统

国家应建立完善的信息沟通系统，通过该信息沟通系统将有关投资信息和投资问题及时集中到投资反应系统的核心机构，并且在不同政府部门之间、政府部门与投资者之间加强信息沟通和交流，实现信息共享，避免产生误会或者投资纠纷。国家应与外国投资者保持通畅的沟通渠道，比如通过调查、会谈或者其他互动形式获取有用信息，便于政府能够及时识别投资障碍以及可能出现的问题，以便政府在问题成为纠纷之前采取正确的处理措施。一旦出现投资者与国家间的投资纠纷，国家首先需要对投资者诉求进行评估，以确定该纠纷的是非曲直，评估其升级的风险大小，以及下一步该采取何种投资条约或契约所允许的应对措施。但是，对纠纷进行正确清晰评估的前提是，负责处理该纠纷的领导机构必须及时获取有关该纠纷的所有信息和文件证据。对国家而言，对投资纠纷进行评估不仅要依赖法律顾问所提供的法律建议，更要依赖及时做出正确决策所需要的政治考虑。可见，在纠纷的早期阶段，及时获取关于纠纷的全面综合信息极为重要。但是，这些信息和文件可能涉及众多政府部门，而大多数政府部门可能不愿意及时提供有关该投资纠纷的信息。因此，为使该纠纷能够在早期阶段及时解决，应通过法律的强制手段来获取相关信息，建立一套完善

---

① UNCTAD, *Investor-State Disputes: Prevention and Alternatives to Arbitration*, United Nations Publication, p. 6.

② UNCTAD, "How to Prevent and Manage Investor-State Disputes: Lessons from Peru", http://unctad.org/en/Docs/webdiaepcb2011d9_en.pdf., last visited on 31 August 2019.

的制度性机制来实现投资信息的沟通、交流和收集。在UNCTAD的帮助下，一些拉美国家如秘鲁、危地马拉、巴拿马、多米尼加等国家已经建立政府部门之间的信息协调机制。[①] 一般是确立一个领导机构，或者成立专门委员会来负责处理投资纠纷，收集关于投资纠纷的全面综合信息，以对投资纠纷及时做出全面正确的判断。秘鲁设立了精细的信息沟通系统，这一信息系统通过经济财政部网站来实施。秘鲁投资争端反应系统的专门委员会负责确认相关的具体机构和领域，以便促进信息交流，更新培训内容，及早发现任何投资纠纷。除网站落实外，省级地方政府之间也经常召开相关的信息会议。该信息系统有三个作用：一是告知国家各相关机构以及各级地方政府国家对外国投资者所承担的承诺和相关义务，比如将所签署的投资条约中的具体规定告知上述机构。二是该信息系统也可由各级相关机构将与投资者之间的问题和争议告知中央政府，并寻求中央政府的参与。在处理投资争端时，完整、及时、充分的信息对于专门委员会及时有效地处理该争端至关重要。有关案件的各种信息需要在各有关机构之间分享，以便于专门委员会或其权威机构或其法律顾问正确理解有关案情，及时解决纠纷。虽然各机构之间可以自愿合作，但由于时间紧、案件复杂，秘鲁法律授权专门委员会可以要求所有相关机构在规定时间内向其提供案件信息。三是投资者也可利用该信息沟通系统作为反映其不满和投资争议问题的一个通道。秘鲁的争端反应系统授权专门委员会与不满的投资者和相关机构进行协商，并促进问题的友好解决。专门委员会已经成功避免了一些问题升级为国际仲裁，成为与带有不满或关切的外国投资者进行沟通的主要通道。同时，经济财政部作为反应系统的协调机构，在其网站上开通了专供投资者报告其关切或投资问题的通道，以便及时反映投资中出现的问题。这样，政府可以及时直接地从投资者处获取有关投资争议的信息。这种报告制度使得专门委员会能够及早地介入纠纷解决过程，并帮助和促使相关部门及早友好地解决问题。[②]

(3) 组织专项培训

提高对投资问题认识的另一个常用的方法是组织专项培训。随着ISDS案例的蔓延，有些国家已开始进行大规模的培训项目，来培训各级政府官

① UNCTAD, *Investor-State Disputes: Prevention and Alternatives to Arbitration*, United Nations Publication, p. 86.

② UNCTAD, *Investor-State Disputes: Prevention and Alternatives to Arbitration*, United Nations Publication, pp. 68-70.

员以及私营企业的投资者，以提高他们对投资条约中的条款和国际仲裁争端解决问题的认识，如哥伦比亚和摩洛哥等。[①]

（4）建立信息收集和沟通系统的意义

信息收集和沟通系统增强了与外国投资有关的不同政府官员之间及其与投资者之间的信息沟通渠道。该信息系统对投资争端起到了早期预警作用，以便代表国家处理投资争议的机构及早介入投资纠纷并采取适当行动，从而避免投资纠纷升级为国际条约系统下的投资争端。确定一个中央领导机构的重要作用在于，集中收集各有关机构的信息，协调各有关机构以及与投资者直接打交道的政府机构。如果投资者认为相关机构的政策措施损害了其利益，投资者可以直接向出台此政策措施的机构反映，也可以直接向该领导机构反映。这些畅通渠道便于将各种可能引发投资争端的信息及时集中地汇集到国家中央层面，便于领导机构及时发现投资者的不满，发现问题，将问题消灭在萌芽状态。[②]

3. 确认并监控敏感行业

国际投资争端的实例表明，一些敏感行业和行为容易导致投资者与国家间的投资争端。有关国家的经验表明，制定投资争端预防政策的重要步骤就是确定那些容易产生投资争端的敏感经济领域和敏感的契约安排。某些形式的法律承诺，例如涉及公用设施特许项目、私有化项目的复杂的国家合同，比其他形式的投资更容易产生投资争端。当然，还要具体看国家承担多大程度的义务。[③] 2017 年提起的投资仲裁案件中，约 70%与服务业有关，包括金融和保险服务（11 例）、建设工程（9 例）、电力和燃气供应（7 例）、信息和通信（6 例）、运输和存储（4 例）；第一产业和制造业各占新案件的 15%。这大致符合迄今提起的 855 个 ISDS 案件的总体分布。[④] 敏感领域确定之后，国家应对这些敏感领域进行重点监控，针对这些领域采取相应的预防措施，以避免出现国家违反义务的情形或者其他类型的争

① UNCTAD, *Investor-State Disputes: Prevention and Alternatives to Arbitration*, United Nations Publication, p. 73.

② UNCTAD, *Investor-State Disputes: Prevention and Alternatives to Arbitration*, United Nations Publication, p. 69.

③ UNCTAD, *Investor-State Disputes: Prevention and Alternatives to Arbitration*, United Nations Publication, p. 74.

④ UNCTAD, *Investor-State Disputes: Prevention and Alternatives to Arbitration II*, United Nations Publication, p. 4.

端。监控这些敏感领域可以使国家锁定那些与外国投资者打交道或者颁布条例做出决定的机构，以确保这些机构在其日常决策中随时掌握自身的义务和承诺。[①]

4. 建立政府机构责任制度

建立政府机构责任制度，就是让采取违反IIAs条款措施的机构承担责任。对许多国家而言，国际投资争端是新出现的问题，之前并无相应的经验。因此，在投资争端解决中，到底哪个机构应承担最终的经济责任，往往并不确定。这种不确定性往往会增加公务人员解决投资争端的挑战性。因此，应在立法中对哪个机构承担相应的经济责任予以明确。尽管中央政府需要为不履行条约条款而直接对投资者承担责任，但是，秘鲁立法让相关责任机构对仲裁费用和判决的赔偿金最终承担责任，即设立明确的责任制度。这一政策的出台，可以有效减少与IIAs不符的有关措施，这将鼓励有关机构在做出与IIAs不相符的措施之前或者出现问题时向中央投资联络点咨询，以便及早发现问题，采取补救措施。[②]

5. 鼓励对投资争端使用当地的行政救济手段

（1）行政救济手段的作用

防止争议升级的一个重要方法就是东道国政府的行政审查。国家可以设立制度性机制，允许声称权利受到影响的投资者在东道国启动行政审查程序，对投资者认为违反了条约义务的一些法律或政策措施进行行政审查。这种行政审查的优点是可以及时确定原来中央或地方政府未认识到的一些违反条约义务的政策措施。通过行政审查，东道国政府可以认识到措施的争议性，及时对该措施予以改进，至少改进到他愿意做到的程度。行政审查措施可以避免争端进入国际仲裁程序，从而避免国家对投资者的大量经济赔偿。这种做法对争议双方都有利，东道国可以改进其法律和行政制度，而相关投资者对东道国解决投资争议的效率也非常满意，因为其比国际仲裁的效率要高得多。在将纠纷提交国际仲裁之前，投资者首先一般会被鼓励通过启动东道国国内行政审查手段来解决纠纷。更高级别行政机构的审查可能会修改与IIAs不符的措施，或者改为采取类似的其他措施，

① UNCTAD, *Investor-State Disputes: Prevention and Alternatives to Arbitration*, United Nations Publication, pp. 74-75.

② UNCTAD, "How to Prevent and Manage Investor-State Disputes: Lessons from Peru", http://unctad.org/en/Docs/webdiaepcb2011d9_en.pdf., last visited on 31 August 2019.

从而减少对投资者的负面影响和损害。秘鲁的一些IIAs或其他法律文件本身就要求投资者在将纠纷提交国际仲裁之前，要先通过东道国的国内行政审查或者用尽东道国当地的行政救济手段来解决纠纷，而且对这一要求一般会有一段时间的限制。[①] 东道国政府可以利用这一段时间，通过行政救济手段快速解决投资纠纷，从而避免将纠纷提交国际仲裁。

（2）具体制度性设计：设立监察专员制度和调解服务

除了给予外国投资传统的后期服务之外，一些东道国还通过提供监察专员（ombuds，有的翻译为"申诉专员"）或调解服务的方式对投资者的投诉提供制度性反应。这些国家设立监察专员办公室或任命一名监察专员提供一站式服务，会产生富有成效的结果。通常意义上讲，监察专员是指由立法机关任命的用以处理投资者针对行政或司法行为的投诉，作为对这些行为的监察人，其具有独立性、专业性、中立性，容易接近，具有说服的权力而非控制权。[②] 监察专员制度的优点是为各方当事人提供了表达关切的场所。与仲裁不同，投资者、公民和政府官员理论上都有机会在此表达关切。[③] 监察专员的权威来自其自治（autonomy）、专业（expertise）、中立（neutrality）和重要地位（status），如果其中任何一项要素缺乏或者受损，监察专员办公室的效力就会减弱。[④] 对投资者而言，监察专员办公室为其提供了一个机构对话人、一个在早期反映问题的官方渠道，为其提供了一个早期、快捷、廉价和友好的投资问题解决方式。[⑤] 对东道国而言，监察专员办公室是处理投资者投资问题的第一联络点，可以及早地为当局提供信息，并使当局可以对投资问题进行评估，而且还可以促进早期行动，如果需要，可以使当局在问题恶化之前及时纠正有关问题。[⑥]

---

① UNCTAD, *Investor-State Disputes: Prevention and Alternatives to Arbitration*, United Nations Publication, p. 72.

② See Shirley A. Wiegand, "A Just and Lasting Peace: Supplanting Mediation with the Ombuds Model", *Ohio State Journal on Dispute Resolution*, 1996 (1), pp. 95-145.

③ See Susan D. Franck, "Integrating Investment Treaty Conflict and Dispute Systems Design", *Minnesota Law Review*, 2007 (1), pp. 161-230.

④ Susan D. Frank, "Challenges Facing Investment Disputes: Reconsidering Disputes Resolution in International Agreements", in Karl P. Sauvant (ed.), *Appeals Mechanism in International Investment Disputes*, Oxford University Press, 2008, p. 164.

⑤ UNCTAD, *Investor-State Disputes: Prevention and Alternatives to Arbitration*, United Nations Publication, p. 78.

⑥ UNCTAD, *Investor-State Disputes: Prevention and Alternatives to Arbitration*, United Nations Publication, pp. 45-50.

上述监察专员的方法也可以在投资调解服务中使用。东道国政府可以设立调解服务机构或者指定一个调解人，以听取投资者的投诉，召集当事人并促进对话，及时解决问题，避免问题升级为诉讼或国际仲裁。调解人和监察专员相类似，其提供的调解服务扮演通信员、顾问和引导者，而不是法官或管理者。理论上，他既可以对投资者又可以对政府做出回应。在实践中，一些国家已经设立了投资调解人制度。同样的，调解人的角色既可以是一个委员会，也可以是个人。调解人的中立、权限、信任及实际解决问题的能力是解决投资者与政府投资争端的保证。①

6. 赋予谈判机构和具体谈判人员具体谈判权和保障权

若想有效防止投资纠纷的出现或者有效预防投资者与国家间投资纠纷升级，实施投资争端预防政策是一个重要环节。实施投资争端预防政策，就是对负责投资争端解决的机构进行有效的授权，与投资者进行谈判、磋商，包括作出赔偿，使其能够积极有效地解决该投资纠纷。为了能使投资争端预防政策有效实施，法律法规不仅要对承担投资争端解决职责的公务人员进行授权，还应当确保对他们正常执行职务的行为免于起诉。② 但是，还要防止某些参与争端解决的公务人员在行使职务过程中以权谋私、损害国家利益的情况出现。当然，最理想的状态就是使之成为国际投资争端预防体系的一部分。在投资争端预防政策实施中，除了赋予领导机构和相关律师的谈判权、调解权等处理投资争端的具体权力外，还应从法律上保证争端解决赔偿费用、律师费等有关费用的实现。当法律法规未就有关投资争端解决的相关费用作出相关的授权保证时，参与争端解决的政府官员就不愿选择以调解作为投资争端的解决手段，而更倾向于由仲裁庭作出有法律约束力的仲裁裁决。③

7. 运用替代性争议解决方法

运用替代性争议解决方法（ADR）一般是指通过诉讼和仲裁之外的方法解决国际争议的各种程序的总称，主要包括协商、调解、调停等，是解

---

① UNCTAD, *Investor-State Disputes: Prevention and Alternatives to Arbitration*, United Nations Publication, p. 92.

② UNCTAD, *Investor-State Disputes: Prevention and Alternatives to Arbitration*, United Nations Publication, p. 83.

③ UNCTAD, "How to Prevent and Manage Investor-State Disputes: Lessons from Peru", http://unctad.org/en/Docs/webdiaepcb2011d9_en.pdf., last visited on 31 August 2019.

决投资争端最理想的方法。[①] ADR 方法的优点是为争端双方当事人解决争端提供了更大的灵活性，当事人可以有更大范围的选择，包括超出仲裁中对法律框架的解释和对违约与赔偿等问题的限制。通过 ADR 方法解决国际投资争端，将在一定程度上避免因直接适用国际投资仲裁机制而对东道国管制经济的主权和公共利益产生巨大风险。在直接谈判和调解、调停等 ADR 方法中，当事人更倾向于保持一种长期的友好合作关系，这是仲裁"违约—损害—赔偿"机制所无法提供的。在投资者与国家间争端解决的 ADR 方法中，领导机构或专门委员会需要获得充分授权以同投资者谈判，提出替代性方案，并对解决方案做出承诺，正如秘鲁反应系统中专门委员会所获得的授权。[②] 与仲裁不同，ADR 方法需要代表政府的个人投入争端解决中去，提出建设性、创新性有时甚至是确定性的意见。政府代表是在处理官方资金，因此需要有明确的授权，对这类谈判的指导方针必须明确。

8. 改进投资协定，预防和减少投资争端

国际经济关系的变化和发展，必然要求调整这类社会关系的法律规范进行变化和发展。[③] 过去十几年，国际投资仲裁案的爆发与传统国际投资协定有直接关系。当今世界迫切需要对国际投资协定体制进行系统性改革，以使其符合势在必行的可持续发展。现在的问题不在于是否要改革，而是要研究关于这种改革的内容、方式和程度。[④] UNCTAD 的《2015 年世界投资报告》制定了《国际投资协定改革行动清单》（以下简称《改革行动清单》）和国际投资协定改革路线图。改进国际投资协定中的投资争端解决机制被列为《改革行动清单》中应该解决的主要挑战之一。[⑤] UNCTAD 的《2015 年世界投资报告》为解决投资争端等挑战提供了政策选择，并从国内、双边、区域和多边层面分别提出了采取改革行动的建议。

---

① Gene Hamilton, "Alternative Dispute Resolution (ADR) —Definitions, Types and Feasibility", in UNCTAD, *Investor-State Disputes: Prevention and Alternatives to Arbitration II*, United Nations Publication, p. 6.

② UNCTAD, "How to Prevent and Manage Investor-State Disputes: Lessons from Peru", http://unctad.org/en/Docs/webdiaepcb2011d9_en.pdf., last visited on 31 August 2019.

③ 参见车丕照、孙劼：《国际经济法研究的三重境界》，《上海政法学院学报》2018 年第 2 期。

④ See UNCTAD, "Taking Stock of IIA Reform", IIA Issue Note, No. 1, 2016, p. 1.

⑤ See UNCTAD, *World Investment Report 2015: Reforming International Investment Governance*, New York and Geneva: United Nations, p. 128.

许多国家制定了新的IIAs范本。① 一些国家和地区正在采取针对投资争端解决的创新办法。他们在新的投资协定中运用更加明确的表述语言，或者列明例外条款，以减少和预防投资争端的发生。在欧洲，欧洲委员会已经采用了一种新的方法用以保护投资，特别强调监管权，并建立了常设投资法院系统，以取代传统投资协定中将投资争端提交国际仲裁。欧盟-越南自由贸易协定和欧盟-加拿大CETA就反映了这种新方法。② 双边层面的改革行动包括国际投资协定的联合磋商和联合行动计划。一些国家对投资条约进行联合解释，重新谈判或修正或双方同意终止缔约方在当前的国际投资协定并缔结新的协定，以避免和减少投资争端的发生。在区域层面，一些区域制定了包含预防和减少投资争端内容的区域投资协定新范本，签署了新的区域投资协定。在多边层面，UNCTAD的《改革行动清单》确定了多边国际投资协定的几个阶段改革，提供了具有不同强度、深度和参与性质的选择，以期促进投资便利化，预防和减少投资争端。③

三、中国投资争端预防机制的制度构建

1. 中国建立投资争端预防机制的必要性

对于国际投资争端解决条款可能带来的严重影响，国内的认识不足。中国对投资争端预防机制这一问题的研究明显落后于国外。原因是目前中国政府作为被诉方的国际投资仲裁案件并不多。④ 1998年之前，中国签订的投资协定仅同意将有关征收和国有化的争端提交ICSID仲裁，加之中国经济一直保持着较高速度的增长，政府一般不会采取对外资有明显影响的措施，也基本不会对外资企业的资产采取征收和国有化等措施。因此，中

① See UNCTAD,"Taking Stock of IIA Reform", IIA Issue Note, No. 1, 2016, p. 5.

② See UNCTAD,"Investor-State Dispute Settlement: Review of Developments in 2015", IIA Issue Note, No. 2, 2016, p. 38.

③ See UNCTAD, *World Investment Report 2015: Reforming International Investment Governance*, New York and Geneva: United Nations, pp. 164-169.

④ 到目前为止，中国政府在ICSID作为被诉方的案件只有三起。第一起是2011年5月24日伊佳兰有限公司对中国提起投资争议仲裁案，案号为No. ARB/11/15，此案并未进入实体审理程序而结案。第二起是2014年11月4日由韩国安城公司在ICSID对中国提起投资争议仲裁，案号为No. ARB/14/25。2017年3月9日，该案仲裁庭以仲裁申请超过仲裁时效为由驳回了申请人的全部仲裁申请。第三起是2017年6月21日德国海乐·西亚泽有限公司对中国提起投资仲裁案，案号为No. ARB/17/19，尚在仲裁审理阶段。

国对国际投资仲裁的缺陷和不足并无太多的切身体会，但这并不意味着将来中国作为被诉方的国际仲裁案件不会增多。主要原因如下：一是自1998年之后，中国签署的双边投资协定基本都明确接受了ICSID的仲裁管辖。[①]这意味着中国签订的投资协定中关于将投资争端提交仲裁的范围明显扩大，投资者可直接依据投资协定对中国政府提起仲裁，投资者对中国政府提起仲裁的可能性明显增加。二是中国的经济政策正在发生着重大变化。经过三十多年的飞速发展，中国经济取得了举世瞩目的成就，成为世界第二大经济体，但同时也带来了环境破坏、部分产业产能过剩等一系列严重问题。这种发展模式并不具有可持续性。2015年9月，世界各国领导人参加的联合国峰会通过了2030年可持续发展议程，该议程涵盖17个可持续发展目标，于2016年1月1日正式生效。[②] 2016年4月，中国向联合国提交落实2030年可持续发展议程立场文件。中国“十三五”规划纲要提出要实现2030年可持续发展议程与国家中长期发展规划的有机结合，各项落实工作全面开展。中国已建立落实工作国内协调机制，43家政府部门在其中各司其职。[③] 要实现经济、社会和环境的协调可持续发展，不仅是整个国际社会未来十五年所要实现的主要目标，也是中国对国际社会承担的一项国际义务和中国未来发展所追求的长远目标。因此，随着中国从主要注重经济发展到逐渐转向兼顾经济、社会发展和环境保护的可持续发展，由粗犷式发展模式向可持续发展模式逐渐转变，投资政策从主要吸引外资、保护外资利益，逐渐转向兼顾外资利益、中国政府管制权力和公众利益的保护，这一系列政策变化容易引起外国投资者利益的损害，很可能导致外国投资者与中国政府间投资争端的发生。中国与投资者母国往往订立有投资保护协定[④]，这些传统投资协定的初始目的和宗旨都是保护投资者的利益。中国政府的政策措施影响到投资者利益时，投资者有权根据这些投资协定向中国政府提出索赔，提起投资协定项下的投资仲裁。虽然目前

---

① 根据中国商务部网站资料，截至2016年12月12日，中国对外签订双边投资协定104项，其中的三分之一是在1998年后签订或修订的。（http：//tfs. mofcom. gov. cn/article/Nocategory/201111/20111107819474. shtml，2016年12月12日访问）

② See United Nations，“Sustainable Development Goals：17 Goals to Transform Our World”，http://www. un. org/sustainable development.，last visited on 31 August 2019.

③ 《财经观察：中国主张启迪2030年可持续发展议程》，http：//www. gov. cn/xinwen/2016-09/21/content _ 5110268. htm，2019年8月31日访问。

④ 《商务部：中国已与130多个国家和地区签订投资协定》，http：//intl. ce. cn/specials/zxxx/201603/17/t20160317 _ 9571808. shtml，2019年8月31日访问。

中国作为被诉方的国际投资仲裁案件只有三起，但我们绝不可掉以轻心。根据UNCTAD的统计，截至2017年底，在被诉仲裁案件数量居前十名的国家中，被诉仲裁案件总数均达到或超过了24起（被诉案件最多的阿根廷达到了60起），其中既有发展中国家，也有发达国家。[①] 阿根廷、委内瑞拉、捷克等国均有几十起被诉仲裁案件，面临着巨额的经济赔偿，都是中国的前车之鉴。尤其是当中国经济增速放缓，政府在经济低迷或者金融危机等情形下往往会采取一些经济干预措施，这些都容易导致投资争端。如不提前采取有效预防措施，将来中国可能面临巨大的投资仲裁压力。如果更多外国投资者对中国政府提起投资仲裁，其危害并不限于中国政府可能面临的巨额经济赔偿，对中国经济和投资环境所可能产生的负面影响将是不可估量的，可能使国外投资者对中国的投资环境产生误判等一系列连锁反应，导致外资大量撤出中国市场，新的外资输入大量减少，进而使中国经济环境恶化。

当前，中国在应对国际投资争端方面存在一些不足。针对国际投资争端，中国尚未形成一个各部门协调合作完整有效的应对体系，难以有效协调不同级别政府和不同部门之间的行动。采取措施引发纠纷的相关机构缺乏责任承担机制，使得有关政府机构在采取相关措施时对外资利益影响的问题可能考虑不足。解决与外国投资者之间的问题或冲突是预防中国政府被提起国际投资仲裁的最佳途径。中国应提前预料问题的产生原因并采取预防性措施，而不是等问题已经发生并产生损害之后再采取补救行动。与其亡羊补牢，不如未雨绸缪。因此，中国有必要建立一套系统完整的投资争端预防机制，以避免、减少和应对可能发生的国际投资争端。

2. 中国投资争端预防机制的构建

中国可以借鉴秘鲁、哥伦比亚等有关国家有效预防和处理ISDS制度的有益经验和教训，结合中国的政治、经济制度建立适合中国国情的投资争端预防机制。

（1）建立有效的投资争端处理预防机构体系

对于国际投资争端解决条款所可能带来的严重影响，在中国并未引起足够的重视。中国应该采取预防投资争端的措施以保证各级政府和机构正

---

① See UNCTAD, *Investor-State Dispute Settlement: Review of Developments in 2017*, unctad/diae/pcb/inf/2018/2, p. 3.

确理解 IIAs 的义务，及早发现投资纠纷，建立早期管理和预防纠纷机制，在国际投资争端解决中实现中国政府各部门之间的良好合作。如前所述，投资者与国家间的争端，往往是由不同的政府部门或者地方政府采取的相关政策措施对外资利益造成的不利影响，对于国际投资争端的预防和应对需要多个部门的配合。因此，中国可以参照秘鲁、哥伦比亚等国家，建立由商务部、外交部、司法部等多个政府部门组成的专门委员会，负责投资争端预防和处理。如果某项具体争端涉及某个具体政府部门，该部门也可以作为专门委员会的特别成员。专门委员会作为领导机构，构成国家落实 ISDS 承诺的机构体系的核心，参与处理投资者与国家间投资争议的所有问题，包括接收出现投资争端的通知信息、投资者与直接涉及投资争端的相关部门和其他相关部门之间的磋商协调以及管理有关仲裁程序。专门委员会统一协调各部门之间的配合协作问题，并在投资者与中国政府间的仲裁中为中国政府辩护。专门委员会是投资者与中国政府间投资争端所有问题的核心，作为中央领导机构，其可以集中所有相关机构的信息用于投资争端的磋商和调解程序。这样可以使得中国政府集中各种有用信息，以有效方式处理投资争端。这一方法可以彻底简化政府机构间的权力结构，提高整体的透明度。商务部是负责投资条约谈判、管理以及外资管理的主要政府部门，可以作为投资争端的主要协调部门和牵头部门。为保障各部门之间的协作义务能够得到有效实施，可以由国务院出台一个投资争端预防和处理的法规文件，或者由各部门联合出台一个类似的文件，防止因没有相应的法规依据而导致各部门之间的配合协作落空。在投资争端的磋商阶段，专门委员会可作为投资者与具体相关政府部门之间的中间调解人。无论哪个政府部门直接负责与投资者之间的磋商，专门委员会均可参与。专门委员会派出经过专门培训的人员参与磋商调解，这样便于他们不断积累经验，从而高效解决投资争端。专门委员会还可利用其从所有政府机构和投资者之处搜集来的所有信息与投资者进行磋商。在仲裁程序中，专门委员会还可作为为国家辩护的机构。在投资争端最终进入仲裁程序后，专门委员会仍然参与争端程序，一方面继续协调相关的不同机构，另一方面还保持与投资者之间的对话。专门委员会这一形式的投资争端预防和处理机构体系，是由现有政府机构联合组成，而并非设立的一个新机构，因此不会增加过多的机构成本，但可以较为明显地提高预防和处理国际投资争端的效率。

(2) 建立有效的信息收集沟通系统

信息收集沟通系统是跟投资争端预防和处理机构体系分不开的。如前所述，由商务部和各有关部委组成的专门委员会作为领导机构负责收集并传播 IIAs 的投资条款，为 IIAs 条款的履行和遵守提供指导，并处理 ISDS 的承诺。商务部为处理投资争议的具体实施机关，在其网站上建立投资信息交流平台。信息平台应尽量详细，例如，提供一个详细的投资问题反应流程，列明各有关具体联系机构，并且分别列明出现投资问题时投资者可以采取的行动，以及相关机构应该采取的行动，具体列明相关机构可为和不可为的行动。我国可以将商务部作为投资争端反应系统的协调机构，并设立或指定专门的投资纠纷处理机构。投资者如果与有关政府机构之间产生相关问题和争议，可以直接向商务部反映。商务部负责与外国投资者经常保持紧密且顺畅的沟通，以便可以将投资问题消灭在萌芽状态，防止问题变成纠纷，从而避免纠纷通过国际仲裁解决。

(3) 确认并监控敏感行业

根据有关国家预防和处理国际投资争端的经验，商务部应确定那些容易产生投资争端的敏感领域和敏感的契约安排。敏感领域确定之后，由专门委员会对这些敏感领域重点监控，针对这些领域采取相应的预防措施，以避免出现中央政府或其他政府部门违反条约义务的情形或者其他类型的争端。

(4) 积极通过行政手段解决矛盾和冲突

1997年之后，中国双边投资条约对待用尽当地救济规则的基本立场是：当地救济分为司法救济和行政（复议）救济，司法救济与国际仲裁择一终局，而行政救济则作为国际仲裁的前置程序。[①] 比如，《中国与拉脱维亚双边投资促进和保护协定议定书》对于拉脱维亚投资者在中国的投资争议中，在提起国际仲裁之前要先用尽当地的行政救济手段。将用尽行政复议程序作为把争端提交国际投资仲裁的前置条件，一方面可以使中国政府有机会在争端提交国际投资仲裁前矫正政府行政部门或下级政府行政部门的不当行政行为，改善投资环境；另一方面则可以尽量将争端在中国国内解决，减少不必要的国际仲裁程序。

---

① 参见李沣桦：《东道国当地救济规则在 ICSID 仲裁领域的运用研究——兼论中国双边投资条约的应对策略》，《法律科学（西北政法大学学报）》2015年第3期。

（5）尽量运用磋商、调解、调停等替代性争议解决方法

人民调解制度是一项具有中国特色的法律制度。同时，中国在调解方面的国际合作也取得了丰硕的成果。[①] 中国一般的双边或区域投资协定都规定了友好磋商作为将争议提交投资仲裁的前提条件，一般规定在争议发生后有 6 个月的缓冲期。在缓冲期内，规定争议双方应通过磋商解决争议，不能直接提起仲裁。中国政府部门应积极利用这个缓冲期，尽可能通过友好磋商的方式解决投资争议。作为磋商的主体，负责争端预防和管理投资争端的专门委员会代表中央政府进行磋商。另外，还应鼓励调解、调停，多使用中立的第三方评议程序来解决投资争端。至于主持调解、调停的机构，中国可以由负责投资争端预防的专门委员会主持调解，也可以由中国国际经济贸易仲裁委员会这一民间机构设立投资调解中心主持调解。关于中国是否应效仿有关国家设立监察专员，笔者认为，中国并无监察专员这一传统，如果另外专门设立一个新机构，其投入成本也比较高。因此，中国目前不宜单独设立监察专员这一机构，可以由专门委员会负责受理有关投资者的不满和投诉，及时发现问题，对中国有关政府部门和地方政府的涉嫌损害投资者利益的相关政策措施予以及时纠正。

（6）积极改进投资协定，预防和减少投资争端

中国要想有效预防和解决国际争端，必须积极参与到国际法律规则和体制的构建之中。[②] 作为世界第二大经济体，中国应充分发挥在国际投资领域逐渐提升的影响力，顺应国际投资协定的新趋势，积极参与和引导国际投资体制规则的制定。新的国际投资体制规则应设计完善的投资争端解决机制，加强和完善利用仲裁前的协商与调解程序的规定，积极促使争端友好解决，限制国际投资仲裁的使用。除了适时修订原有的双边投资协定、订立新的双边投资协定之外，在区域性国际投资协定方面，中国也大有可为。中国应充分发挥在区域经济方面的重要影响力，比如在“一带一路”合作框架下，倡导订立区域内投资保护和促进协定，尽量实现区域内投资协定的一体化，尝试建立区域内统一的投资争端解决机制。

目前在国际投资市场中，中国既是主要资本输出国，也是主要资本输

① 参见周江、陈一萍：《论〈联合国海洋法公约〉框架下专属经济区内和大陆架上海洋科学研究争端解决机制》，《中国海商法研究》2018 年第 2 期。

② 参见江河、郑实：《南海争端和平解决的路径冲突及其化解——以国家主权的双重属性为框架》，《政法论丛》2017 年第 6 期。

入国。在制定和修订国际投资协定时，既要考虑到中国作为东道国的利益保护，也要考虑中国海外投资者利益保护问题，尽可能综合考虑双方利益保护的平衡。2014年，中国的实际对外投资已经超过利用外资的规模，成为资本净输出国。也许会有人认为，既然中国目前已经由传统的资本输入国转变为资本输出国，传统的国际投资协定尤其是其中ISDS条款将有利于保护中国海外投资者的利益，我们应该坚持传统的国际投资协定，而不应该跟风，对中国现有的国际投资协定予以修订。笔者认为，这种观点是不成立的。

首先，对传统国际投资体系的弊端，尤其是国际投资仲裁方式，无论是发达国家还是发展中国家，资本输出国还是资本输入国，都认为传统国际投资体系有着难以克服的缺点，这一点各国已经形成了广泛共识。目前，国际社会普遍认为，国际投资协定体系和相关的争端解决机制需要改革，以使其更有利于可持续发展。这种改革需要以全面和渐进的方式进行，应考虑所有利益相关者的利益。[①] 包括美国、欧盟、加拿大等主要资本输出地区在内的发达经济体，对传统国际投资协定中的ISDS条款的不满同样很强烈。这些发达经济体既是主要的资本输出地区，也是主要的资本输入地区，其并不是单纯地为了保护海外投资者利益而坚持传统国际投资协定中的ISDS条款。同理，中国不能单纯为了保护中国的海外投资者利益而悖逆国际投资协定体系关于可持续发展和改革争端解决的新趋势，这不符合中国的国家利益和公共利益。

其次，中国虽然已由资本净输入国转变为资本净输出国，这并不意味着外商直接投资对中国经济发展的拉动作用减弱，但其作用机理正在发生变化。[②] 中国仍然是世界第三大资本输入国和世界主要国际直接投资目的国之一。中国和世界其他国家的历史经验告诉我们，一国要保持其经济可持续良性发展，离不开持续优质的外国投资，优质的外国投资可以促进经济增长，增加就业，带来先进的生产和管理技术，实现经济社会和环境的协调可持续发展。长期以来，美国、日本、欧盟等发达经济体既是主要的资本输出地区，也是主要的资本输入地区。同理，虽然中国已经成为资本净输出国，但是中国经济的可持续发展仍然离不开大量的外国投资。习近

---

① See UNCTAD, “Recent Trends in IIAs and ISDS”, IIA Issue Note, No. 1, 2015, p. 1.

② 参见李大伟：《怎么看我国成为资本净输出国》，http://theory.people.com.cn/n/2015/0226/c40531-26597715.html，2019年6月21日访问。

平在多个场合中明确指出："中国开放的大门不会关上，要坚持全方位对外开放，继续推动贸易和投资自由化便利化。"① 顺应国际社会的可持续发展以及新一代国际投资协定的形势，逐步对中国现有的国际投资协定作相应修订，以及与美国、欧盟等订立符合当代社会可持续发展形势和中国利益的国际投资新协定，是中国今后的必然选择。

最后，国际投资仲裁的相关缺陷对东道国政府不利，对投资者而言同样如此。所以，对投资者而言，国际投资仲裁也并非是最佳选择。从国际投资仲裁结果看，这并非都对投资者有利。截至 2017 年底，已知的所有 548 项已结 ISDS 案件仲裁裁决中约三分之一的裁决是国家胜诉（仲裁申请根据管辖理由或案情理由被驳回），大约有四分之一的裁决是投资者胜诉，获得补偿。② 自中国对香港恢复行使主权以来，中国内地和港澳地区投资者利用国际投资协定对外国政府在 ICSID 提起的仲裁案件有 6 起，其中来自内地的投资者以申诉方身份提起的仲裁案件有两起，即平安保险公司诉比利时案和北京城建公司诉也门案。在该两案中，平安公司最终败诉，北京城建公司在仲裁庭作出的管辖权决定中胜诉。从仲裁裁决结果来看，其裁决结果也并非完全对投资者有利。因此，要顺应时势，积极修订投资协定中容易引起国际投资争端的条款，改进投资争端解决机制，已是势在必行。

（7）利用"一带一路"合作平台，强化国家间投资争端预防合作

习近平强调："要提高我国参与全球治理的能力，着力增强规则制定能力、议程设置能力、舆论宣传能力、统筹协调能力。"③ "要引导国际社会共同塑造更加公正合理的国际新秩序。中国不仅要多参与国际事务，做国际体系的参与者和建设者，而且要做国际体系的贡献者和引领者。"④ 中国应在国际规则制定中发出更多的中国声音，注入更多的中国元素，在国际投资争端预防和解决合作中充分发挥中国传统文化中"和为贵"的精神内核，维护和拓展我国的发展利益，构建广泛的利益共同体，建立"一带

---

① 《中国开放的大门不会关上》，《人民日报》2017 年 3 月 7 日。

② See UNCTAD, *Investor-State Dispute Settlement: Review of Developments in 2017*, unctad/diae/pcb/inf/2018/2, p. 5.

③ 习近平：《加强合作推动全球治理体系变革，共同促进人类和平与发展崇高事业》，http://www.xinhuanet.com/politics/2016-09/28/c_1119641652.htm，2019 年 6 月 21 日访问。

④ 《习近平首提"两个引导"有深意》，http://politics.people.com.cn/n1/2017/0220/c1001-29094518.html，2019 年 6 月 21 日访问。

一路”沿线和谐繁荣的良好经济和发展秩序。中国作为“一带一路”的倡议者，在“一带一路”合作中发挥着重要的主导作用，中国的投资者也是“一带一路”沿线国家中的主要投资者。由于“一带一路”沿线国家存在着地缘政治格局动荡、经济结构失衡且增长乏力、自然环境破坏加剧和宗教民族冲突肆虐等问题，中国对“一带一路”沿线国家的直接投资将面临政治、经济、文明与宗教等方面的风险与挑战[①]，容易因东道国政府采取的征收政策措施或者政局动荡、政权更迭等引发投资的政治风险，遭受巨大损失。共建“一带一路”倡议着眼于构建人类命运共同体，坚持共商共建共享原则，为推动全球治理体系变革和经济全球化作出了中国贡献。共商，已经从中国倡议成为全球共识。[②]“一带一路”是沿线国家已经达成共识的重要合作平台，通过双边合作、三方合作、多边合作等各种形式，实现构建人类命运共同体的美好愿景。作为“一带一路”的倡议者和在“一带一路”沿线国家的主要投资国，中国不仅自身要构建系统的国际投资争端预防机制，也要充分利用在“一带一路”合作平台的重要影响力，加强与“一带一路”沿线国家在投资争端预防和解决机制方面的合作。通过“一带一路”合作平台，与各沿线国家共同探讨建立投资争端预防和解决合作协调机制，把各自的优势和潜能充分发挥出来，对保障“一带一路”合作的顺利实施和保护中国投资者在“一带一路”沿线国家的投资利益，具有重要的意义。中国可联合“一带一路”沿线国家的经贸主管部门，探讨建立投资争端预防协调机构，并作为实体性机构。应具有明确的工作机制和合作流程，加强各国经贸主管部门之间在投资争端预防方面的交流、合作与协调。对于投资争端预防合作与协调，中国要积极倡导，发挥建设性和引领作用，并遵循共商共建共享原则，引领沿线各国充分发挥各自的优势，提高其参与的积极性。目前，中国已经开始着手这方面的尝试，中国国际贸易促进委员会（简称“中国贸促会”，是全国性对外贸易投资促进机构）正在筹建国际争端预防与解决中心。该中心是落实中央深改组通过的《关于建立“一带一路”争端解决机制和机构的意见》的重要举措。中国贸促会还将根据有关部署，按照共商共建共享原则，联手国外的工商

① 参见陈继勇、李知睿：《中国对“一带一路”沿线国家直接投资的风险及其防范》，《经济地理》2018年第12期。

② 推进“一带一路”建设工作领导小组办公室：《共建“一带一路”倡议：进展、贡献与展望》，https：//www.yidaiyilu.gov.cn/zchj/qwfb/86697.htm，2019年6月21日访问。

组织共同探讨，择机发起成立新的国际争端预防与解决组织。该组织未来将开展“事前预防、事中磋商、事后解决”的全链条商事法律服务。一方面是帮助商事主体预防纠纷产生；另一方面，一旦纠纷产生，该组织将提供更加符合“一带一路”相关国家特点和需求的调解或仲裁服务。[①] 除了本身直接承担经贸争端的预防和解决职能外，可以考虑在该国际争端预防与解决组织中增设各国投资争端预防和解决方面的交流、协调与合作职能。另外，投资者与国家间的投资争端区别于一般的商事主体之间的商事争议，可以考虑将投资者与国家间的争端作为一项重要的专项纳入该投资争端预防与解决组织的事项范围。

目前，国际投资领域投资者与国家间的争端仍然在持续增加，尤其是国际投资领域的主要投资争端解决方式——国际投资仲裁，其本身存在的诸多问题，早已引起了国家和投资者的密切关注和不信任。国际投资体制正在发生着重大变化，各国也正在努力探索国际投资争端解决的新方式。但是，处理投资争端的最佳方法就是采取投资争端预防政策。建立投资争端预防机制将投资矛盾和纠纷消灭在萌芽状态，防止其升级为国际投资协定下的国际投资仲裁，从而使东道国保持良好的投资环境，投资者与东道国政府间维持良好的合作关系。各国的具体政治框架和治理结构不同，应根据其自身政府治理结构、管理传统、文化传统等特点制定符合本国国情的投资争端预防政策。另外，对于此类法律和措施的真正挑战在于均衡实施，避免其被搁置不用或者缺乏执行性。[②] 目前，DPPs 正处于探索阶段，需要不断总结经验教训，不断改进制度设计，使 DPPs 在预防投资者与国家间争端方面发挥积极作用。中国作为世界第二大经济体，在国际投资领域起着举足轻重的作用。作为主要的资本输入国之一，虽然中国目前作为被告的国际投资仲裁案件并不多，但从世界范围看，国际投资争端仲裁案件数量增速持续上升。中国正处在经济和社会转型期，近几年的三起投资仲裁案件也为我国敲响了警钟。如不采取相应的预防措施，中国将来会面临应对国际投资仲裁案件的巨大压力。因此，中国应尽快采取国际投资争端预防政策，建立适合中国国情的完善有效的投资争端预防机制，避免和

① 《贸促会筹建国际争端预防与解决中心》，http://www.ccpit.org/contents/channel_3528/2018/0130/957909/content_957909.htm，2019 年 6 月 21 日访问。

② UNCTAD，*Investor-State Disputes: Prevention and Alternatives to Arbitration II*，United Nations Publication，p. 63.

减少国际投资争端对中国可能造成的巨大风险和损失。同时，中国应加快国际投资争端预防和解决方面的研究和实践，稳步推进国际争端预防与解决中心的建立，适时地加快推进“一带一路”沿线国家共同构建投资争端预防和解决协调合作机构的进程，帮助“一带一路”沿线国家构建系统完善的投资争端预防机制，这也是“一带一路”倡议取得实效的长久保障。

金融监管沙箱的制度要素与理念创新

□杨志超*

摘要：金融和科技的加速融合暴露了金融科技监管的滞后性问题，监管实践要求监管理念的转型和监管制度的创新。监管沙箱使创新的金融科技产品有机会在真实的市场条件下获得测试，有利于平衡金融监管和金融创新的冲突。监管沙箱的主要构成要素包括申请测试的主体资格、参与测试的激励措施、参与测试的过程要求以及针对消费者的保护责任等。其具体理念包括试验性监管的理念、提前性监管的理念、功能性监管的理念和包容性监管的理念。这对于我国构建有效的金融科技监管制度有着重要的启示，具体包括更新金融科技监管理念、成立监管沙箱专门机构和制定监管沙箱专门立法等。

关键词：金融监管沙箱；金融科技；试验性监管；包容性监管

一、创新背景下金融科技监管转型的必要性

有益的金融科技创新能够提升获得产品和服务的效率，缩短交易时间的同时减少交易成本。金融和科技的加速融合催生了金融市场的繁荣，同时也迅速暴露了金融科技监管滞后和失灵的问题。次贷危机后，金融监管机构在由轻触式监管理念和微观审慎监管理念向刚性监管理念和微观、宏观相结合审慎监管理念转向的过程中，迅猛发展的金融科技创新再次对现有的监管理念形成冲击。

随着大数据、区块链、云端和人工智能等新兴技术的发展，金融科技创新引发的金融产业调整将持续加速，颠覆性、去中心化以及改变竞争规则的金融科技公司将大量出现，以科技手段重新定义的金融服务渠道将大

* 杨志超，山东政法学院经济贸易法学院副教授、法学博士，研究方向为金融监管法、公司法。

幅改善金融消费者的使用体验、提升金融服务效率以及降低金融服务成本，但同时也造成了一系列的监管难题。首先是金融稳定的问题。先进科技将显著增加金融交易的数量和速度，大量自动化交易将导致金融市场资产价格产生显著性波动，随之引发金融市场的整体震动。其次是网络安全的问题。金融科技与网络服务息息相关，自身复杂高深的演算法和技术方案虽然是其优势，但也造成监管部门检测难度的增大，可能会影响交易安全，进一步加大了网络攻击的可能性。再次是风险集中的问题。由金融网络交易量加大引发的市场结构调整，必然产生风险过度集中的问题，如垄断的互联网金融支付服务。最后是金融消费者隐私保护的问题。分散式账册技术将金融消费者个人资料和交易信息存于网络之上，但开放的网络节点使这些信息处于透明状态中，高度创新所带来的技术不确定性难以平衡信息透明和隐私保护之间的矛盾。

金融科技发展的实践要求金融监管理念的转型，实现鼓励科技创新的同时保证有效监管。金融科技引发的产业结构转变不仅速度快，而且趋势不可逆转。在金融创新科技的冲击下，守旧的监管理念必将成为产业结构调整的绊脚石。伴随着金融科技跨产品、跨机构、跨行业和跨国界的发展趋势，改变传统的监管理念适应新业态的发展，不仅是我国金融产业转型与生存的关键，也是把握金融自主权和保证金融稳定的关键。

二、金融监管沙箱制度的创设和现实意义

过去的几年里，在金融消费者追求网络体验的背景下，金融科技更加强调数字化和自动化技术的应用。由于网络解决方案的资金要求下降，整个创新周期的风险随之降低，金融科技的更迭速度显著加快。金融服务业的流程变革和技术改进必然会引发监管层的回应，监管层也在努力创新监管策略，在不刻意限制金融科技服务创新的基础上，服务于相应的监管目标。

为平衡金融监管和金融创新的需求，英国金融行为监管局（Financial Conduct Authority，FCA）于2015年11月提出监管沙箱（regulatory sandbox）的概念。“沙箱”原是计算机用语，是指软件开发过程中建立的封闭测试环境，开发者可以在沙箱内安全测试软件功能。所谓监管沙箱，是一个为推动金融科技或金融产业创新而为特定金融主体创设的风险规模

可控的“安全空间”，以协助测试他们的创新产品，“安全空间”内的金融产品能够暂时豁免法律规制的同时获得监管者的指导，达到由开发者和监管者共同解决金融科技产品测试过程中监管问题和法律问题的目的。“英国金融行为监管局的角色在于通过制订扶持政策，鼓励金融机构应用监管科技。”[①] 监管沙箱制度受到美国、澳大利亚、新加坡和我国香港等地的重视，他们纷纷仿效英国金融科技监管沙箱制度，以鼓励金融公司、科技公司开展金融科技创新。

金融监管沙箱的意义在于创设一个受保护的空间，使创新的金融产品有机会在真实的市场条件下获得测试，而不会因为现行法律法规限制错失创新的机会。其实质是提供一个试验框架，以实现金融科技相关主体权益平衡以及发现法律调整需求，在具体的应用中完善具体的操作性规范、构建防火墙机制和保护创新者的市场优先权，以有效推动金融科技的市场化。运用监管沙箱模式，监管部门能够通过试验性机制与新兴金融科技产业形成良好互动，掌握最新的金融科技动态，并在深入了解其技术原理和产业模式的基础上规划相关立法，控制最新金融科技对市场的影响。金融科技企业需要面对高度创新之下的不确定性，监管沙箱能够减少监管和法律风险，有效降低科技产品的上市时间和研发成本。监管沙箱通过放宽监管壁垒鼓励金融创新，能有效服务金融普惠的目标，例如，开发用于识别和验证客户的生物识别系统将极大地便利金融消费者。

随着金融监管沙箱的成功运行，监管沙箱的应用将很快突破金融领域，拓展至更广泛的监管领域。为应对金融跨界新趋势，2019 年 5 月，英国 FCA 公布《“跨部门沙箱”意见征集书》[②]（*Call for Input*：*Cross-Sector Sandbox*），认为随着人工智能和分布式账本技术的应用，产品和服务流动性增强使监管场景不断变化，金融科技领域的沙箱机制已无法满足当下的监管需要。事实上，各部门的监管者也面临着相似的挑战，因而应当协同创新监管机制，以成功运行的金融监管沙箱为基础，建立“跨部门沙箱”，为创新企业提供受控环境下的测试，以更好地服务科技创新企业和保护消费者的利益。

---

① 张永亮：《金融监管科技之法制化路径》，《法商研究》2019 年第 3 期。

② *Call for Input*：*Cross-Sector Sandbox*，https：//www. fca. org. uk/publication/call-for-input/call-for-input-cross-sector-sandbox. pdf .

三、金融监管沙箱制度的构成要素比较研究

英国金融监管机构FCA公布的《监管沙箱指南》规定了沙箱制度的基本构成要素，成为监管沙箱运行的基础性法律文件，其后世界主要金融发达国家和地区，如澳大利亚、新加坡、我国香港地区等都发布了沙箱指南文件。与上述国家和地区以《监管沙箱指南》作为依据不同，我国台湾地区于2017年12月29日制定通过《金融科技发展与创新试验条例》（以下简称《条例》），并于2018年4月30日施行，成为大陆法系首个完成监管沙箱立法的地区。目前，世界上已有20多个国家和地区公布了金融科技监管沙箱的指南或法律，有40多个国家和地区已经官方宣布开展或正在实施金融科技的沙箱监管工作。

纵观世界各国和地区的沙箱制度，整体上遵循了英国FCA的框架，有着大致相同的构成要素，具体包括沙箱的监管主体、沙箱的目标、沙箱的申请资格、沙箱的保障和限制、沙箱测试的时间和客户限制、沙箱的成本、监管者的行动等，但各国沙箱的具体内容和侧重点也存在一定的差异。各国沙箱制度构成要素的差异主要体现在申请测试的主体、申请测试的条件、申请测试的期限和客户数量、参与测试的激励措施以及消费者保护的要求等方面。监管机构设立沙箱的直接目的是通过监管创新促进金融服务市场的竞争和效率，但沙箱能否成功实现将取决于其制度要素的合理性和规范性。

1. 申请测试的资格要求

英国对于测试的主体未作明确限制，自愿测试创新产品的已注册企业、将于测试前完成注册的未注册企业以及为已注册企业提供技术支持的科技机构均可提出申请。① 根据英国《监管沙箱指南》，参与金融沙箱的企业应当满足资格条件（eligibility criteria），即必须满足以下五项要求：第一，属于FCA的监管事项，即所测试产品和服务系FCA监管体系的范畴；第二，金融科技产品是一个真正的创新，即相对于以往的产品有显著改进；第三，能够使金融消费者获得明显的利益，即能够带来更好的服务体验；第四，具有运用沙箱测试的必要性，即无法通过其他途径对新产品

---

① Latham & Watkins LLP, "FCA Launches Discussion on Distributed Ledger Technology", https://www.lw.com/thoughtLeadership/FCA-launches-discussion-distributed-ledger-technology.

进行有效测试；第五，已做好业务测试的准备，即参与测试主体已对相关法律充分了解。

澳大利亚监管沙箱的申请主体限于尚未取得金融服务或信贷牌照的金融科技公司，如果有意向测试开发的金融产品和服务，可以提出申请参与测试。与英国申请主体的范围不同，澳大利亚证券和投资委员会（Australian Securities and Investment Commission，ASIC）明确将申请主体限于金融科技领域，同时又允许个人提出申请。不符合条件的主体可以根据规定申请个人的、定制的豁免。澳大利亚的申请条件包括以下方面：第一，法律禁止提供金融服务的主体、已获得澳大利亚金融服务执照或信贷执照的主体及与已获得执照企业相关的主体不得提出申请；第二，应当是特定范围内的金融服务或信贷活动，金融服务的豁免适用于提供一般建议的服务、处理金融产品的服务（dealing in a financial product），但不包含发行金融产品的服务（issuing a financial product），信贷活动的豁免主要适用于以信贷援助和担保中介为主的信贷产品。同时，设计复杂的产品、不易于变现流动性差的产品、回报期过长的产品（如养老金和人寿保险）以及针对弱势消费者的产品（如消费者租赁）不纳入测试范围。第三，符合消费者保护的相关要求，包括金融服务的数额和客户数量的限制、消费者保护的措施、充分的消费者补偿计划以及争议解决的方案。

我国台湾地区的申请主体相对宽松，自然人、合作、独资企业和法人均可申请，不限制所属行业，但所作的创新试验应是以科技创新方式从事属于主管机关许可的金融业务试验。申请的资格条件包括：第一，属于须主管机关许可、核准或特许的金融业务范畴；第二，具有创新性；第三，可有效提升金融服务的效率、降低经营及使用成本，或能够提升金融消费者及企业的权益；第四，已评估可能风险并制定有相关应对措施；第五，以制定消费者保护措施，并已准备好适当补偿；第六，其他需评估事项。

2. 参与测试的激励措施

根据 FCA 公布的测试流程，企业应当填写监管沙箱申请表寄交 FCA，说明其测试的产品和论证达到资格条件，FCA 审查认为符合条件后将指定联系人与企业沟通测试方案，包括测试条件、测试内容、汇报要求等。测试过程中，FCA 会根据需要提供监管工具以便利企业开展测试，可用的监管工具包括对特定业务的单独指导、对测试的限制性授权、对 FCA 规则的豁免或修改以及授予无执行力函。[①] 具体的监管工具要依据产品的性质和测试逐案确定，FCA对测试情况进行全程跟踪。测试结束后，FCA根据企业提供的结果报告进行评估。通过评估的企业产品将进行推广，同时根据产品和企业的需求修订相应的监管规则。

根据澳大利亚的豁免规则，测试企业或个人不需要在测试期内获得金融许可证，其最直接的受益者就是参与金融业的非金融业机构。金融机构作为特殊行业，非金融机构通常难以参与经营，但根据监管沙箱法律，非金融机构可以申请纳入试验沙箱。如果证明其金融科技和商业模式可行，将获得政府许可参与金融业经营，相关部门会针对性修订监管规则，使之成为澳大利亚新兴金融业态的组成部分。

3. 参与测试的过程要求

英国规定的测试期限一般为3～6个月，以保证创新试验的时效性。测试主体应将消费者数量严格限制在小规模范围内，以满足获取试验数据和有效管控风险为基准，目标客户应具有市场针对性且能够承受相应的风险。测试主体应提出测试计划，包括测试时间表、保障措施、测试期限、客户数量、消费者保护措施、风险评估以及退出机制等。应当向FCA递交每周定期报告和最终总结报告。每周定期报告说明测试进程和重要发现，如未按期报告，FCA有权终止测试。测试完成四周内应递交最终总结报告，说明测试的成果、发现的问题和解决方案。

澳大利亚监管沙箱的豁免期限为12个月，测试主体应当在测试期结束前有规划地开展申请和获取金融服务许可证的工作。测试主体还应当在测试结束前两个月内向ASIC提交测试内容的简短报告。监管指南对沙箱产品提供金融服务的数额和客户数量进行了限制，包括交易额度限制和客户数量限制。交易额度限制方面，零售客户持有的与测试服务相关的存款产品、支付产品金额不超过1万澳元，与测试服务相关的信贷合约额度不超过2.5万澳元，与测试服务相关的一般保险合约承保金额不超过5万澳元，批发客户无额度限制，但总测试额度不超过500万澳元。客户数量限

① 特定业务的单独指导，是FCA根据需要针对测试企业发布个别指导文件，以保证其技术在法律框架内获得应用。测试的限制性授权，是指在测试企业可在尚未获得金融业务许可前获得限制性的金融业务授权。对FCA规则的豁免或修改，是指即使实验行为不符合FCA的现有规则，但符合英国《2000年金融服务和市场法》138A（4）的豁免标准，也可获得相应豁免待遇。无执行力函，是指经审查测试项目符合监管规则，FCA可保证测试期间创新产品免于遭受执法。

制方面，持有豁免许可证的沙箱企业可提供服务的零售客户数量不超过100 人，但批发客户数量不受限制。

台湾地区《条例》规定沙箱最长试验期限 3 年，这是目前世界上最长的监管沙箱试验期限。其目的是给试验提供宽松的环境，保证试验过程的稳定性和结果的准确性。根据该项规定，试验期以 1 年为限，同时规定了展期制度，测试企业如需延长测试期限，应当在实施结束前申请展期，可申请延长 1 次不超过 6 个月，但创新内容涉及修订法律时，延长可不限一次，最长不超过 3 年。申请者应当自核准决定通知之日起 3 个月内，开始创新试验。在试验过程中，应配合创新试验业务性质，采取适当及必要的信息安全措施，确保信息汇集、处理、利用及传输安全，同时接受主管部门必要的现场检查。创新试验结束后，应当在届满之日起 1 个月内，向主管机关提交创新试验结果的报告，配合主管机关开展评估，并根据评估的结果开展后续业务。

4. 针对消费者的保护责任

在英国，FCA 要求测试主体必须制定消费者保护措施，并应根据消费者不同种类以及测试不同阶段进行个案设计。测试企业为保证消费者利益，通常应履行以下四项义务：第一，证明义务，即测试企业应当向 FCA 证明其具备补偿消费者任何损失的经济能力；第二，披露义务，应对测试相关信息以及项目补偿信息进行揭示；第三，反馈义务，对于消费者的投诉能够根据项目实际进展情况进行及时回复；第四，补偿义务，企业如果造成消费者损失或者测试失败，应根据事先的补偿计划承担责任。

澳大利亚监管规则要求测试企业必须建立争议处理机制，包括内部争议处理程序和外部争议处理程序。其中，外部争议处理程序是消费者保护的重要措施，能够为消费者和投资人提供正式法律体系之外的更快捷的争议处理机制。① 豁免牌照运行的企业通常是在限定的时间范围内完成产品测试，因而迅速处理机制显得尤为重要。对于测试期结束至获得 ASIC 正式许可前停止运营以及确定不申请许可证的测试企业，如果未能在 12 个月测试期内完成争议处理，可通过“停业后覆盖”（run-off cover）机制获得赔偿。

① “Testing Fintech Products and Services without Holding an AFS or Credit Licence”，http：//download. asic. gov. au/media/4420907/rg257-published-23-august-2017. pdf.

台湾地区《条例》首先规定了测试企业的损害赔偿责任，申请者对消费者的责任，不得预先约定限制或免除，违反该项条款的约定无效。其次规定了订立合同的原则，包括公平合理、平等互惠及诚信原则，申请者须尽善良管理人的注意义务，对于相关信托或委托事项须负忠实义务。再次，申请者须履行消费者隐私保护的义务，对参与者资料的汇集、处理及利用，应符合隐私保护法律的相关规定。最后，设立金融消费争议处理机制，规定申请者与金融消费者之间的争议由已成立的“财团法人金融消费评议中心”解决。

四、金融监管沙箱制度的理念创新

金融监管沙箱制度体现了金融监管改革的新动向——持续增进监管的灵活性和弹性，以解决其过于刚性而抑制金融科技发展的问题。“‘监管沙箱’的本质特征在于为Fintech企业开辟一个‘安全空间’，以便对其创新产品和服务进行测试，从而营造优越的金融生态环境。”① 这种新的监管动向根源于对金融业发展和金融创新需要内在规律的把握，也反映了金融监管部门正在依据创新性的金融理念开展金融科技监管工作。就金融监管沙箱制度而言，其内在蕴含了试验性监管的理念、提前性监管的理念、功能性监管的理念和包容性监管的理念。

1. 试验性监管的理念

当今世界各国对金融业通常采用严格的金融牌照行政许可制度以保证金融安全与稳定，但“由于金融许可证的获取时间较长且获取成本极高，对急于在市场情势瞬息万变中将创新产品或服务推向市场的公司（尤其是新兴公司）而言，障碍极大”②。英国、澳大利亚、新加坡等地推出的沙箱监管制度并未形成真正的立法，是以监管机构制定规范性文件的方式确立并运行，我国台湾地区通过的《条例》意图通过正式法律的方式确立并运行，尽管二者形式上存在差异，但均属于试验性监管的范畴。“试验性金融监管，主要是指具有一定金融监管职能的主体为支持金融创新及推行金

---

① 李仁真、申晨：《监管沙箱：拥抱Fintech的监管制度创新》，《辽宁大学学报》（哲学社会科学版）2018年第5期。

② 柴瑞娟：《监管沙箱的域外经验及其启示》，《法学》2017年第8期。

融监管创新而依法依规开展的试验性的监督和管理活动，以及由此形成的一系列具有试验性质的金融监督和管理理念、方法、制度、立法、模式等的总称。”① 试验性金融监管凸显了监管的试错性特征，它是监管者在无法有效预测和评估金融创新风险时所采用的暂时性或过渡性的监管策略。这种监管策略遵循试错逻辑，体现了监管过程中的科学思维，能够检验金融科技的利弊得失和发展潜力，鼓励创新的同时避免大规模运行造成的风险。监管沙箱在确保消费者权益的前提下，以行政机关简化审批程序和暂时豁免金融执法为要件，金融科技企业提交申请获得行政许可后即可开展运行，同时能够以有效的方式对创新金融科技进行监管。试验性监管的理念在防止金融创新过程中风险外溢的同时，倒逼金融监管者提升监管技能、增强监管专业性，适应了新兴金融科技的发展需求。

2. 提前性监管的理念

随着现代科技的迅猛发展，金融科技产品的生命周期往往短于传统的金融产品，因而其市场渗透能力更强，按照传统的监管理念进行立法规制极易出现严重损害消费者权益的问题。金融科技能够大幅提高效率并有效解决传统金融的痛点，创新监管方法避免金融产品在销售环节损害消费者利益就成为金融监管者迫切需要解决的问题。延伸监管领域，扩充金融科技监管的环节，成为解决问题的关键。监管沙箱解决了金融科技产品早期干预的问题，将监管的领域从科技产品的零售阶段提前至研发阶段，使颠覆性的金融科技创新得以降低市场准入门槛、简化行政审批流程，在保证消费者权益的前提下试运行。通过指定联系人、单独指导监管工具对创新企业提供帮助，还能够根据金融科技发展的需要对相关法律进行修订。“设立监管沙箱是在风险可控之前提下激励金融创新，确保金融科技的健康发展而不伤及金融消费者利益，使金融创新与金融监管之间达成新平衡。”②

提前性监管能够有效解决企业面临的监管不确定性问题。沙箱中运行的金融科技依然是研发阶段的产品。一方面，经过测试和评估，沙箱产品如果能够在合法有效降低金融成本为消费者提供服务，以及能够在保护消费者利益的前提下与监管者沟通改变监管金融服务的法律以符合监管需

① 吴凌翔：《试验性金融监管的基本原则及法律规制的合理性基础》，《上海金融》2017 年第 8 期。

② 柴瑞娟：《监管沙箱的域外经验及其启示》，《法学》2017 年第 8 期。

要，提前性监管会明显缩短金融产品的上市时间，降低产品的周期成本。另一方面，如果经过测试最终评估沙箱产品存在法律风险，或者经沟通后无法通过修订监管规则化解法律风险，则意味着测试失败。提前性监管能够在消费者权益保障及市场规模可控前提下减少风险，避免产品直接投入市场所引发的更大风险，避免企业未来面对的监管风险。

3. 功能性监管的理念

科技的发展大大拓展了金融的领域，也模糊了金融监管的边界，延伸监管的空间和明确监管的权责成为智能科技时代的必然选择，也是平衡金融创新和金融稳定的必然要求。传统的分业监管在金融科技产品和服务的监管过程中，要么监管内容重叠，要么监管要素缺失，要么监管机构缺位。机构性的分业监管体制不仅具有明显竞争抑制性，而且为监管套利提供了空间。与分业监管不同，功能性监管不再依据金融机构分类，而是依据功能要素分类确立监管法制，“不问金融机构的种类，即对同一功能实行同一规制”[①]。基于金融产品表现出的功能具有稳定性，功能性监管理念针对金融产品设计的监管规则也就具有了连续性和一致性，能够有效应对混业经营下金融科技创新引发的金融业务交叉、金融创新产品层出不穷的难题。多数国家的监管沙箱制度都是通过跨产品、跨行业和跨领域的协调对整个金融行业进行整体性监管，这符合金融业日益融合的现状和发展趋势，也有利于弥补监管空白、控制监管成本和增进监管效率。同时，建立整体性的监管机构是践行功能性监管理念的保证，因而专业性的沙箱监管机构对沙箱内业务的有效监管和迅速反应将有着重要的意义。

4. 包容性监管的理念

伴随着经济发展和科技进步，社会治理理念成为时代的主题，金融法也正在经历着从管制法到服务法的转型与嬗变，更加强调开放性和包容性。包容性监管是一种社会治理的监管理念，它更注重监管的社会控制与影响效果，而不是监管权力的来源。包容性监管理念的内涵包括差异化监管的理念、适度监管的理念和柔性监管的理念。[②] 首先，监管沙箱制度体现出明显的差异化监管理念。重视测试科技产品的差异性，在测试过程中注重提供差别性的服务。例如，英国 FCA 的指南中要求为每一个项目制

① 董新义：《以功能性规制为基础构建金融消费者保护法》，《国家检察官学院学报》2016年第6期。

② 参见冯果、李安安：《包容性监管理念的提出及其正当性分析》，《江淮论坛》2013年第1期。

定联系人，以及为测试项目提供个别指导。其次，监管沙箱制度是适度的监管方式。监管金融科技的创新性、开放性、专业性和生命周期短等特征要求对其进行适度管理，而不能过度管理和放任管理，否则必然陷入“二律背反”的困境，即一旦过度将压抑金融创新，一旦放任则危害金融稳定。“‘监管沙箱’的引入不仅是为金融科技的发展设置了‘保护区’，也为监管机构的政策拟定、风险测评创建了‘观察区’。”① 监管沙箱在风险可控的范围内包容性地提供行政许可，甚至在必要时随着试验的开展修正监管规则，能大大激发科技创新和市场活力。最后，监管沙箱制度也是柔性监管理念的体现。社会治理要求政府和行政相对人之间更多的协商和更少的强制。监管沙箱制度更加强调被监管者的参与和对话，例如，各国监管沙箱通常都设有定期报告制度，这能够使监管规则更加合理和规范，能够避免刚性监管所诱发的利益对抗。

五、平衡金融监管与金融创新——域外实践及对我国构建金融监管沙箱制度的启示

目前，英国已完成四批企业的测试，第一批有 18 家企业入选，第二批有 24 家企业入选，第三批有 18 家企业入选，第四批有 29 家企业入选。第五批提出申请参与测试的企业达到创纪录的 99 家，本次申请企业主要集中在批发或零售银行业务领域，2019 年 4 月 29 日，最终确定 29 家企业入选。② 一方面，沙箱测试有助于减少将创新理念推向市场的时间和成本，在完成测试的企业中，约有 90%已经向更广泛的市场发展迈进。沙箱中测试有助于帮助创新者获得融资。FCA 的严格筛选为创新者潜在的合作伙伴和投资者提供更多的确定性，至少有 40%的企业在沙箱测试期间或之后收到了投资。测试企业已经使用沙箱评估了商业可行性、技术本身、定价策略和商业模式，因而经过沙箱测试的商品更易于获得市场认可。③ 另一方面，测试过程中出现的问题包括银行对小型测试企业拒绝服务、新生企业缺乏完善客户群进行测试、银行或金融机构消费者数据信息共享以及希望

① 郭雳：《智能投顾开展的制度去障与法律助推》，《政法论坛》2019 年第 3 期。

② “Regulatory Sandbox-cohort 5”，https：//www. fca. org. uk/firms/regulatory-sandbox/cohort-5.

③ “Regulatory Sandbox Lessons Learned Report”，https：//www. fca. org. uk/publication/research-and-data/regulatory-sandbox-lessons-learned-report. pdf.

进入沙箱的公司难以满足授权条件。例如，针对存在的问题，FCA努力采取措施解决，如针对数据信息共享难题推出“开放银行计划”，与银行实现合作，定义和开发应用程序接口，使消费者和小企业能够与其他银行和第三方安全地分享其当前的账户信息。

金融科技创新对于我国实现集约型增长、提升经济效率不言而喻，但随之出现的监管难题也亟待解决。域外监管沙箱的制度、理念和实践对于我国平衡二者之间的冲突有着重要的启示。借鉴监管沙箱制度，我国金融监管层未来应努力更新金融科技监管理念，尽快组建监管沙箱专门机构，同时应加快制定监管沙箱专门立法。

1. 更新金融科技监管理念，构建刚柔并济的金融科技法律体系

金融科技的发展必然引发金融业务的深刻变革，传统的金融监管理念不但会抑制创新，而且会严重损害消费者的权益。当代金融科技监管应以优化金融科技资源配置为核心，根据其技术特征，增进监管的弹性空间，准许金融机构和科技企业在风险可控的范围内试错、纠错，树立试验性、提前性的监管理念，强调金融科技监管的包容性。

一方面，金融科技的本质依然是金融，“金融科技所从事的资金中介、信用中介和交易中介并没有改变其固有的风险属性”[①]。缺乏刚性的金融科技监管极易产生突破法律底线、政策底线和风险底线等问题，造成诸如消费者权益保护、金融安全和金融稳定等社会风险。刚性的制度建设不应当缺位，应在我国当前法律框架内，结合金融科技自身的特点，明确金融科技的监管原则、监管主体、监管对象、监管范围和监管责任。应当明确监管沙箱制度是在有效防控风险下鼓励金融科技创新，必须能够有效保护金融消费者的利益，经过严格的筛选审查，不得逾越金融监管底线。另一方面，应当充分考虑金融科技行业的现状和发展需求，对于行业准入实行宽松化管理，允许各金融行业及相关科技企业进入测试范围，鼓励金融科技公司与有机构资质、风险防范、信息安全保障的金融机构进行联合测试。“只要符合监管沙箱准入的标准都应该允许其参与测试，监管沙箱应尽量覆盖金融业和非金融业。”[②] 金融创新是金融市场发展的推动力，过度的金

① 袁方：《监管沙箱对我国金融科技监管的启示》，《金融发展研究》2018年第1期。

② 夏伟亮、徐文德：《监管沙箱的比较研究与分析：最新进展、实践经验与启示》，《西部金融》2017年第10期。

融监管必然压抑金融创新，影响经济活力。金融创新和金融监管的平衡点应当立足不发生系统性风险，而非完全排斥发生金融风险。应当及时发现和消除金融创新中的风险，但在金融科技发展的不同阶段应当做出不同的监管回应，不能一味地严格规制，尤其是在金融科技的初创阶段应当保持监管的谦抑性。在允许其发展创新的同时，审时度势，精准把握其演化过程，实现对金融科技的"善治"，真正推动金融科技服务于社会大众，推动金融服务于实体经济。实践证明，包括我国政府在内的各国政府正是在包容性监管的基础上，为过去互联网金融以及现今科技金融的发展提供了空间、提高了市场效率。监管沙箱为未来一个时期金融科技发展提供了全新的监管方式，有利于实现对传统金融监管的突破。

2. 成立监管沙箱专门机构，化解金融科技监管不确定性问题

"金融科技创新与监管机构之间，与其他共享经济的破坏式创新类似，如 Uber 和 Airbnb，都存在着不和谐甚至紧张的关系。"① 就金融科技而言，之前我国的机构分业监管既压抑了创新金融产品的应用和推广，又为创新金融产品利用监管漏洞牟取暴利提供了机会。国务院机构改革中将保险业和银行业监督管理职责合并划归至中国银行保险监督管理委员会，分业监管所造成的监管割据、监管盲区以及监管重复的问题得以缓解。由于直接融资的性质以及体量较大等特点，尽管证券市场暂未形成完全混业监管的改革，但我国混业经营的大趋势已难以改变。世界主要金融发达国家已经完成机构性监管理念向功能性监管理念的嬗变，随着我国机构改革的完成，可以预见我国一手抓金融系统稳定、一手抓市场行为规范的"双峰"监管模式终将形成。

我国成立的金融稳定与发展委员会是"一行二会"监管的协调机构，对于统筹金融监管和维护金融市场稳定等重大事项有着积极意义。鉴于科技横跨金融各个领域，可以考虑在金融稳定与发展委员会下设金融科技沙箱的专业部门，配备专业的人员，出台监管沙箱的相关制度。监管人员不仅应懂金融监管，还要懂金融科技。金融科技具有跨领域、跨行业和跨区域的综合性运行特点，新成立的金融沙箱专业监管部门也应当强化监管协同联动，最大限度地减少监管过程中的不确定性。一方面，金融监管的法

---

① J. Doulas，"New Wine into Old Bottles：Fintech Meets the Bank Regulatory World"，*North Carolina Banking Institute*，2016（1），pp. 17-65.

治化是金融市场具有效率与活力的基础。监管沙箱专业部门的职能领域和权力边界应当划分明确，有必要更多地强调监管权力的外部约束与制衡，实现监管机构在机构层面、业务层面和执行层面的协作，保证监管法规和政策的一致性和确定性。另一方面，遵循监管沙箱针对金融创新“先试先行—总结经验—优化改进—全局推广”的路径，纳入沙箱内的企业应当获得综合授权，在明确监管底线的前提下采用协调统一的监管标准和灵活的监管方法。监管部门应当平等对待沙箱内金融科技创新企业和创新项目，激发创新创业者的先行先试动力。通过个案帮扶的形式总结经验教训，推进创新项目符合金融安全需要的同时更新监管规则，最终进行更大范围的推广，以真正达到推动金融创新的目标。

3. 制定监管沙箱专门立法，明确监管沙箱的必要构成要素

“互联网等技术在我国金融领域的应用已经进入高速发展期，金融科技新生业务的速度不亚于细胞分裂。”① 但是，金融法律法规的滞后性特征凸显，严格细化的规章制度既无法涵盖雨后春笋般的金融科技创新，又在一定程度上对金融科技创新生产力形成掣肘态势。“不管是否意识到，世界已经进入了技术颠覆的新时代。这种颠覆性的力量推动了这一崭新的突破性技术的发展，使全球立法者处于十字路口。”② 面对科技金融创新形成的复杂变局，金融监管部门必须变被动为主动，以试验性、提前性监管理念为引导，主动引领创新、培育创新。制定监管沙箱专门立法是主动引领科技创新的重要抓手，能够为监管沙箱的规范运行提供法律保障，也能为其有效运行提供法律支持。

首先，应当明确纳入监管沙箱的准入要件。金融科技产品应当是一项真正的创新，具有开创性或与已有产品显著不同，通过市场途径为金融消费者带来明显的收益。“监管机构应当秉持‘技术中立’理念，运用‘穿透式’监管方法甄别金融科技创新的优劣真伪，按照‘实质重于形式’的原则，透过金融创新产品的外在形式，识别其业务本质和行为本质。”③ 同时，包容性的监管理念要求主动放宽准入标准和业务授权，为金融科技创

① 李仁真、申晨：《Fintech 监管的制度创新与改革》，《湖北社会科学》2017年第6期。

② Michael M. Piri, “The Changing Landscapes of FinTech and RegTech: Why the United States Should Create a Federal Regulatory Sandbox”, *Business & Finance Law Review*, 2019 (2), pp. 233-255.

③ 蔺鹏、孟娜娜：《商业银行交叉金融创新的风险防控与监管策略——基于“穿透式”监管视角》，《南方金融》2017年第6期。

新提供宽松、稳定的监管空间。

其次，明确参与测试的激励措施。借鉴域外监管沙箱的激励措施，应在保证监管底线的前提下为测试企业提供合规激励、经营激励和市场激励。合规激励主要是指排除部分金融法规的适用，如减少金融许可证书方面的激励措施，只要有创新性的金融科技产品或项目，非金融企业也可参与金融监管沙箱测试。经营激励主要指为测试企业提供单独的指导和帮扶，提供必要的经营责任豁免。市场激励主要是指测试成熟的企业或项目将获得政府的优先支持或推荐，以利于产品获得更大的市场，为更多的消费者服务。同时，我国可以考虑构建多级监管沙箱体系，鼓励地方性综合试验区金融监管部门出台制度措施，运用本地监管沙箱对创新性金融科技产品进行测试，以鼓励更多的金融科技创新获得试验和发展的机会。

再次，应当明确测试的期限及相关要求。在明确最长和最短测试期限的同时，应当设定宽松和灵活的标准，将经过专业认定的成熟金融科技创新产品及时退出沙箱，推向市场，在保证金融安全的前提下使金融产品接受市场检验。另外，由于监管沙箱能够实现监管机构与金融服务提供商双方更加开放并积极的对话，监管机构应当及时制定和修正监管框架。①

最后，应当明确纳入监管沙箱的消费者保护要件。“沙箱监管使企业能够从可能阻碍其创新业务模式发展的要求中获得豁免，但也要保证消费者权益不会受到损害。”② 我国监管沙箱也应当强调消费者保护的规则，同时确保事实和法律状态的可恢复性。金融科技的发展对于解决普惠金融服务供给不足有着重要的作用，但也有可能造成对消费者的损害。一方面，这种损害可能来自测试过程中，针对创新金融科技的不确定性和竞争市场的风险性。如果测试失败，应当提前规划合理的补偿机制，如企业提供补偿能力的证明、补偿计划和补偿标准。另一方面，这种损害可能来自测试结束后，应当对项目经济、社会与政治各层面进行综合评估，考察其大规模推广可能造成的负面影响。根据需要制定相应的消费者保护法律法规，设置创新金融产品的专项争议解决机制，以合理的成本消除因创新金融科技应用所造成的负面影响。

---

① Ivo Jenik & Kate Lauer，“Regulatory Sandboxes and Financial Inclusion”，CGAP（Consultative Group to Assist the Poor）Working Paper，2017.

② 柴瑞娟、常梦：《加拿大沙箱监管的制度建构与启示》，《证券市场导报》2018年第10期。

法国困境企业保护制度研究及借鉴

□种林 *

摘要： 法国现行的困境企业保护制度是以 20 世纪 80 年代以来的相关法律为框架建立起来的。1984 年《企业困境预防与和解清理法》规定：当法院、会计监察人员或者企业工会发现存在构成对企业继续经营的威胁时，应当启动破产预警程序，在企业困境预防组织等机构的帮助下尽早采取应对措施避免企业状况恶化。1985 年《困境的企业司法重整和司法清算法》规定了法院任命和解人主持债权人和债务人谈判的和解制度，以期达成和解协议，帮助企业摆脱困境，提高普通债权人债权得到清偿的可能性。作为鼓励企业重组的重要制度措施，2005 年《企业保护法》规定了困境企业保护程序，在程序启动条件、企业经营管理权等方面较之以前都有较大的修改。法国困境企业保护制度经验对于中国依法处置“僵尸企业”、破产工作统一协调机制制度化以及完善和发展中国破产法律制度有很强的借鉴意义。

关键词： 困境企业；预警程序；破产保护

企业救治和退出机制的建立是衡量市场经济体制完善的重要标志。2006 年，中国公布的《企业破产法》虽然按照市场经济原则设计了和解、重整和破产清算制度，但没有关于困境企业保护的专门制度。为了更好地发挥破产制度在企业退出和产能兼并重组方面的重要作用，不仅有国内学者呼吁建立专门的困境企业保护制度，而且最高人民法院也提出人民法院要成为“生病”企业的“医院”，建立企业破产预警、困境企业识别机制。[①] 建立困境企业保护制度，既涉及运用破产法律程序处置“僵尸企

* 种林，山东政法学院副教授，巴黎第二大学法学博士。本文已在《南京社会科学》2018 年第 6 期发表，略有改动。

① 参见 2014 年 6 月最高人民法院印发的《关于人民法院为企业兼并重组提供司法保障的指导意见》。

业”、有效化解过剩产能，又关系到修复现有产业和企业的动力，进而推进供给侧改革，具有重大的现实意义。因而，有必要考察国外比较成熟的困境企业保护制度的立法和实践，并研究其对我国建立该制度的借鉴意义。

破产法（droit de la faillite）在法国有比较悠久的发展历史。1536 年，佛朗索瓦一世颁布的法令中已经开始使用“破产”这个法律术语，1673 年的《科尔伯特法典》已对破产法律制度进行了比较详尽的规定。构成现行法国破产法律制度基础的是 1985 年 1 月 25 日第 85-98 号《困境企业司法重整和清算法》，该法律和其他相关法律经过法典编撰成为《法国商法典》第六卷“企业困境”。2007 年以来，受金融危机影响，法国有大量企业经营困难，其中仅 2008 年就有超过 5 万家企业进入破产程序。如著名摄影机制造商阿通（Aaton）、彩电制造商汤姆逊公司、知名成衣公司摩根（Morgan）都遇到经营困难并申请破产保护。立法者围绕增强破产保护、破产重整等司法处理程序的吸引力继续进行快速保护程序、简化破产重整制度创新，在实践中重视破产预防和非司法处理方式。本文结合《法国商法典》规定及有关重要判例分析法国困境企业风险预警、和解程序和保护程序及其对我国相关制度的借鉴意义。[①]

一、困境企业风险预警

破产风险预警是破产预防的前提，只有尽早发现企业存在的现实或者潜在困难，才可能采取预防和应对措施来避免企业状况进一步恶化。从 20 世纪 80 年代开始，破产风险预警受到法国立法者的重视。1984 年 3 月 1 日第 84-148 号《企业困境预防与和解清理法》是关于破产预警程序的一部重要法律，规定了尽可能早地发现企业现实或者潜在困难的途径和措施。当企业相关方掌握如果放任将会导致企业进入更困难处境的信息时，立法者赋予该相关方启动预警程序的权力。在该法律基础上，1994 年 6 月 10 日，法律规定了旨在提高预警程序效率的措施。经过法典编纂，以上法律内容成为现行《法国商法典》“破产风险预警程序”部分。

法国立法者根据启动破产预警程序主体的不同对破产预警程序启动做

① 限于篇幅，对于法国困境企业法的重整程序和清算程序的研究另文阐述。

了不同规定。概括起来，可以分为由法院启动破产预警程序、会计监察人启动破产预警程序和企业工会（如企业没有建立工会由职工代表负责）启动破产预警程序三种。如果法院通过诉讼、文件或者其他方式发现企业存在影响到继续经营的困难时，就应该启动破产预警程序。具体做法是法院以秘密的方式约谈企业领导人，提醒他注意企业所存在的困难并采取措施。如果企业领导人置之不理，法院不能直接介入而是再次约谈。有关会计监察人启动破产预警程序的法律规定绝大多数是针对股份公司的，我们以启动股份公司破产预警程序为例作简要说明。会计监察人发现存在威胁企业继续经营的情况时，应该通知公司管理人员，并可以要求管理人员对《法国商法典》L234-1 条规定的问题进行解释。如果管理人员不回复或者回复不令人满意，会计监察人可以通过书面形式要求企业负责人在董事会或者监事会上进行专题讨论，并同时将该情况告知法院。如果会计监察人认为通过以上两个步骤都无法得到合理的回复，可以要求召开股东大会专门讨论。针对不同企业的启动标准是统一的，即是否存在构成对企业继续经营的现实或者潜在威胁。该标准比较原则，从实务角度来讲判断这个标准主要考虑导致企业出现困难的原因性质和该原因形成的时间两个因素。法国最高法院相关判例指出，和企业运行相关的诸多信息都可以用来确定是否存在对企业继续经营的现实或潜在威胁。比如，企业能否正常纳税，能否按时交纳包括职工养老金在内的社会费用，有无大规模裁员行为，是否反复出现亏损等。

二、和解程序

《法国商法典》第六卷“企业困境”第一编《企业困境的预防》是和解程序的基本法律依据。该编内容主要由 1985 年 1 月 25 日“关于处于困境的企业司法重整和司法清算的法律”、2003 年 8 月 1 日第 2003-721 号有关破产预防联合组织的法律、2005 年 7 月 26 日第 2008-1345 号法律经过法典编撰构成。此外，其他法典如《农村及海洋渔业法典》等也有涉及和解程序的内容，行政机关也制订了不少与和解程序实施相关的规定。立法者希望债权人和债务人在法院任命的和解人主持下达成和解协议，以帮助企业摆脱困境。应当强调的是，和解程序本身不属于集体清偿程序，而是集体清偿程序的“补充程序”或“前置程序”，是“预防进入集体清偿程序的程序”。2008年以来，有90%的法国破产程序最终以破产清算方式终结诉讼。在破产清算程序中，普通债权只能在具有优先权或者有担保的债权优先清偿后才可以进行清偿，实际获得清偿的概率非常低。如果启动和解程序并能达成和解，普通债权人的债权得到清偿的可能性会大大增加。因此，不少债权人同意和解程序，并为债务人摆脱困境而免除部分债务。近年来，法国立法者也修改了关于和解程序的规定，鼓励当事人选择适用和解程序。

法国法律对和解程序的启动采用申请主义，司法机关不得依职权启动和解程序。依照《法国商法典》第L611-6条规定，只有困境企业法定代表人可以申请启动和解程序。如债务人从事商业活动或手工业活动，有管辖权的法院为商事法院；其他情况有管辖权的法院为大审法院。困境企业法定代表人要向法院说明企业的经济、社会、财务情况和资金方面的需求，以及解决这些问题的措施。在2005年法律修改之前，法律规定法院院长[①]对和解申请进行审查。为了了解企业的实际情况，法院院长可以约见企业法定代表人，要求金融机构、会计监察人以及职工代表等其他有关人员提供企业相关信息。法院院长还可以任命专家制作企业经济、社会、金融情况的报告。法律规定向法院院长提供企业信息的人员对此事件有保密义务。法院在了解企业情况后，可以作出以下几种决定：驳回启动程序请求的裁定，该裁定可以上诉；指定特别管理人；如发现停止支付的时间已经超过45日，裁定启动破产保护、重整或者清算程序。2005年法律修改前，司法机关对于和解申请的审查包括形式审查和实质审查两方面的内容。2005年法律修改后，删除了法院院长对于和解申请审查的规定，仅仅规定和解程序的实行由法院院长作出决定。一般认为，法院对和解申请审查力度降低，只要债务人提出符合形式要求的书面申请且能证明停止支付的时间未超过45日，法院就应当裁定启动和解程序。[②] 如债务人向法院申请和解，而债权人向法院申请破产重整或破产清算，法院认为企业满足启动和解程序条件的，裁定和解。

《法国商法典》第L611-4和L611-5规定了和解程序的适用范围。依据上述规定，和解程序不仅适用于商法人，还适用于一切私法人、手工业者

① 因对法国司法机关设置的理解不同，有人译为“法庭庭长”，本文不作专门区分。

② 依照《法国商法典》第L611-6条规定，债务人提交的和解申请应当包括其经济、社会和财务状况以及在资金方面的要求等方面内容。

和从事独立职业活动的自然人。《法国商法典》第L611-5条特别指出："和解程序适用于法律有专门规定的自由职业者。"① 但是，享有《农村及海洋渔业法典》第L351-1条和L351-7条规定之程序利益的农业生产者不适用《法国商法典》规定的和解程序，而是适用《农村法典》第L351-1条规定的特别程序。相比重整程序，和解程序的适用对象更加广泛。《法国商法典》第L611-4条规定了和解原因。依照该规定，和解原因是"债务人在法律、经济或者财务方面存在已被证实或者可以预见会发生的经济、司法或者财务困难"。和解原因是和解程序适用所依据的特定法律事实，属于破产程序开始的实质要件。首先，债务人困难的性质。按照1985年《困境的企业司法重整和司法清算法》的规定，债务人必须存在财务困难。现行法律规定除了财务困难外，司法困难和经济困难都可以是启动和解程序的条件。现行法律规定的债务人困难的性质范围更为广泛。其次，债务人困难的种类。可预见的困难是指债务人情况将继续恶化，比如，诉讼虽然尚在进行中，但可以预见诉讼结果对债务人来说非常不利，直接影响企业的存续。有学者批评"可预见的困难"这个标准难以具体界定。事实上，立法者正是通过标准的不确定性来扩展和解程序的适用范围。最后，债务人困难程度。一般而言，要求债务人处于存在足以影响其继续经营的困难，但尚未停止支付到期债务。不过，为了尽可能地扩大和解程序的适用范围，《法国商法典》规定，债务人虽然已经停止支付到期债务，但其停止支付的状况没有超过45日的，债务人仍可以申请适用和解程序。

和解协议本身没有强制执行力，必须由法院的确认或者认可才能赋予和解协议强制执行效力。经法院认可或确认的和解协议在程序和实体方面产生如下效力：执行期间不得提起以实现求偿和解协议规定范围内的债权为目的的新的诉讼；进行中的诉讼中止；到期债务停止利息计算。除协议中指明的权利外，作为协议当事人的债权人享有的其他各项权利的期间中断。② 法院认可和解协议后，禁止债务人签发支票禁令解除。需要注意的是，法律没有绝对禁止债权人的个别求偿行为。比如，《法国商法典》第L611-10-1第三款规定："对于虽然受邀请参与和解但并没有在和解协议上签字的债权人以实现和解协议规定范围外的债权为目的提起的诉讼，债务

① 比如，司法代理人、破产管理人、会计监察人等《法国商法典》第八卷规定的职业。
② 参见《法国商法典》第L611-10-1条之规定。

人可以请求法官适用《法国民法典》第 1244-1 条至第 1244-3 条的规定给予债务清偿宽限期。负责和解程序的法官在听取执行和解协议的委托代理人的意见并考虑执行和解协议的条件基础上，裁量是否同意。”债务人的共同债务人、担保人也可以根据《法国民法典》第 1244-1 条至第 1244-3 条规定的条件以及得到确认或认可的协议的规定，主张债务人享有的债务清偿宽限期。《法国商法典》第 L611-10-3 条规定了撤销和解协议的条件。经法院确认或认可的和解协议的签字当事人之一提出请求，法院经审查如认定协议规定的内容没有得到履行，宣告撤销该协议。法院在裁定撤销和解协议时，也可以宣告取消按照第 L611-7 条第五款或者第 L611-10-1 条第二款之规定而给予的所有债务清偿宽限期。和解协议撤销具有溯及力。和解协议一旦撤销，所有的债权人均恢复其全部债权与担保，但应减去其已经受领的款项，债权人已经受领的款项不再返还。

三、保护程序

根据适用对象的不同，法国困境企业法规定了普通保护程序、快速保护程序和金融快速保护程序。2005 年 7 月 26 日第 2005-845 号《企业保护法》和有关该法适用的 2005 年 12 月 28 日行政法令构建了企业保护普通程序，2010 年 10 月 22 日第 2010-1249 号法律第 57-1 条确立了金融快速保护程序。在总结金融快速保护程序经验的基础上，2014 年 3 月 12 日法律规定了适用范围更加广泛的快速保护程序。企业实施保护程序的目的是为企业重组创造条件，故破产保护程序开始的条件比重整程序更加灵活。依照现行《法国商法典》的规定，保护原因为“企业存在无法单独克服的困难”。2005 年，法律要求该困难将导致不能支付到期债务。2008 年法律修改时删除了这一规定，不再将破产保护程序开始的条件和停止支付关联，债务人只需向法庭证明处于困境之中且存在自身无力克服的困难的情况。法院综合企业规模、效益和困难程度等条件来判断是否宣告破产保护。凡尔赛法院在 2006 年 1 月 9 日曾作出一个关于从事照相胶卷冲洗业务债务人破产保护宣告的裁定。该债务人原来有 280 多处店铺和 2000 多名职工。由于数码技术的高速发展，其传统业务受到巨大冲击而出现经营亏损，必须改变经营活动。但是，改变经营活动需要大量投资，债务人无力筹集资金。凡尔赛法院认定本案中债务人存在无法单独克服的困难。利害相关方裕利安怡（Euler Hermès）公司对此裁定提出异议并上诉至最高法院，最高法院商事庭2007年6月26日第1004号裁定支持了凡尔赛法院的意见。[①]

作出保护宣告的判决产生观察期开始的效力。普通保护程序的观察期一般为6个月，法院根据管理人、债务人或者检察院的申请可以将观察期延长6个月。和企业保护普通程序的一般规定不同，除了尚未停止支付但存在无力克服的困难的债务人外，停止支付到期债务45日内的债务人也可以申请快速保护程序。快速保护程序由处于和解程序中、已经制定企业继续经营方案的债务人提出请求。请求启动快速保护程序的申请人必须是证明其已经制定可以确保企业继续经营方案且其账目已经过独立审计证明清楚无误的人数众多、营业额或者资产负债总额较大的企业。依照有关行政法规的规定，“人数众多，营业额或者资产负债总额较大”的具体含义是指企业具有至少150名职工，企业年度营业额2000万欧元以上。2011年4月11日颁布的Warsmann法律规定，计算集团公司的母公司的营业额和职工人数时应包括集团所有公司的营业额和职工人数。法院经审查认为，债务人提交的保护方案能够获得受此种程序影响的债权人充分、广泛的支持且能在较短期限内通过，裁定启动快速保护程序。申请快速保护程序的债务人必须在3个月内提出保护方案草案，申请金融快速保护程序的债务人原则上必须在一个月（经申请可再延长一个月）内提出保护方案草案。如果困境企业和金融债权人无法在法定期间内通过保护方案，法院应裁定结束程序，以防止恶意债务人滥用该程序。

停止部分亏损部门的活动对于企业重组是必要的，但如果企业的所有活动均终止，基本不可能实现拯救企业的目的。因此，保护企业就要尽可能地保证该企业可以继续经营。为了鼓励企业继续经营，法国法律经过几次修改还是确定观察期间的企业经营管理由其领导人负责。除法律有特别规定外，困境企业有权单独实施各种债权、债务处分行为。困境企业领导人的日常管理行为对于善意第三人有效。法国最高法院商事庭在2001年11月27日的一份判决中指出，从事建筑、销售活动的债务人公司出售商品房的行为属于日常管理行为。订立劳动合同不属于日常管理行为（法国最高法院社会庭，2001年5月30日）。管理人则承担监督债务人的活动或

① Arrêt n° 1004 du 26 juin 2007，Cour de cassation-Chambre commerciale，https：//www.courdecassation.fr/jurisprudence_2/chambre_commerciale_financiere_economique_574/arret_n_10589.html，2016-06-21.

者协助债务人的全部或部分管理行为的职责，管理人监督、协助职责的具体内容由法院确定。债务人实施日常管理之外的处分行为，为了企业继续经营个别清偿保护程序宣告之前的债务，设立抵押权、质押权或者和解行为均需得到法院批准。

四、法国困境企业风险预警、和解程序与保护程序的借鉴价值

经过几个世纪的发展，法国困境企业法律制度规定已经非常系统和详尽，并仍随着法国经济、社会情况的变化而不断发展。总体来看，法国困境企业法立法和实施情况令人满意。引人注目的《解放报》（*Libération*，法国第三大报纸，左翼最大报纸）和欧洲隧道公司（Eurotunnel，连接英国多佛港与法国加来港，海底段有世界上最长的铁路隧道）分别于 2006 年 10 月 4 日、2006 年 8 月 2 日申请进入保护程序，并成功摆脱了困境。欧洲隧道公司于 2007 年转亏为盈，2013 年净利润已超过 1 亿欧元。

“破产”“破产法”等词语虽然在学者的论文中仍不时出现，但已经很少出现在法国现行法律条文中，替而代之的是“集体清偿（债务）程序”(la procedure collective)、“困境企业法”（le droit des entreprises en difficulté)、“不能支付法”（le droit de l'insolvabilité）等概念。法律术语的变化，反映了立法思想从优先考虑债权债务关系清理向重视债权人、企业、职工和社会利益的综合考虑的转变。法国困境企业法强调尽早诊治困境企业以避免企业经营困难扩散到运行良好的其他企业。研究法国困境企业法律制度的经验得失，对于完善中国相关制度有重要的参考价值。

1. 关于依法处置“僵尸企业”

依法处置“僵尸企业”是推进供给侧结构性改革的重要举措。2016 年，山东省国资委按照“生产经营活动已基本处于停顿状态、经营活动停止半年以上和企业利润不足支付信贷利息”作为判断“僵尸企业”的标准，并确定 448 家“僵尸企业”。[①]

“僵尸企业”是一个经济学概念，美国学者彼得·科伊认为，僵尸企

① 参见许阳：《多地摸底“僵尸企业”背后：地方经济被拖累》，《21 世纪经济报道》电子版，http：//epaper.21jingji.com/html/2016－01/12/content_29046.htm。

业是指没有恢复希望，但依靠贷款或政府的支持而继续存在的负债企业。[①]王欣新教授认为，僵尸企业是指丧失市场自我生存能力，但通过非市场化措施（如政府补贴或银行不当续贷）而免于倒闭的资不抵债企业。工业和信息化部副部长冯飞认为，僵尸企业是指长期亏损、扭亏无望但难以顺利退出的企业。[②] 笔者认为，僵尸企业的概念过于狭窄，很难贯彻2015年12月中央经济工作会议提出的“尽可能多兼并重组，少破产清算”的理念。采用“困境企业”的概念更有利于盘活企业资产，淘汰落后产能，推动供给侧改革。

从法律上界定“困境企业”的概念是困难的，但可以尝试从“企业”和“困境”两个要素对其进行理解。关于“企业”的本质，经济学界有“企业是价格机制的替代物”（美国学者罗纳德·科斯）、“企业是合约选择的形式”（张五常）、“企业是团队生产”（A. 阿尔奇安和H. 德姆塞茨）等几种主要观点。法国法学家拉马奇·托马斯（Lamarche Thomas）认为，“企业”是拥有人力和物质要素，自主进行经济活动的经济、社会单元，也是伴随一定经济风险的经济过程；“困境”是指影响企业继续经营且债务人无法克服的困难。[③] 欧盟委员会认为，处于以下四种情况的企业属于“困境企业”：企业自有资金或者股东、债权人投入的资金不足以清偿债务；企业处于破产保护、破产重整或者破产清算程序中；亏损总额超过注册资本金的一半以上且最近12个月内亏损超过四分之一的公司；最近12个月内损失四分之一资产（fonds）且损失总额超过资产二分之一的公司。[④] 可以将“困境企业”理解为，是指依靠企业自有收入以及所有人、出资人投入资金或者债权人出借的资产无法应对亏损，也不存在公共机构外部干预的必要，基本可以确定在短期或者中期内将经济死亡的企业。应当在对困境企业准确定性、识别的基础上，坚持差异化处置的思路。对虽存在财务或经营困难但存在运营价值的“僵尸企业”，应依法适用保护程序并积极开展重整；对技术水平低、没有发展前景、资源消耗大、污染严重的“僵尸企业”应果断进行破产清算，使企业依法有序地退出市场，化解产能过

① 参见《清理“僵尸企业”需要断舍离》，http：//finance. sina. com. cn/review/jcgc/20151013/015423454305. shtml。

② 参见赵毅波：《处置“僵尸企业”要多重组少破产》，http：//finance. sina. com. cn/roll/2016-02-25/doc-ifxpvutf3365372. shtml。

③ Lamarche Thomas，“La notion d’ entreprise”，RTD com. 2006. 709s. sp. 719，no 18.

④ Comm. CE，JOCE C289，9 Oct. 1999.

剩。为此发展和完善困境企业预警、和解、保护、重整、清算机制在内的相互衔接的法律体系势在必行。

2. 破产工作统一协调机制的制度化和完善

不少地方在处置破产企业的过程中建立有破产处置联动组织。比如，浙江温州成立全市企业破产协调处置领导小组，帮助法院协调解决企业破产疑难问题。山东省济南市中级人民法院与济南市国资委牵头于2012年8月31日成立破产终结联动办公室，土地、房管、工商、税务、人社、公安、财政、工会、信访等单位也指定专门联络人员定期召集联席会议，共同处理破产企业涉及的职工安置、信访维稳、资产处置等方面的难题。跨部门协同办公的方式，能够加强司法机关和政府相关职能部门的沟通协调，推动破产程序的顺利进行。应当总结各地破产处置联动组织的经验并制度化，赋予破产处置联动组织在企业困境预防和困境治理方面更多的职权。建议在我国《企业破产法》中增加关于企业困境预防组织的规定。企业困境预防组织负责为企业提供咨询，帮助企业分析并认清其面临的经济环境、财务和法律状况，及时提出避免企业状况继续恶化的具体预防措施。加入企业困境预防组织并不表明企业状况已经或者必然出现问题。但考虑到有可能对企业信誉造成负面影响，法律规定企业根据自愿原则加入企业困境预防组织，后者有为企业保密的义务。按行政区域，企业困境预防组织可设立全国、省级和市级三级组织。企业困境预防组织根据成员提交的有关经济、财务与资金情况进行分析，如发现企业经营存在困境迹象，就将此事实告知企业主，并可向其推荐一名专家鉴定人参与对企业状况的分析。中国人民银行和其他相关商业银行机构依请求对加入预防性组织的企业财务状况提出意见。企业困境预防组织可以自己的名义与信贷机构、金融公司以及保险公司等机构签订有利于本组织成员的协议。国务院经济主管部门和地方行政机关对企业困境预防组织提供资金、政策等方面的支持和帮助。

3. 政府参与“僵尸企业”处置要注意竞争法限制

目前各地广泛采用并购重组、扶持发展、托管经营等方式解决“僵尸企业”问题，中央政府还设立规模达1000亿元的专项资金支持“僵尸企业”退出市场。[①] 基于稳定经济发展、保持就业的职责，政府援助困境企业有其必要性和合理性。但是从竞争法角度来看，政府干预存在影响市场自由竞争、破坏公平竞争的危险。欧盟委员会长期坚持政府干预损害市场正常运行的观点，在1999年颁布的对所有成员国有约束力的指令中，规定了成员国政府对于困境企业的保护和重整过程的援助必须遵守以下条件：政府援助困境企业的形式限于提供担保或者借款；担保或者借款的最长期限为6个月，特殊情况允许延长6个月；政府对困境企业的援助不得损害市场的整体利益；禁止可能出现垄断的政府援助；政府援助必须直接适用于困境企业的重整计划本身；为防止政府援助滥用，政府援助只能实施一次。[②] 2004年7月7日，欧盟委员会关于《困境企业重整和保护中政府援助指导纲要》提出更为严格的条件，原则上除非经过欧盟委员会同意，成员国不得对困境企业进行公共干预。按照欧盟为了保证经济自由国家干预应保持最低限度的要求，法国政府对困境企业干预的情况已经明显减少。为了避免因为采取干预措施被认定为事实上的企业管理者而对企业债务承担民事责任，《法国商法典》第L650-1条还专门规定除非债权人欺诈、债权人明显参与和干预债务人的管理实务、债权人提供的协助和其获得的担保比例明显不合理等情况，债权人不对参与债务人重整或保护程序而造成的损失负责。为了减少国际贸易摩擦以及被诉诸世贸组织的可能性，政府采取处置“僵尸企业”措施要提前听取法律专业人士的意见，避免因不恰当的措施和方式遭到其他国家的指责甚至制裁。

4. 完善我国破产和解制度的建议

我国现行破产法规定了独立的破产和解制度，债务人可以直接向人民法院申请和解。按照现行法律规定，和解申请的原因是企业法人不能清偿到期债务且资不抵债，或者明显丧失清偿能力可能。这一标准是申请破产程序的统一标准，为挽救困境企业，建议考虑企业困境的性质、程度和种类，细化申请不同破产程序的标准，规定更为宽松的破产和解原因。另外，我国破产法没有规定和解程序的最长期限。为了避免债务人滥用和解程序而故意拖延，建议立法规定和解程序的最长时限。

---

① 参见秦夕雅：《国家设专项奖补资金促僵尸企业退出：两年1000亿》，http://business.sohu.com/20160225/n438466667.shtml，2016-02-25。

② Comm. CE, JOCE C 288, 9 Oct. 1999, DICT. PERM. Difficultes des Entreprises, Vis Aides financiers, no 13.

关于和解协议效力的内容和范围。学术界对于和解制度的法律性质存在不同的学说，对于和解协议的效力也有不同的主张。应当明确，和解协议本身没有强制执行力，法院的确认或认可赋予和解协议包括强制执行效力在内的实体和程序效力。除协议中指明的权利外，作为协议当事人的债权人享有的其他各项权利的期间中断。和解协议执行期间，债权人不得提起以实现和解协议规定范围内的债权为目的的新诉讼。除法律有特别规定外，和解协议应受合同法调整。依照合同效力相对性的规定，由债务人和主要债权人达成的和解协议只能在他们之间发生法律效力，而不得损害未在该协议上签字的其他债权人的利益。2016 年 3 月 14 日，最高人民法院院长周强作最高人民法院工作报告，肯定了济南市中级人民法院在“彩石山庄项目案”审判过程中运用调解和司法确认程序解决纠纷的做法。法国法律对于和解协议的认可和确认有比较详尽的规定，可以作为其他国家司法确认机制的参考。依照《法国商法典》的有关规定，双方当事人可以共同向法院院长提出共同申请（requête conjointe），要求法院对他们之间达成的协议予以确认（constater），并赋予该协议以执行力。法院院长根据债务人作出的经确认能够证明其在订立协议时并未停止支付，或者因该协议的订立停止支付状况已经终止且停止支付的时间没有超过 45 日的声明，进行审理。根据《法国商法典》第 L611-8 条、第 L611-10 条规定，法庭庭长确认和解协议的裁定无须进行公告，也不得对其提出上诉。确认和解协议的判决终止和解程序。如债务人需接受会计监察人对其账目的法定监督，经法庭认可的协议应传达给债务人的会计监察人。另外，法庭如认为具备以下条件，依照债务人的请求对其所达成的协议予以认可（homologuer）。首先，债务人并未停止支付，或者停止支付的状况因订立协议已经终止。对于认可的和解协议，法院负责调查、确认债务人的状况，债务人对此不再承担证明责任。其次，协议的各项规定能够保障企业持续从事活动。如果协议的内容不能帮助企业摆脱困境，那么不可能实现和解程序的目的。最后，所订立的协议不妨碍没有在协议上签字的其他债权人的利益。债务人和主要债权人达成一致，就可以签署和解协议。和解协议条款有可能损害其他债权人的利益，比如规定债务人优先清偿主要债权人的债务。法院在审查和解协议时，如发现类似条款应当拒绝认可。法庭对和解协议作出的认可判决应进行公告，并交存至法庭书记室。任何利益关系人均可到书记室了解经法庭认可的协议，检察院可以对法庭作出的认可判决提出上诉。和解协议当事人外的第三人可以对认可和解协议的判决提出异议。法庭作出的拒绝认可协议的判决不进行公告，但可以对其提出上诉。债务人可以请求法院院长指定和解人作为执行经确认或者认可的和解协议的委托代理人。在发生妨碍其执行此种任务的困难时，该委托代理人应立即向法院院长或者法院提交一份报告；法院院长或者法院可以作出终止代理人任务的决定，并通知债务人。债务人也可以随时请求终止委托代理人的任务。

为了和解程序能够更顺利地进行，可以设立和解人制度。和解人由法院从管理人名册中挑选，报酬由债务人支付。债务人可以推荐担任和解人的人选。为了确保和解人能独立公正地履行职务，和解人不得和债务人或者债权人有利害关系。和解人的主要任务是促成债务人与其主要债权人以及经常合同缔约人就旨在帮助企业脱困的协议达成一致。和解人为此可以要求债务人提供所需的各种信息，也有权知晓法院院长掌握的有关困境企业的具体情况。和解人可以就将来的破产保护程序的顺利实施、经济活动的继续、就业的维持提出建议措施。和解人任职期限一般以4个月为宜。应和解人请求的，可以再延长1个月。如果在上述期限届满之前，债务人与其主要债权人以及经常合同缔约人达成和解协议，并向法院提交了认可和解协议之申请，和解人的任务以及和解程序均予延长，直至法院作出判决。在没有提交和解协议的情况下，和解人的任务及和解程序当然终止。为了防止债务人滥用和解程序而故意拖延，必须严格限定和解程序的期间，并且规定和解程序结束后3个月内不得开始进行新的和解程序。

5. 规定专门的破产保护程序

为了更好地为重组创造条件挽救有价值的企业，不应当将“停止支付”作为所有破产程序开始的必要条件。有必要针对存在导致停止支付的困难，但尚未出现停止支付的企业设立专门的破产保护程序。对于人数众多、营业数额较大的企业，法院在作出保护宣告的判决中，应同时指定债权人代表和管理人。观察期阶段还要从企业职工中产生职工代表，从债权人中产生监督人共同参与。管理人负责制定一份能具体说明企业发生困难的原因、程度和性质的企业经济、社会和环境情况表，并分别报送债务人、职工代表、受案法院和检察院，债务人则负责制定企业保护方案的草案。企业保护方案的达成不需要债权人大会通过，只需金融信贷债权人委员会和主要产品、服务供应商债权人委员会两个债权人委员会通过即可。

债权数额超过全体供应商债权总额3%以上的债权人是主要产品、服务供应商债权人委员会的法定成员，其他供应商根据管理人的要求可以成为该委员会的成员。债务人必须就保护方案草案内容和上述两个债权人委员会充分沟通，并根据后者意见修改草案。金融信贷债权人委员会和主要产品、服务供应商债权人委员会在收到债务人提交的保护方案草案后，在20～30日内进行表决。企业保护方案的草案应当分析企业市场状况、可以支配的资金、企业从事活动的条件和可能性以说明企业重整前景，明确清偿债务的方式与条件，说明为了使企业能够继续从事经营活动的用工情况、用工前景和职工社会保障方面的措施；逐一列举并分析第三人针对企业的某一或者多个部门已提出的收购要约，对企业的哪些部门活动应当停止或合并提出建议。表决需经过参加投票的成员所持有的债权数额的2/3多数通过。如果上述两个债权人委员会或者其中之一没能通过保护方案，法院可以在观察期期限内根据管理人的请求确定新的表决时间。法院在综合各方面资料并听取债务人、管理人、债权人代表、监督人和职工代表意见后，认为保护方案充分保护了所有债权人的利益确实可行，批准保护方案并确定最长为10年的保护方案实施期限。批准保护方案的判决标志保护程序从观察期阶段进入保护方案实施阶段，债务人恢复全部财产处分权利。法院任命管理人或者债权人代表作为保护方案执行监督人，负责保障、监督保护方案执行和监督企业运作，为债权人集体利益提起诉讼。

6. 设立专门的快速程序

与分类处置“僵尸企业”的原则相呼应，建议在破产重整普通程序的基础上，设立专门的快速程序和简易程序。对已经和多数债权人达成重组债务清偿一揽子协议的大型企业或者特殊企业设立专门的快速程序。对于中小企业，设立专门的简易程序以提高审判效率，消除银行、企业和债权人对于进入破产程序加重财产损耗和流失风险的顾虑。不少法院已取得了丰富的实践成果。浙江、山东和广东等地法院已经尝试简化破产案件审理，并就破产简化程序的适用范围、机构设置和审理规则等问题进行了大量探索。应当在总结国外经验和国内司法实践的基础上，继续深化破产法理论和实务问题研究，发展符合中国实际的企业困境预防和处置法律制度。

我国环境法庭审理跨行政区域环境纠纷案件的管辖制度研究

□朱馨培*

摘要： 管辖制度是环境审判机构的活力源泉。自 2007 年贵阳环资“两庭”率先成立以来，我国环境法庭的司法实践已逾十年，此间历经两次司法改革，但仍未涉及具体制度的规划设计。有些地区的环境法庭因未形成健全的管辖体系，导致一审和二审之间级别管辖无法衔接。面对这类冲突，有必要厘清我国环境法庭在进一步发展过程中面临的管辖制度障碍及缘由，找到对策和改革路径。

关键词： 环境司法；管辖制度；跨区域环境纠纷

一、我国跨行政区域环境纠纷案件的管辖现状

行政区划制度是国家为了进行分级管理而实行的区域划分，也是我国各级法院设置的基础。然而，我国幅员辽阔，地理环境复杂且经济发展不均衡，这导致了我国的环境问题具有很强的复杂性、区域性、复合型特征。沿海和沿河沿江地区在水资源方面存在天然优势，经济发展突出，工业化水平高，因此，水污染问题占有较大比例。北方地区由于土壤质地易产生颗粒性扬尘微粒且冬季供暖产生废气，再加上冬季陆地冷高压气流下沉，雾霾现象严重。从公众的视角看来，雾霾并不是单独的一个省区市的，而是覆盖一片地区的影响地域大、波及范围广的污染事件。与大气污染相类似的还有水污染，因水体的流动性很容易将污染物扩散，受污染河流沿岸的地区都会受到污染的困扰。在这种情况下，基于行政区划而分配

* 朱馨培，山东政法学院经济贸易法学院助教。

的司法资源——尤其是对作为审理环境资源案件的专门法庭来说，面临现有管辖制度不适应的困境。

目前，我国环境法庭针对跨行政区域案件的管辖采取两种方式：一种是按照传统的三大诉讼法规定的地域管辖方式受理案件；另一种则是响应司法改革关于探索建立与行政区划适当分离的司法管辖制度的号召，而在环境资源审判领域创新的集中管辖制度。这两种管辖方式在一定程度上显现出与跨行政区域环境案件的不适应性。

二、环境法庭管辖制度与跨行政区域环境纠纷案件的不适应

1. 与传统地域管辖的不适应

地域管辖是指同级人民法院之间，依据辖区的划分来分配第一审民事、刑事、行政案件的管辖权，横向确定案件由哪个法院来受理。环境案件诉讼管辖是法院间受理相关环境资源案件的权限。司法改革以来，针对环境资源案件诉讼管辖，各地进行了有益的探索，较为突出的是各地环境审判专门机构的建立。但是，这些审判机构的设置是按行政区划设立的，管辖该行政区划内的环境资源案件并未突破区域限制，而且我国大部分环境法庭对于环境案件的地域管辖遵循传统三大诉讼法以诉讼当事人的住所地为标准确定的模式。根据《民事诉讼法》规定，环境侵权案件由被告住所地、侵权行为实施地与损害结果发生地法院管辖。但是，跨区域环境资源案件不同于一般环境侵权案件，环境要素的流动性所带来的环境污染问题会呈不断扩大的趋势，带来的负面影响也不仅局限在某一密闭范围内，会造成多地生态环境破坏。这种跨区域性不仅使得法院在判别权利义务关系时面临较大的困难，同时也会因环境的整体性和损害后果的不特定性，使得法院之间因管辖权问题互相扯皮或推诿。S省T市有过这样一个案例，该市环境监察部门根据当地群众的举报，发现某河流的水体呈黄色，经检测为污染物严重超标，不仅是河流遭受了污染，河流沿岸依靠该河流补给灌溉的农作物和鱼虾养殖中心都遭到了不同程度的经济损失。在寻找污染源时，发现污染源来自相邻市的某企业厂区，因此T市检察院将该案件移送给相邻市法院。但相邻市法院认为，既然污染发生在T市境内，根据有关法律规定，该案就应由T市进行处理。此时根据《民事诉讼法》的相关规定，“侵权行为地”与“损害发生地”之间便产生了管辖冲突。在

传统诉讼管辖规则下，该类案件的审判结果接受度较低，环境污染与生态破坏行为发生地法院会对审判地法院提出质疑，认为对各地环境利益的维护有失公正，异地取证进行证据事实认定也会增加诉讼成本，降低诉讼效率。

对于这种将环境的整体性割裂开的地域管辖制度无法满足现行审判组织的审理需要的困境，最高法开始以环境要素为出发点来探索新型制度。在环境司法改革的趋势下，各地试图通过集中管辖制度来解决这一难题。

2. 与集中管辖制度的不适应

集中管辖制度并不是一项新提出来的制度，它最早是为解决涉外民商事诉讼案件管辖权问题而创设的。此后又作为摆脱地方干扰的行政审判体制改革的试点应用于行政诉讼领域，并纳入知识产权司法专门化体系构造中。集中管辖的基本含义是：由在对某类案件具有较强审判能力和较大案件承载力的法院将分散在一定区域内的该类案件集中收归审理的制度。目前已有关于环境案件交由特定的环境法庭来集中管辖的实例，如贵阳清镇市人民法院环境保护法庭集中管辖贵阳、安顺、贵安三地的环境案件；甘肃省矿区人民法院集中管辖省内各中级人民法院所管辖的涉环境资源类案件，并指导基层法院的环境审判工作；江苏省按照省内流域生态系统划定了九个环境法庭，集中管辖基层人民法院所应受理的第一审环境资源类案件；上海市铁路运输法院集中管辖上海市内涉环境保护的刑事案件，以及除海事、金山、青浦、崇明外的民商事案件。这种跨行政区域的集中管辖制度在一定程度上打破了由传统地域管辖制度带来的管辖权之争等问题，具备良好的示范效果。但是，由于集中管辖在环境领域算是新型制度，其适用的时间较短，仅是在少部分地区进行试点推广，在实践中还有局限性。

第一，跨区域环境案件的集中管辖制度缺乏具体、明确的法律依据。集中管辖只是一项试验制度，往往体现在最高人民法院发布的典型案例和司法解释性质的文件以及一些地区高级人民法院的指导性文件中。管辖制度在诉讼法中占据着十分重要的地位，“集中管辖”却只在《行政诉讼法》中有所提及。因此，在现行环境法庭所实施的“三审合一”的审判机制下，对跨区域环境民事案件和环境案件的集中管辖仍缺乏明确的法律依据。同时，根据最高法发布的相关文件可以推知，集中管辖是作为指定管辖的特殊形式而存在的。[①] 但是，指定管辖作为补充制度适用于个案，环境案件并非“个案”，将集中管辖作为跨区域案件管辖的基础有违指定管辖的立法本意且不符合“设定、变动司法权需法律授权”的程序法定原则。

第二，跨区域环境案件的集中管辖制度为当事人附加了额外的成本。以江苏省新设的实行环境资源案件集中管辖的九家环境法庭为例，其中苏州市姑苏区人民法院太湖流域环境资源法庭管辖苏州市（不含太仓市、张家港市、常熟市），宜兴市、无锡市滨湖区、无锡市新吴区，常州市武进区的环境资源案件。因此，如若以发生在无锡市滨湖区太湖流域环境污染侵权为诉讼标的，当事人想要提起环境侵权诉讼，那还需跨市来到苏州市姑苏区，此间包括交通费、住宿费还有花费的时间，无一不增加当事人的诉讼成本。这与立法机构制定管辖制度时所考量的便于当事人诉讼的原则有一定的出入。

除此之外，现在国内试点的跨区域环境案件集中管辖制度的范围多为省域内跨区域，若出现了跨省域的环境案件又该如何处理？如何设置与集中管辖相配套的检察机关起诉制度也需要政策制定者进行协调。

三、环境法庭审理跨行政区域环境纠纷案件的管辖制度设计

前文已述，由于我国的司法管辖是按照行政区划进行制度设计的，但环境要素并不是静止的，被污染或破坏后的损害结果还会呈现出扩散性的特点，即跨区域是不可避免的。[②] 因此，在面对该种跨行政区域的环境案件时，环境法庭若依托原本的司法管辖制度，便会显现出一定的矛盾。即使是集中管辖也会有局限性存在，同时地方保护主义干扰案件审理也是由此而生的巨大挑战。因此，面对这种发展障碍，笔者提出如下完善建议。

1. 健全以集中管辖为主导的司法管辖制度

面对跨区域环境案件在地域管辖上产生的矛盾而引起的管辖权之争，

---

① 《最高人民法院关于开展行政案件相对集中管辖试点工作的通知》：“行政案件相对集中管辖，就是将部分基层人民法院管辖的一审行政案件，通过上级人民法院统一指定的方式，交由其他基层人民法院集中管辖的制度。”

② 参见任洪涛、余德厚：《论跨行政区域环境资源案件的司法管辖制度》，《甘肃政法学院学报》2017年第4期。

集中管辖制度是现行治理经验中较为可靠的解决办法。将某一区域对环境资源案件的管辖权集中到审判力量优越的法院，可以有效提高审判资源的利用效率，避免法院之间的扯皮推诿，还能为环境法庭增加案源。同时，最高人民法院在《关于全面加强环境资源审判工作为推进生态文明建设提供有力司法保障的意见》（法发〔2014〕11号）中也指出探索建立与行政区划适当分离的环境资源案件管辖制度。因此，笔者认为，将集中管辖制度广泛应用于环境法庭的配套制度设计中，能够有效地解决传统管辖制度带给环境法庭的桎梏。

（1）国外环境法庭集中管辖的成功实践

管辖问题关系到专门环境审判机构的生命力，域外的环境法庭或法院在这一问题上也进行了深刻的探索和改革。从各国专门环境审判机构的管辖制度来看，虽然有一些不同，但也有着共同点：管辖的集中性及合理化，使其能够享有全面、综合、一致且排他的环境管辖权。例如，澳大利亚新南威尔士州环境法院是专门处理州内有关环境、土地开发、建筑物及城市规划方面的案件的法院，瑞典环境法庭是瑞典受理环境许可和环境赔偿的专门管辖机构，美国佛蒙特州环境法庭是唯一有权解决佛蒙特境内环境争议的审判机构。专门审判机构的设置是根据地理区域来划分的，并不必然对应于行政区划。如在澳大利亚新南威尔士州、美国佛蒙特州就只有一个环境法院或法庭，瑞典也只设立了五个地区环境法庭和一个环境上诉法庭。这种方式在不破坏生态环境整体性特征的前提下，适应了对于跨区域案件审理集中性的需求。加拿大的安大略省环境和土地法庭也说明了管辖集中化的好处，它是“法庭集群”模式的一个早期例子。它汇集了五个以前在土地使用规划、土地获取、环境监管和遗产保护方面具有重叠的专门知识不同的法庭。有评论认为，成立环境和土地法庭不仅可以降低成本，而且可以在缓解以前分开的法庭在实践和程序方面的分散状态，提高决策效率。包括澳大利亚和英国在内的其他司法管辖区，也在推动建立像加拿大安大略省环境和土地法庭这样的“超级法庭”。

（2）对我国环境法庭集中管辖的制度设计

上文曾经提到，集中管辖制度在环境案件领域应用于某些环节仍有不适应之处，最根本的一点则是缺乏法律上的明确规定。而管辖制度作为维护司法程序公正的重要环节之一，必须有明确的法律规定作为支撑，这样才能更好地实现实体公正并提高司法效率。[①] 集中管辖制度为域外环境资源审判机构司法实践证明了是一种优质选择，它的实施符合我国环境司法专门化的发展趋势，日后有可能作为一项固定制度与环境法庭相配套。但司法改革强调于法有据，不能突破法律的边界进行变革，环境法庭也不能取代立法权以司法实践和文件为环境立法提供权限。因此，通过何种途径实现跨区域集中管辖的法定化是进行制度设计的基础。笔者认为，集中管辖制度目前只在《行政诉讼法》中有所规定，并未体现在《民事诉讼法》和《刑事诉讼法》中是有其内在原因的。如果不考虑客观情况，而只是强行修改这两部程序法，也不符合法律制定的基本原则。因此，仿效国外的做法，将环境诉讼程序规则纳入环境基本法体系之中，或者构建专门的环境诉讼法，不但可以解决集中管辖的法律依据问题，而且还能为环境法庭的运作提供更加完备的法律保障。对集中管辖的层级和地域划分也是制度设计中的重要一环。集中管辖制度在环境案件中使用的初衷之一即是保证环境的整体性特征不被破坏，因此在对集中管辖的地域划分标准进行设计时，可以优先考虑我国的生态系统特征和环境要素的分布情况。具体而言，对于跨省级的环境资源案件，可以由最高人民法院协同自然资源部和生态环境部对我国整体生态功能区进行划分和定位，再通过最高院对相应地区的司法资源和司法水平进行调研，根据当地的环境特征、可能发生的环境纠纷案件类型、环境法庭的运行情况进行统计分析，综合各种因素确定集中管辖权的分配和布局，具体由该区域哪个级别的法院审理则要遵循关于级别管辖的相关规定。对于省内跨区域环境案件来说，可以由该省高院根据本省生态环境的整体情况以及环境资源审判现状进行集中管辖的管辖权划分，遵循级别管辖的规定确定本省区域内审理环境资源案件的环境法庭。

针对由于集中管辖给当事人进行诉讼活动带来的诉讼成本增加问题，笔者认为，可以从以下两个角度进行解决。第一，当事人增加的诉讼成本大多是因为地理因素产生的，可以考虑通过“缩短”距离的方式为其提供诉诸司法的途径。比如，增加电子立案系统、允许当事人在住所地法院完成立案申请，或者开展巡回审判工作，在环境纠纷较多或偏远的地区增设巡回法庭。第二，环境案件大多具有较为明显的类型化特征，可以通过制

① 参见龙宗智：《刑事诉讼指定管辖制度之完善》，《法学研究》2012 年第 4 期。

作典型案例为想要提起诉讼的公民提供参照，或者引入协调纠纷解决机制，通过诉前程序的完善减少当事人诉累，为其节约诉讼成本。

2. 结合司法现状构建跨区域环境法院

环境法院作为环境资源审判机构的最高设计，在解决管辖权混乱、地方保护主义等方面的问题具有较强的优势。新西兰环境法院、巴西亚马孙州环境和农事法院等都是建立独立运行的环境法院的典型代表。在借鉴这一思路的基础上，可以根据司法现状和实际需要构建符合我国发展需求的跨区域环境法院。

党的十八届四中全会通过的一份关于全面推进依法治国的文件中提出跨行政区域法院的建设，对于我国司法改革来说具有跨越性意义。设立跨区域专门法院的第一步即是为其存在提供有利的立法支持。定位到“专门法院”这一角色的环境法院，新修订的《人民法院组织法》第十五条有这样的规定：“专门人民法院包括军事法院和海事法院、知识产权法院、金融法院等。专门人民法院的设置、组织、职权和法官任免，由全国人民代表大会常务委员会规定。”立法机关在进行立法活动时，为保持法律的稳定性，避免对法律法规进行频繁修改，经常采用“等”字原则，这是一种严谨周密、准确凝练的立法技术的体现。一般来说，“等”字在法律解释上分为内、外两种，即“等内等”表示列举结束后的煞尾，“等外等”则表示列举未尽，这种未尽与立法目的和法律规定的具体内容有关，并不是毫无边界。[①] 关于该条文中“等”字的含义，笔者认为，可以从立法目的的角度来分析，与旧版《人民法院组织法》相比较，旧法仅规定了军事法院这一专门法院类别。而随着经济和科技发展产生的新型社会纠纷，传统法院的弊端也日益显现，并非所有类型的案件都能在固有业务审判庭里得到充分审理，因此新兴的金融法院、互联网法院就是为了克服这种弊端而设立的。不难看出，立法者在制定这一条文时也考虑到了法律的滞后性，为其他类型的专门法院的设立留存了空间。所以，从“等外等”的立场上理解该条文，可以充分为环境法院提供设立的合法依据。但是，对于跨行政区域的专门法院仍无进一步规定，设定权力仍由全国人民代表大会常务委员会保留。因此，为了使跨区域环境法院的设立符合宪法的规定，在制

---

① 参见刘小冰、张思循：《地方立法权规定中“等”字的法律规范解读》，《江苏行政学院学报》2018年第2期。

度设计上就不得不考虑如下的几种问题。

首要一点是以立法明确跨区环境法院的产生方式，是由全国人民代表大会产生新的法院机构，还是在原有法院体系内由最高人民法院指定若干人民法院扩大管辖范围，使之覆盖到其他地区。不过后者明显就不是专门的环境法院，在此不讨论这一种情况。设立跨区域环境法院还应考虑它的级别和与地方各级人民法院之间的关系。笔者认为，可以仿照国外设立环境初审法院和上诉法院，初审法院的定位与中级人民法院相当，上诉法院则参考高级人民法院的级别进行设置。在人员任命方面，最好摆脱由地方人大进行选举任命的方式，人事管理权直接收归到中央统一行使。在地域设置方面，可以考虑以我国生态功能区为标准进行划分，也可参考五大督查中心的设置与管辖范围进行区域的划定，集中管辖这一区域的环境案件，同时还要结合这些地区的环境要素和环境案件类别进行人员管理和资源配置。[①] 初审法院还可结合管辖区域内的流域、山脉等因素设置巡回法庭，方便当事人提起诉讼活动。巡回法庭的人员也是流动分配的，可以避免环境法官在一地久居而受到当地政府的影响。这种打破省级、市级行政区划的构造可以极大地克服地方保护主义的危害、维护社会公平正义，增强环境司法权威、提高司法效率，更好地实现保护生态环境的目标。

在环境法院的内部，可以仿照知识产权法院的机构配置进行设计。设立在广州的知识产权法院是根据专业领域进行分工，分为专利审判庭、著作权审判庭和商标权审判庭。这一点与北京不同，北京的知识产权法院分为审判一庭、审判二庭和审判三庭，不进行案件类别区分。[②] 而环境法院可以根据环境案件的特点，以环境要素作为划分审判庭的依据，如土地资源审判庭、矿产资源审判庭、动植物资源审判庭等，并在每一个审判庭内部实行“三审合一”的审判模式；或者按照传统的诉讼分类，分为环境民事审判庭、环境行政审判庭、环境刑事审判庭，各自分庭审理，遇到交叉案件时则可以组成临时的三审合议庭。

---

① 参见张培：《环境行政解纷机制的公众偏好与功能分析》，《行政与法》2018 年第 7 期。

② 参见冯晓青、王丽：《从专门法庭到专门法院：我国知识产权司法的最新进展透析》，《南都学坛》（人文科学社会学报）2015 年第 3 期。